興亡の世界史

ケルトの水脈

原　聖

講談社学術文庫

目次

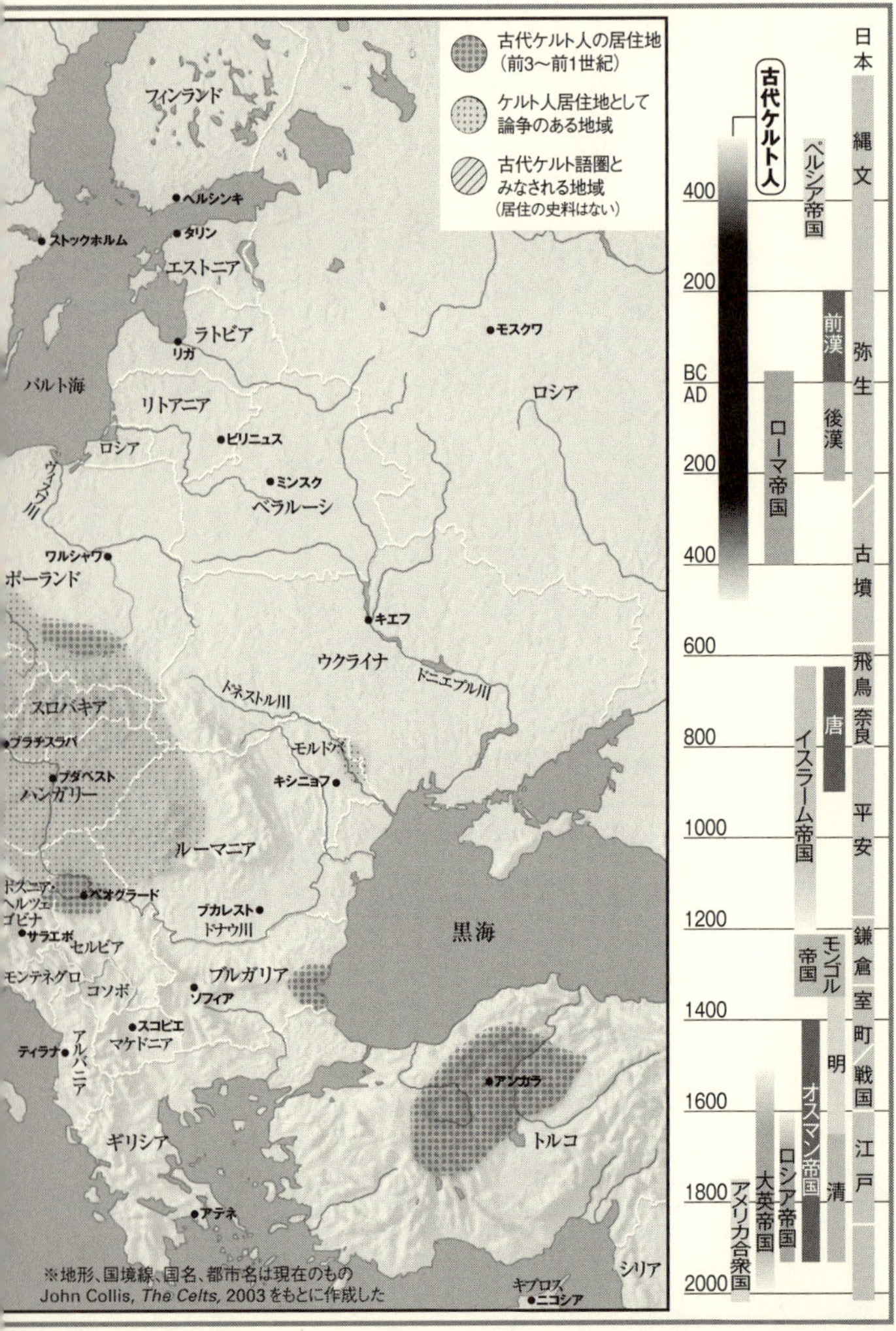

※地形、国境線、国名、都市名は現在のもの
John Collis, *The Celts*, 2003 をもとに作成した

古代ケルト人の居住地

ケルト人はどこに住んだのか。いまだに定説はない。考古学の成果や歴史資料によって確定できるケルト人の居住地域と、アイルランドやブリテン島など、近代の言語学によって規定された「ケルト語圏」は一致せず、論争中の地域も広く残っている。

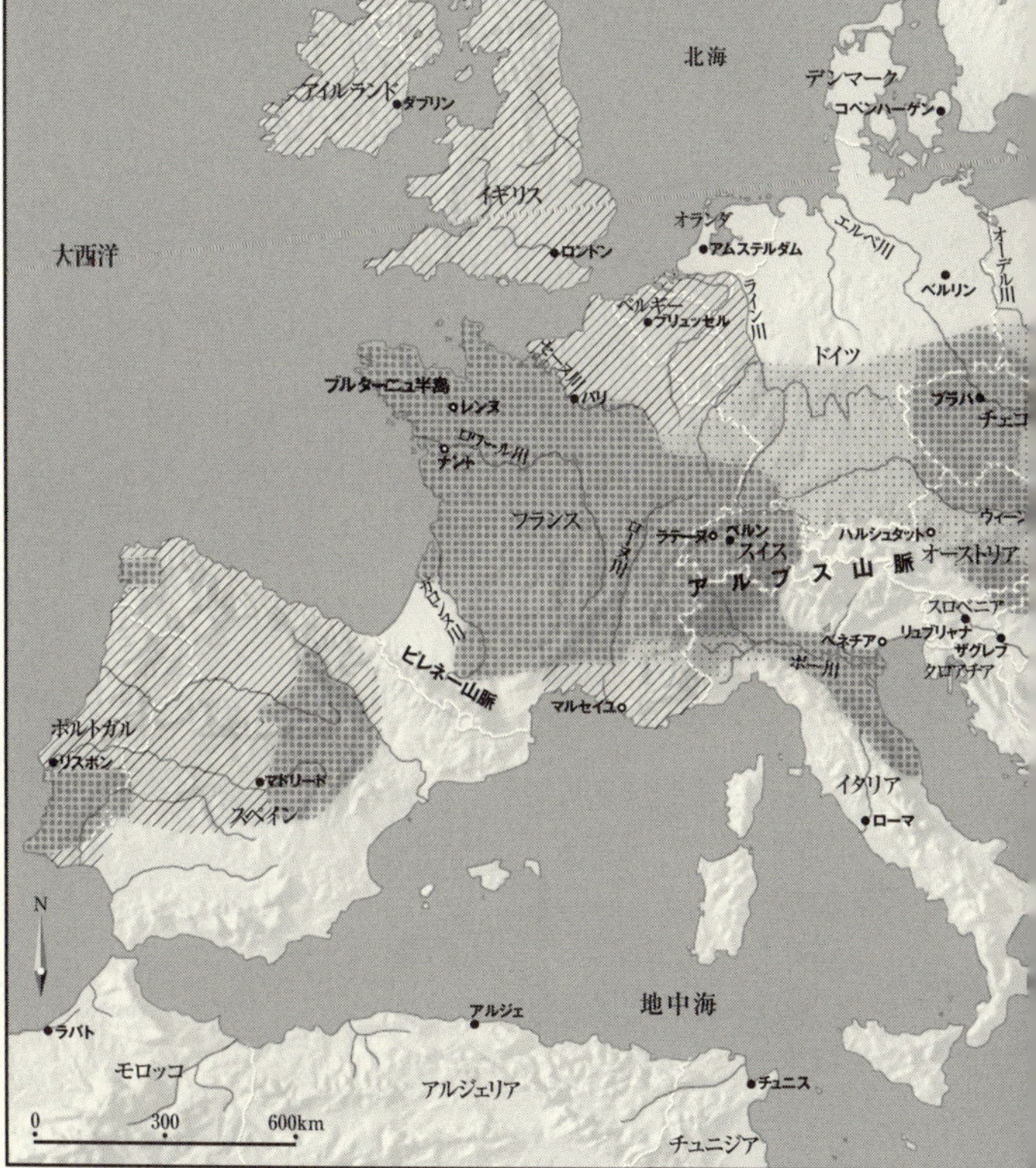

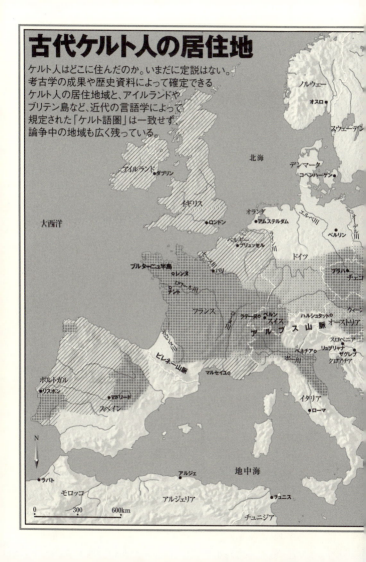

地図・図版作成
ジェイ・マップ
さくら工芸社

興亡の世界史

ケルトの水脈

はじめに――とりあえず、ケルトとは何か

最初のヨーロッパ、ケルト人

一九九一年、イタリアのベネチアで「最初のヨーロッパ、ケルト人」と題する大展覧会が開催された。文字通り、ケルト人をヨーロッパ最初の集団と考え、その文化を検証する企画である。半年間の開催期間中の入場者は一〇〇万人を超えたともいわれ、古代ケルト人の文化的な豊かさを一般の人々に視覚的に訴えかけることになった。

主催者による図録の序文によれば、「『最初のヨーロッパ』がこの展覧会のキーワードである。ヨーロッパがどこまでか必ずしも明らかでないまま広がろうとしているが、時代をさかのぼると、いっぽうではローマ文明とキリスト教に、もういっぽうではケルト人に行きつく。この文化がヨーロッパに残した遺産をだれも否定することはできない。この展覧会は、こうした文化を引き継ぐ、新生ヨーロッパへの賛辞である」（フェリシアーノ・ベンヴェヌティ、パラッツォ・グラッシ美術館館長）。

興味深いのは、旧東欧圏を含めたヨーロッパのほとんどすべての国々（二四ヵ国）がこの企画に参加したことである。一九八九年に、欧州東西分断の象徴であるベルリンの壁が崩壊し、一九九三年には欧州の新たな統合の枠組みであるマーストリヒト条約が発効した。ＥＵ

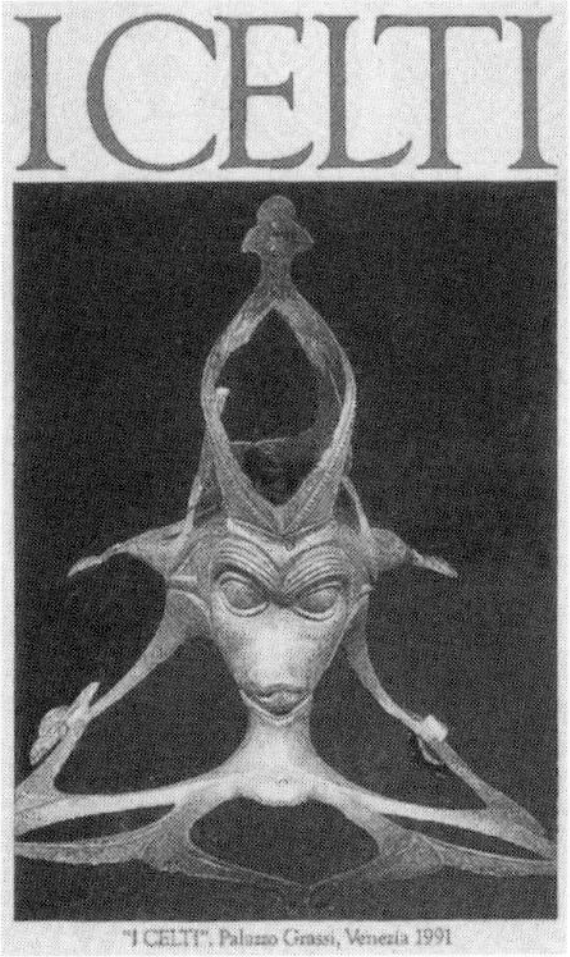

「大ケルト展」のポスター　透かし細工の傑作「マロミェジツェのワイン注ぎ」が使われた

の誕生をひかえ、ときはあきらかに欧州の大同団結に向かっていた。ケルト人は、まさにこの趨勢《すうせい》を歴史的にあとづけ支援する、そういう意味合いがあった。

ベンヴェヌティ館長のことばに、ヨーロッパの基点としてローマ文明とキリスト教が指摘されるが、これがいままでのヨーロッパのアイデンティティの象徴だった。ローマ・ギリシア文明が体現するのは、哲学や科学、演劇などの学芸であり、書きことばの文化である。キリスト教が体現するのは、「はじめにことば（ロゴス）ありき」（聖書ヨハネ伝一章）の有名なフレーズが表現するように、これも整然としたロゴスの文化である。いずれも西欧の起源としては充分に正統性をもつものだが、いまや普遍性をもつ現代文明全体の基点であり、ヨーロッパが独占するわけにはいかない。こうしてヨーロッパ独自のアイデンティティの基礎づけとして脚光を浴びることになったのが、ケルト文化だったのである。

癒しとしてのケルト

もうひとつのヨーロッパとしてのケルトが体現するのは、ローマ文明やキリスト教が押しつぶしたような野蛮な、雑然とした、書きことばをもたないとされていた文化である。

一九八八年に発売されたアイルランドのアーチスト、エンヤのＣＤ「ウォーターマーク」がミリオンセラーとなった。アイリッシュ・ポップスは、メアリー・ブラックやクラナドによって一九七〇年代から注目されていたが、エンヤの大ヒットの背景にあるのは、疲労、疲弊とイコールになりつつある現代文明に対する、批判としてのヒーリング音楽である。疲れを癒《いや》す、幻想的な雰囲気をもった音楽、それはロゴスの対極にある。西欧文明のなかでエキゾチックな香りを感じさせる、異質性をもっている。同じく九〇年代にブームとなるケルト神話や民話、アーサー王伝説といった文学的分野でも、そこには秘教的オカルト的雰囲気がただよう。イギリスなどの書店では、こうしたオカルチックな文学を「ニューエイジ」と一括しているが、その多くが「ケルト的」題材から発している。これも喧騒《けんそう》の現代文明からの逃走手段としての意味合いが強い。

明媚な水脈としてのケルト

一九八六年、ＢＢＣの企画制作によるテレビシリーズ「幻の民・ケルト人」が、六回シリーズで放映された。一九八〇年代後半までは、ケルト人というと一般には、よくわからない「幻の民」であった。この番組で強調されたのは、古代において栄華を誇った民族が、歴史の荒波に翻弄《ほんろう》されつつも、忍耐強く生き延び、現在にまで存続しつづけているという認識であり、『ケルズの書』（二一三頁参照）に象徴される、その表象の華麗さである。『ケルズの書』は、本書で指摘するようにケルト文化と呼ぶことに疑義はあるものの、中世初期のブリテン諸島のキリスト教の独自性とその成熟度を表現する書物として、現代のアイルランドにとっては、ゲルマン的イギリスに対抗できる宝物であり、ダブリンの権威あるトリニティー・カレッジの図書館では最重要展示物である。イギリスの大英図書館の保有する中世初期装飾写本『リンディスファーンの福音書』は、書物としての重要度は『ケルズの書』に匹敵するが、イギリスの文化的アイデンティティにとっては付随的意味しかもたないので、その展示のされ方もささやかなものだ。

一九九一年、『ケルズの書』の、紙魚《しみ》の状態にいたるまで正確にコピーしたファクシミリ版が出版された。ベネチアでの大ケルト展に時を同じくするこの企画は、統合欧州の意義付けなどといった意味合いはなく、もっぱらケルト文化の優美さを主張するものである。過去の栄光を復権させ、なおかつ現在における再評価を訴えることは、古代から連綿と続く文化の水脈を強調する「幻の民」テレビシリーズと共通する。虐げられた歴史をもちつつも、しぶとく生きながらえ、いまや新たなる再活性化のときを迎えている、というストーリー仕立てだけですでに人びとの心を打つものがある、ともいえる。

欧州のケルトブーム

一九七一年にブルターニュのアン・ノリアン（ロリアン）市ではじまった「インターケル

ティック・フェスティヴァル（ケルト文化交流祭）」は、ケルト文化圏諸地域の音楽家集団が一堂に会するお祭りだ。とくに一九九〇年代以降、毎年五〇〇〇人ものミュージシャンを集め、観客は四〇万人にのぼるという大イヴェントに成長した。一九八九年にパリの北部近郊にオープンした「アステリックス・パーク」は、大陸ケルトであり、フランス人の祖と考えられるガリア人をテーマとして、「ユーロディズニー」を凌ぐ入場者があるという。一九九五年、ダブリン（ブラックリア）で初演された、アイリッシュ・ダンスの現代的アレンジ版「リバーダンス」は、その後、ロンドンやニューヨークでも大ヒットとなり、最初の一年だけで一〇〇万人以上の観客を動員したという。同じく一九九五年にブルターニュのロックシンガー「ダン・アル・ブラース」がリリースしたCD「ケルトの遺産」が爆発的なヒットを記録する。アイルランドの守護聖人「聖パトリック」の日には、世界各地で記念パレードが行われているが、二〇〇二年のこの日に、パリの国立サッカー場「フランス・スタジアム」で「ニュイ・セルティック（ケルトの夜）」と題するケルト文化圏音楽祭が開催され、毎年恒例化して、現在に

フィレ・ブルー（青網）祭　1905年以来、コンク・ケルネ（コンカルノー㉙）で開催されているフォークロア的祭。毎回「青網の女王」（写真中央）が選出される。1997年、著者撮影

「ニュイ・セルティック」のDVD　第3回は2004年にパリで開かれたが、人気が高くDVDが発売された

いたっている。

アイルランドや、ウェールズ、スコットランドばかりでなく、フランスでもブルターニュがケルト文化の一翼を担う地域として、注目度を増している。

日本のケルトブーム

一九八〇年代後半以降のケルト文化再評価の流れは、日本でも同じだった。ケルトの遺産がヨーロッパにおいて重要だということを最初に説いたのは、井上幸治編『ヨーロッパ文明の原型』（山川出版社、一九八五年）であり、樺山紘一『ヨーロッパの出現』（講談社、一九八五年）である。ここでは、「ヨーロッパ文明の基層」「当面わかるかぎりの創始者」（樺山紘一）としてのケルト文化が語られた。一九八九年にＢＢＣのテレビシリーズ「幻の民・ケルト人」がＮＨＫで放映され、エンヤによるテーマ音楽とともに、神秘的でなおかつ華麗なるケルト文化が話題となった。同年、鶴岡真弓『ケルト／装飾的思考』（筑摩書房）がこうした方向性にさらに拍車をかけた。

一九九一年には、プロインシャス・マッカーナ『ケルト神話』（松田幸雄訳、青土社）や、中央大学人文科学研究所（編）『ケルト、伝統と民俗の想像力』（中央大学出版部）が刊行され、ケルト神話などの想像力に注目が集まる。一九九三年には、「ケルト芸術とアイルランドアートの今日展」がフジタヴァンテ・ミュージアムで、一九九八年には、「ケルト美術展」が東京都美術館で開催される（朝日新聞社の主催）。「もうひとつの古代西洋」（「ケルト美術展」図録、柳宗玄）としてのケルト文化は、多くの日本人の共通認識ともなった。詳しくは

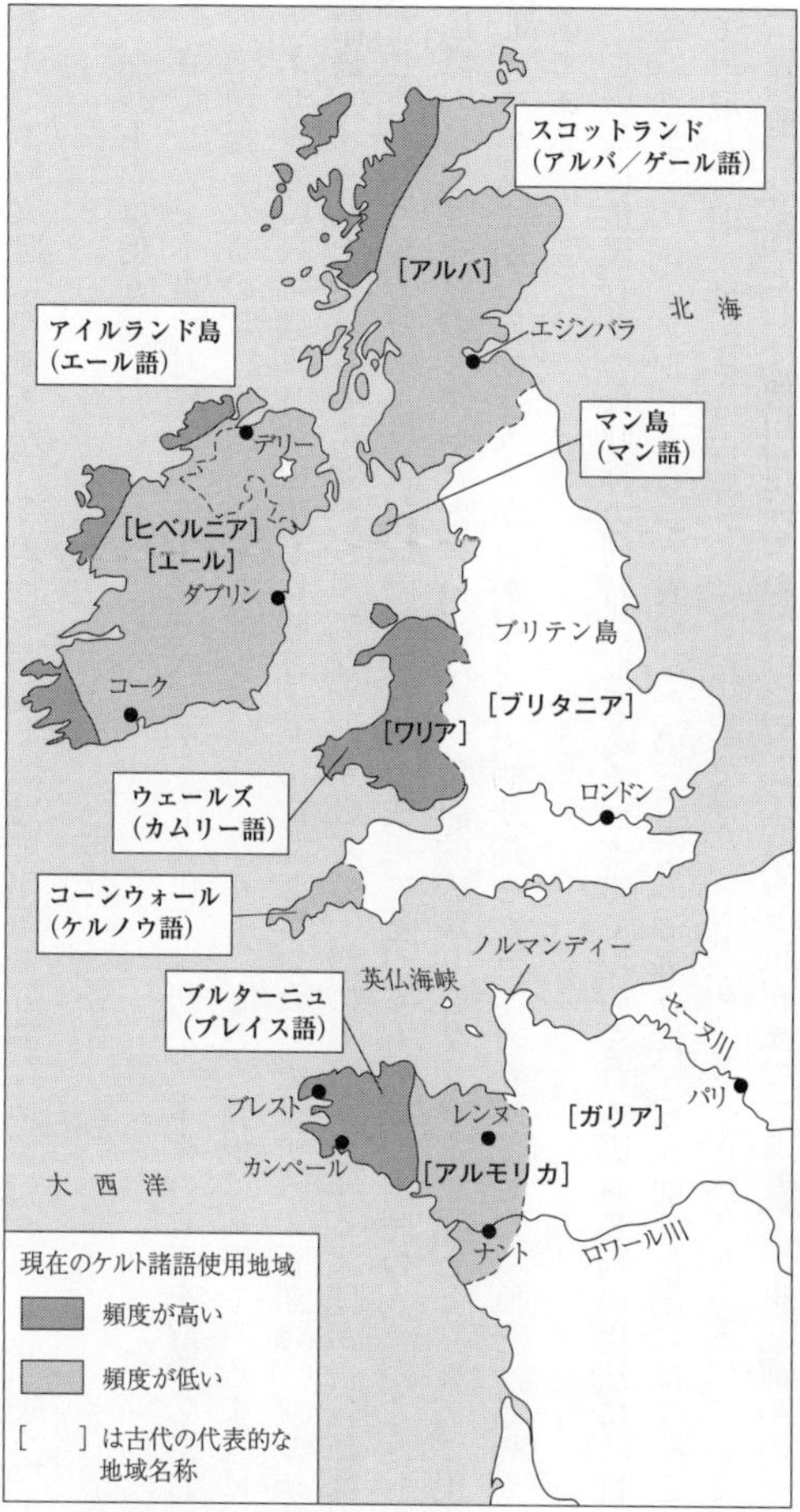

ケルト語文化圏の諸地域

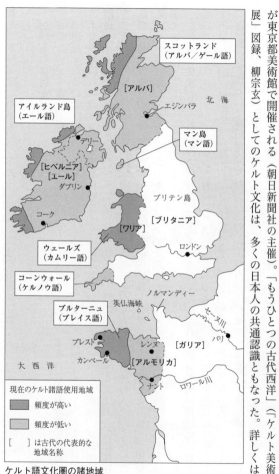

巻末の参考文献にゆずるが、その後もケルト関連の出版は好調である。

ケルトとは何か

さてここで本書の対象となるケルト人、ケルト文化とは何か、本書の立場を解説しておこう。前提となるのは、まず言語的共通性である。ケルト人という表現は本書でみるように、カエサルの時代にはガリアを中心に呼称として成立していた。ガリア人の言語は、ブリテン諸島、イベリア半島、中東欧から小アジアにかけての一部にも、共通する集団が古代には存在した。ただしこれは一九世紀以降の言語学の成果に基づくもので、当時の人々がこうした広域の共通性を認識していたとはいえない。言語的広がりをケルト文化圏ととりあえず規定し、この文化圏に属する人々がいかなる歴史的変遷をたどったかを記述しようとするのが本書である。

この際に重視したのは呼称の同時代性である。本書で用いられる固有名詞の用法に注目していただきたい。ケルト人という表現は、第三章でみるように、紀元前五世紀には呼称として出現し、前一世紀には自称としても用いられた。したがって、古代ケルト人については「民族的」呼称として使用可能である。ただしこれも五世紀までであり、七世紀前半のセビリアのイシドルスが過去の事実としてケルト・イベリア人に言及するのを最後に、同時代記述の歴史から姿を消す。以降、ガリア人について触れられることはあっても、ケルト人という呼称は中世後期まで忘れ去られる。

したがって本書では、五世紀以降のとくにブリテン諸島の共有的言語を話す人々については、ケルト人という言い方を避け、たとえばブリタニア（ブリテン島）やヒベルニア（アイルランド）といった当時用いられていたラテン語表記を用いる。ブルターニュやウェールズといった呼称も、そうした固有名詞の存在しない先史時代と、呼称が出現する時代以降に限定して使っている。

ケルト人は一六世紀以降、自らの民族的出自として、また文化的アイデンティティの表現としてもふたたび用いられはじめる。したがってこの時代以降については、ケルトという呼

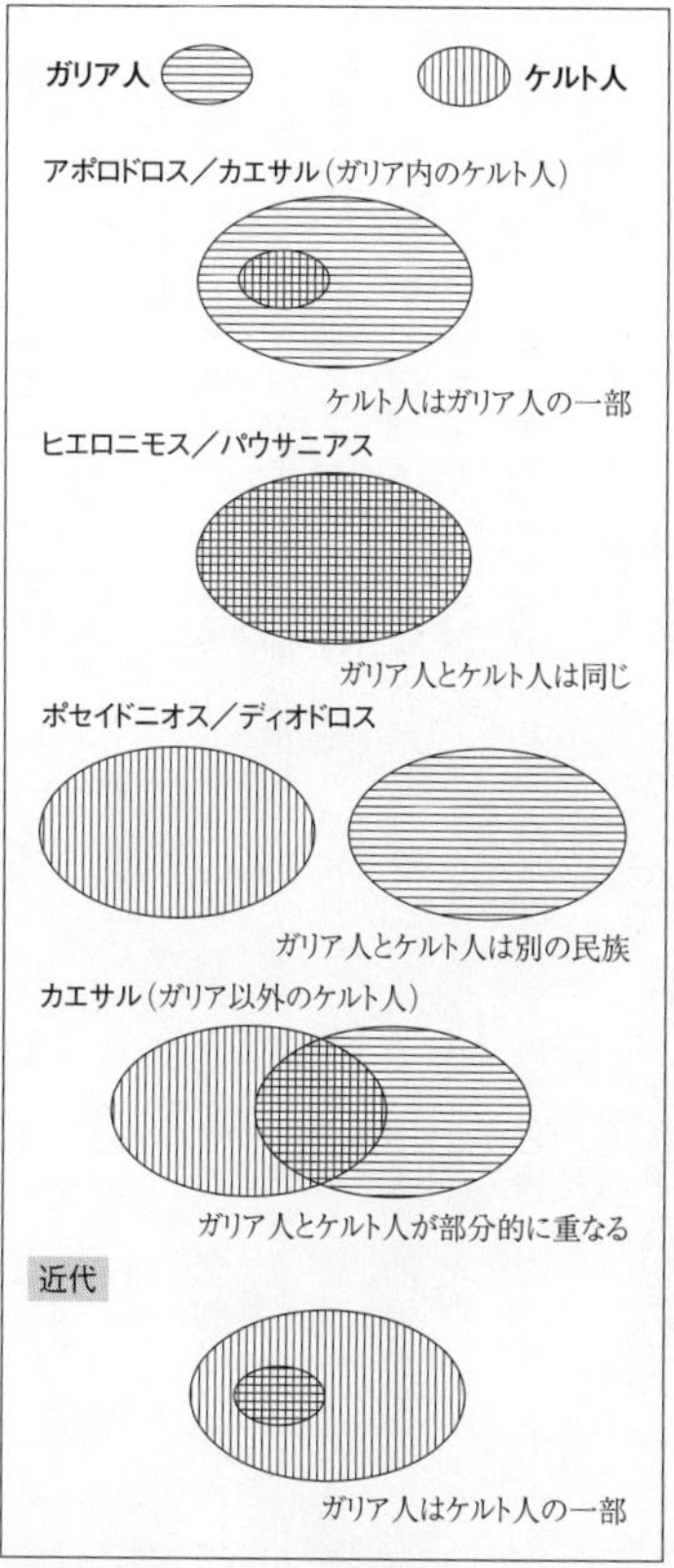

多様なケルトとガリアの概念　近代のケルト人はガリア人を含む包摂的な概念だが、古代ではガリア人の方が包摂的な考え方もあり、一様ではなかった。*The Celts*, 2003をもとに作成した

称が本書でも復活するのである。

ケルトとガリア

ここでケルトと類似的に用いられる場合の多い、ガリアの概念的包含関係についてまとめておこう。カルディアの前四〜前三世紀の歴史家ヒエロニモスを引用する二世紀ギリシアの地理学者パウサニアスは、ケルトイ（ケルト）とガラタイ（ガリア）は同義語としている。

前一世紀前半のアパメアの哲学者ポセイドニオスを引用する前一世紀のシチリアの歴史家ディオドロス・シクロスは、ケルタイ（ケルト）は欧州西部（つまりガリア）、ガラタイは欧州東部だが、ローマ人はすべてガリア人と呼んでいると書いた。すなわち別の民族だという認識である。

カエサルの『ガリア戦記』では、ガリア人の一部がケルト族である。ただしイベリア半島のケルト族はガリア人ではない、という言い方もしている（第三章参照）。カエサルらローマ人はガリアの人々をさしてガリア人と呼ぶが、彼ら自らはケルタエという自己認識をもっていたことがここでは関係するだろう。

前一世紀〜一世紀のストラボンは、『地理書』で、「ナルボネンシス地方（ガリア南部）は、昔の人はケルタイと呼んだが、このケルタイに基づいて、ガラタイ全般をケルトイと呼ぶようになった」と記している。

一六世紀以降の近代になると、フランスではケルトとガリアが同義語として用いられ、イ

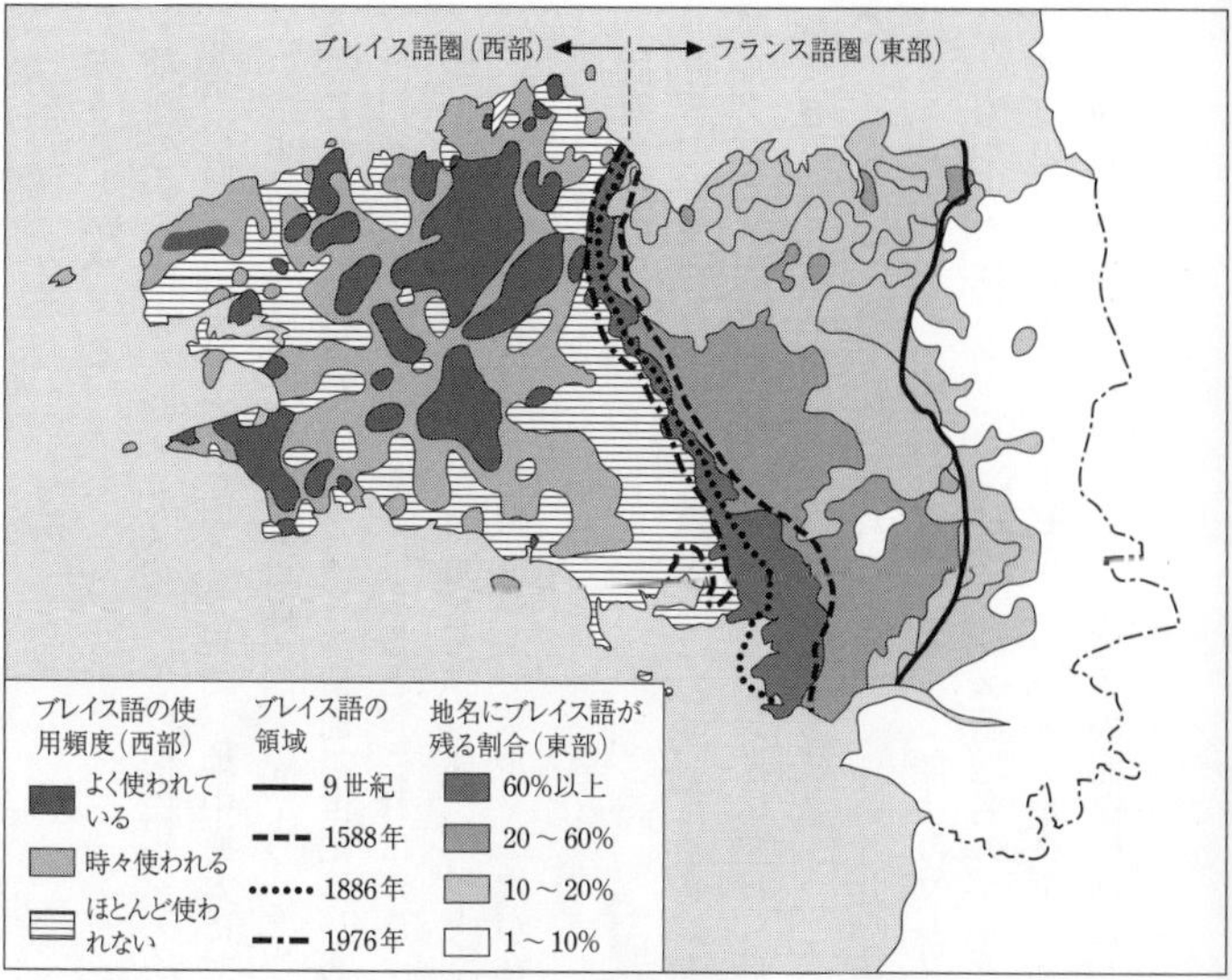

ブルターニュ（ブレイス）のケルト語使用分布と、領域の変遷

ギリスではガリアの一部がケルトだと認識された。たとえばイギリスではじめて言語分類を行った一六世紀のジョージ・ブキャナンは、ガリア語のなかに、ベルギア語（大陸北部）、ケルティア語（スペインとエール）、ブリタニア語（カムリー）をおいた。ケルト語を包括的概念として提示したのは、一八世紀はじめのポール・ペズロンであり、以降、ガリアはケルトの一部という認識が一般化する。これが現代に続くのである。

隣接集団との差別化

もっとわかりやすいのは、隣接集団との差別化の記述であり、これは古代においても歴史的変遷をたどることができる。

前七〇〇年頃のヘシオドス、また前六世紀のアイスキュロスは、「ヒュペルボレイオス（北風の向こうの人々）」という表現で、地中海人に対抗的な北方人を描写する。前五世紀のヘロドトスになって、北方人は西方のケルトイと東方のスキタイという民族名称が登場する。これは、前四世紀のエフォロスや前三世紀はじめのエラトステネスに引き継がれる。前一世紀前半のポセイドニオスになると、これにガラタイが加わる。同後半のカエサルやストラボン、タキトゥスでは、部族ごとの部類が詳しくなり、アクウィタニア族、ブリタニイ族、ベルガエ族、ゲルマニ族に並んでケルタエ族が登場するのである。

固有名詞の自称

呼称の同時代性とともに重視したのは、言語名、人名の自言語での表記である。たとえばブルターニュ地方固有の言語であるブレイス語は、いままではブルトン語という表現で知られてきたが、これはフランス語がもとになっている。自称での地域・民族がブレイスなので、本書ではこれを採用した。私はすでに一九九〇年代からこの言い方をしており、たとえばインターネットの検索では、ブルトン語よりブレイス語のほうがいまでは主流になっている。もっとも地域名としてはフランス語地名のブルターニュを用い、ブレイス語圏をなす西部地方のみブレイス・イーゼル（バス・ブルターニュ）地方という表現にしている。この地方の地名についても、ブレイス語での表記を標準にした。これも主要に用いられる言語をだいたいの基準としているためである。英語やフランス語が確立していない一〇世紀頃までは、ブリテン島をブリタニア島と呼び、ブルターニュをアルモリカと表現するのも同じ基準に依拠している。

人名についても同様であり、その時代におけるその場所での呼称を採用することに努めた。したがってこれまでの慣用と異なることが多いが、これについては巻末の主要人物一覧を参照していただきたい。

本書の意図

本書は、最初に述べたケルトブームの延長線上にある西欧文明批判としてのケルト文化の復興を再評価し、概説することが目的ではない。むしろ歴史的文脈のなかに再度戻してみて、その中での同時代的意味合いを再考することにある。そのうえで、「歴史の記憶」として「ケルトブーム」の状況を批判的に再検討することである。その意味では、ブームの脱構築をめざすといっていい。本書にも登場するが、一九九〇年代後半から「ケルト懐疑論」という、歴史的タームとしてケルトは不要とする説がとくにイギリスでは声高に主張されている。本書はそのような方向性をめざすわけではないが、そうした冷静な目も参考にして、論述を組み立てていくことになる。

さて、本書の構成である。本書はまずブルターニュ地方に残存する「異教的」な民俗的事象の検討からはじめる。なぜかといえば、キリスト教以前の習俗がケルト文化と同一視され、これが現在のブルターニュのケルト性を表現するという見方があるためである。私はこうした見方自体には否定的である。キリスト教以前の習慣が存続していることはまちがいないとしても、それはケルト文化に特徴的なものとはいえず、むしろ民間信仰としてどこにでも存在するような普遍性をもつと考えられるのである。

そのうえで、こうした異教性をケルト的とみなす人々がいることにも注目するのである。ブルターニュの民俗学者もむしろそうした見方をしていた。これは、第二章で扱う巨石文化についても同様である。巨石についてはブルターニュには多くの習俗があり、それがケルト文化の一部とみなされることがある。歴史的事実関係とあわせて、こうしたことについても叙述していくことになる。

これまで、ケルトの歴史、文化の概説書といえば、どれもアイルランド（エール）が中心だった。それはケルト文化を国のアイデンティティとして掲げるアイルランドという国家が存在するからである。だが本書でみるように、ケルト人、ケルト文化を歴史的実証的に検証しようとすると、アイルランドはむしろ影が薄い。古代ケルトに関してはまったく関連しないといっていい。アイルランドを含む「ケルト語文化圏」と、歴史資料から確認できる古代ケルト人の活動範囲は、実は重なっていないのである。アイルランドは近代に独立国家となって、切断された過去との接続が課題となったときにはじめて、ケルト文化にその起源を求め始めたのである。それは二〇世紀になってからのつい最近のことにすぎない。

本書ではフランスのブルターニュ地方が叙述の柱になる。ブルターニュは言語文化的にはブリテン諸島を含むケルト語圏に属するが、古代ガリアの一地方でもあった。文化的には、古代ケルト・ガリア、中世ブリテン諸島文化、近代ケルト語文化のいずれにも所属するのである。その意味では通史的にケルトを考えるには都合のいい地域ということができる。

第一章 「異教徒の地」の信仰

自然信仰のブルターニュ

「異教徒の地」という地名

二〇世紀前半のブレイス語の劇作家タンギ・マルマンシュに『アル・バガニス（異教徒たち）』（一九三一年）という作品がある。難破船から物資を奪うことを、ほとんど職業としている人たちの生活模様を描いた物語である。「バガニス」とはラテン語のパガヌスで、農民、異教徒である。これから、フィニステール（ペン・アルベット）県（以下、県番号㉙で略記）北部海岸一帯の地方を「ブロ・バガン（パガン地方）」、すなわち異教徒の地というようになった。

なぜ異教徒の地と呼ばれるようになったか、諸説あるが、有力なのが「難破船略奪行為」なのである。キリスト教倫理に反するこうした略奪行為ゆえにつけられたというのである。ブレスト市の北、レスネヴェン町北方の海岸地帯をさして呼ばれるが、このあたりはもっとも座礁《ざしょう》船の多いところだ。

マルマンシュは、物語の年代を一七世紀末のこの地方に設定したが、パガン地方という地名はおそらくこの頃の起源といわれている。ルターに始まる「宗教改革」に対し、カトリックのいわゆる「対抗宗教改革」が始まる時期であり、カトリックの宗教的な引き締め策がとられた時代である。

ブルターニュ全体が、フランスではもっともカトリック色の強い地域である。ブロ・バガンを含むレオン地方は、ブルターニュでももっとも敬虔で聖職者が多い土地である。それでもこうした地名が存在した。私は実は、学生時代に留学した時、レンヌ大学のケルト学科に所属していたが、ブレイス語文学の講義のなかでこの書物を紹介され、「異教徒の地」という地名に驚愕したことを覚えている。

この地名は、民衆にとってのキリスト教の意味を再考させるものといってもいい。あるいはカトリックの特徴といっていいのかもしれないが、そのなかに異教的要素を大いに包み込むものであった。中世初期のキリスト教伝来、そして一七世紀以降の再度のキリスト教化、それでもなお異教的な慣行があちらこちらで垣間見られた。ブルターニュではそれはまさにケルト的な異教性といわれるのだが、おそらくはそうした普遍的な自然信仰がそこに残存していたのである。

ポール・セビヨ　ブルターニュ出身の民俗学者。柳田國男の「口承文芸」はセビヨによっている

自然と民間信仰との関係に特に注目した民俗

学者が、ポール・セビヨである。セビヨはブルターニュ地方のコート・ダルモール（オアジュー・アン・アルヴォール）県（㉒で略記）北西海岸部マチニョン村出身で、三〇歳代の半ばを過ぎてから本格的な民俗調査に入り、以降、自身のフィールドは郷里に近いオート・ブルターニュ地方から、オーヴェルニュ、さらにはフランス全体に拡大した。柳田國男が口承《こうしょう》文芸という言い方を導入したのは、このセビヨからだった。その息子、ポールイヴ・セビヨもまた民俗学者であり、父の著作群と並んで、本書では大いに活用されることになる。

本書で取り上げる中心的地域、フランスのブルターニュ地方は、こうしたケルト的な異教性の残る地域として現在でもよく知られている。観光地としては、やはり風光明媚な自然が売り物であり、ポスターなどでは海岸の海水浴場が巨石群と一緒に描かれたりする。

アレ山地は、一九六九年に指定された「アルモリック地方自然公園」に含まれ雄大な景観を誇る。その最高峰聖ミカエル山（モンサンミシェル）は、標高三八三メートルと高さはややものたりないが、キリスト教以前は霊山、聖域をなしていた。聖ミカエルは悪魔退治の大天使であり、それゆえに異教を退散させる象徴としてここにその名を冠したのだった。モンサンミシェルといえば、ブルターニュとノルマンディーの境界にある島が世界遺産として有名だ。ここも以前は異教的な聖域だった可能性が高い。

天の庇護

ポール・セビヨが指摘していることだが、フランスの民間伝承には「この世の始まり」を題材にしたものがない。これは、キリスト教の「天地創造」がそれ以前の伝承を完全に駆逐してしまったためと考えられる。もちろん、まったくないわけではない。たとえば、ブルターニュで採集された民話のなかに、神と悪魔が競ってこの世を作ったという話がある。これによれば、神が大地を創造し、悪魔はこれをなきものにするため、水を生み出した。しかし、これは明らかにキリスト教の「天地創造」をなぞった逸話であり、おそらくそれほど古いものではないと想像される。

　このことは、民間伝承というものの意義を確認することにもつながる。すなわち民衆が保存し、自らの考えとして伝承するのは、生活に身近な事項についてであり、それに基づいた思想である。宇宙観とか神についてとか、大思想は外来のものを受け入れても、こうしたレベルでこそ、おそらくそれ以前からの伝承が垣間見られるのである。この掘り起こしをめざしたのがまさに生活の学問としての民俗学であった。とりわけ、セビヨの民俗学は自然信仰の残存に焦点をあてており、学ぶべき点が多い。

ブルターニュの観光ポスター
20世紀初頭に船会社が制作。「ドルメンとメンヒル」を荒々しい海岸の右下の枠内にあしらっている

　人類社会の普遍的な自然信仰の対象としては、太陽や月、星といった天体

がまず挙げられる。これらは、ふだんの暮らしのなかで目にする身近な存在であり、民間信仰の対象として残りやすかったと考えられる。

キリスト教はこうした身近な信仰物を利用しつつ、改宗を進めたのである。すでに四世紀のミラノの司教アンブロシウスがこうした方針を打ち出しており、六世紀の教皇グレゴリウ

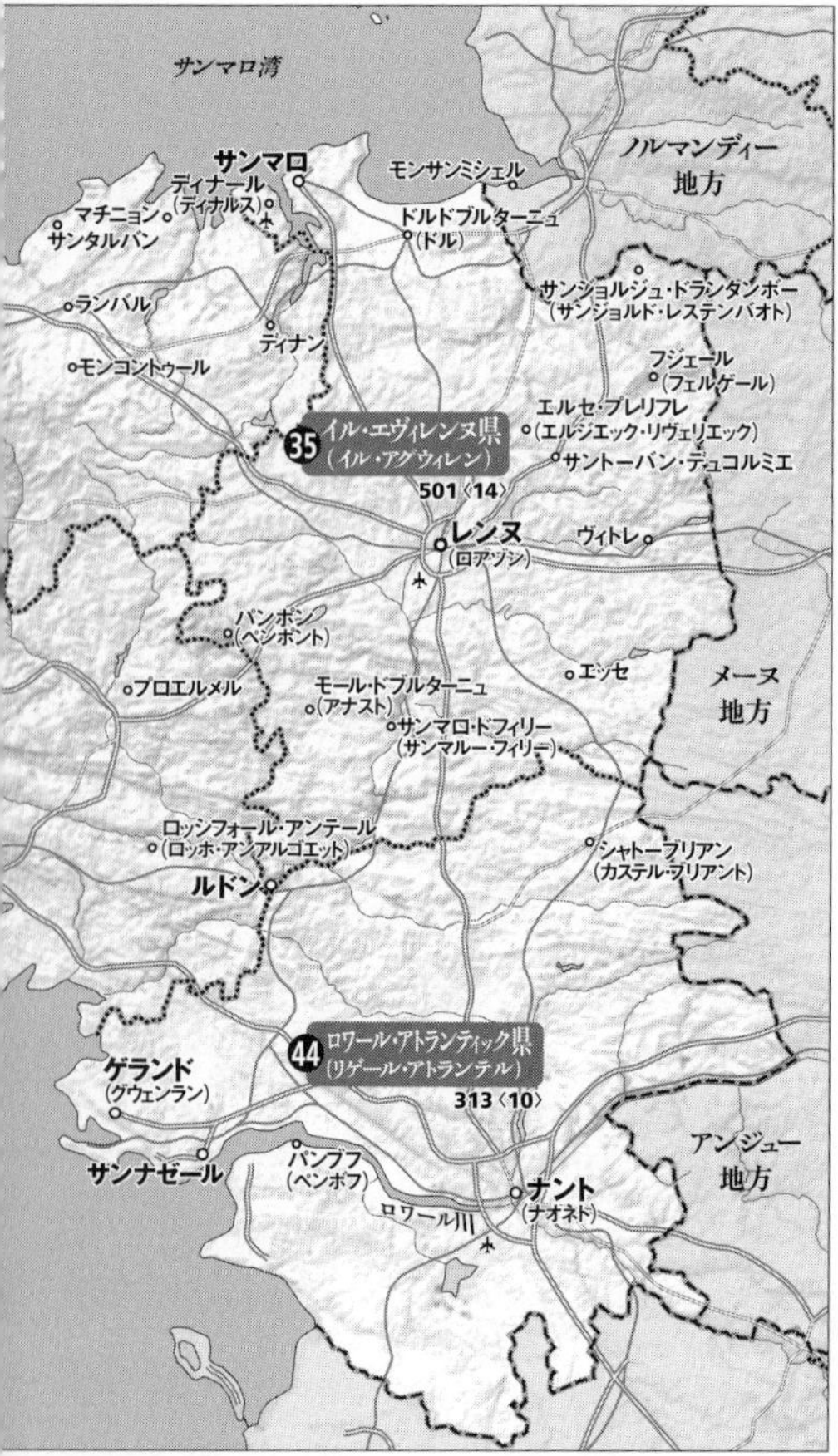

英仏海峡
トレギエ
(ランドレゲール)
プルヴール・ボトゥ
ラニオン
パンポル
(ペンプル)
ギマエック
(グウィマエック)
サンポールドレオン
(カステル・ポール)
プルエゾッホ
プルゲルノー
(プルゲルネ)
ランニリス
レスネヴェン
プレ山
(メネス・プレ)
ガンガン
(グウェンガン)
モルレー
(モントルーレス)
ウエサン(ウサ)島
ランデルノー
(ランデルネ)
29 フィニステール県
(ペン・アルベット)
787〈56〉
サンブリュー
(サンブリエク)
プルアルゼル
ブレスト
ルコンケ
(コンク・レオン)
カラック
22 コート・ダルモール県
(オアジュー・アン・アルヴォール)
825〈43〉
サンミシェル山
(ミカエル)
ランデヴェネック
カレー
(カラエス)
シャトーラン
(カステリン)
ミュール
ルデアック
ドゥアルヌネ
(ドゥアルネネス)
ロクロナン
(ロコルン)
ランゴエラン
(ランヴェラン)
サン(スン)島
カンペール
(ケンペール)
ポンティヴィ
(ポンティ)
オーディエルヌ
(クワイエン)
56 モルビアン県
1054〈57〉
ロクデュティ
コンカルノー
(コンク・ケルネ)
大西洋
プロネウール・ランヴェルン
ポンラベ
(ポンナバット)
カンペルレ
(ケンペルレ)
ポンタヴェン
パンマール(ペンマルフ)岬
ロクテュディ
グレナン諸島
ロリアン
(アン・ノリアン)
サンタンヌ・ドレー
(サンテスアンナ・ヴェネト)
N
ヴァンヌ
(グウェネト)
カルナック
ロクマリアケール
アルゾン
0　20　40km
キブロン
(キベレン)
アイルランド
イギリス
オランダ
ドイツ
ベルギー
大西洋
スイス
フランス
イタリア
スペイン
オエディック島
ベル島
(アルゲルヴァール)
地名はフランス語で表記
( )内はブレイス語の地名
●内の数字は県番号
県名の下の数字は
歴史的記念物の点数
〈 〉内は巨石遺跡の数
太字は主要な都市
ビスケー湾

現代のブルターニュ

ス一世は、大司教メリトゥスに、異教の祠《ほこら》は破壊せずに、キリストの教会堂に変えるべきであり、そのために、偶像を打ち壊し、聖水をふりそそぎ、祭壇を設けて、聖遺物を備えるよう命じたという。

よく知られているのは、降誕祭（クリスマス）についてである。キリスト教流入以前に冬《とう》至《じ》の祭りがあり、これが置き換えられたのだということは大方の研究者が一致している。

冬至の祭りはおそらく起源的には、ごく素朴な自然信仰の一形態だろうが、古代インド、イランの太陽神ミトラがもとになって、ギリシア・ローマへと伝わったミトラス教の重要な祭りが冬至の日に行われていた。キリスト教の降誕祭の日にちは一定でなかったが、四世紀中頃、この冬至の日に固定されたのは、このミトラス教の祝祭日を狙い撃ちしたためといわれている。

一方、月への信仰は、一七世紀のブルターニュにも残っていたようだ。この時代の代表的布教師ルノーブレの伝記（一六六一年）によれば、一六二四年頃、スュン（サン）島㉙には三人の巫女《ふじょ》がいて、「ドゥエ・タード（父なる神）」なる月への信仰が残っていたという。新月に向かって跪《ひざまず》き、主の祈りを唱えたそうだ。セビヨは、これを引用して、キリスト教以前の風習にキリスト教がかぶさったと解釈した。もちろん、起源的にどこまでさかのぼれるか、実証するのはむずかしい。

イル・エヴィレンヌ（イル・アグウィレン）県㉟で略記）の、レンヌ（ロアゾン）市の周辺では、若い未婚の男女が、上弦の月の金曜の夜、月に向かって主の祈りとアヴェマリアの祈りを五回ずつ唱えてから、「小三日月よ、神聖なることばよ、私が寝ついたら、私がだれと一緒になるか、告げてくれ」と、今度は月を見ずに、近くにあるものを放り投げて、唱える。そして左足からベッドに入り、左側を下にして、寝つくまで、煉獄《れんごく》の魂の祈りを唱える。そうすると、結婚相手が夢に登場するという。少女の場合、トイレに起きて、月のほうを向いたりすると不幸になる、という注釈までついている。これは月の魔力に対する民間信仰であり、その意味ではまったくキリスト教の精神とは相容れない。ただ、こうしたある意味で素朴な信仰の発生は、キリスト教のなかでもまったく不可能とは言えず、キリスト教以前の残存と断定することはできない。

星への信仰は数多い。革命期の旅行作家のジャック・カンブリが記述していることだが、プルガヌー村㉙では、宵《よい》の明星を目にすると、人々が跪いたという。一八八〇年頃のモルビアン県（㊻で略記）では、「九星の断食《だんじき》」という風習があり、これは夜明けから夕方九つの星を見るまで物を食べずにいることだが、クリスマスの前夜にこれをすると、真夜中のミサの時、この一年以内に死ぬ人がはっきりわかった。これも星の魔力を信じる、ある意味で普遍的な民間信仰である。

聖ヨハネの火

太陽が全能神であり、地上におけるその象徴が火である。かまどの神としてギリシアではヘスティア神、ローマではウェスタ神が知られているが、「ドルイド」と呼ばれるケルトの

聖ヨハネの火　1893年フランスの全国紙「ル・プチ・ジュルナル」の挿絵。「ブレイス十字架のもと、昔の異教的な儀礼を行う」と解説がついた

祭司たちは、太陽賛美の儀式を夏至《げし》の日に行ったという。これがキリスト教によって、六月二一日の夏至の日から、二四日の聖ヨハネの日の宵祭りの火に置き換えられ、続けられることになったと各地でいわれている。古代ゲルマンの夏至祭りの変容形とみるむきもあるが、キリスト教以前に夏至祭りが火祭りとして祝われていたのは確実であり、その背景を提供する異教の神々の多さを見ても、これも民間信仰的な太陽神信仰の名残と考えたほうがよさそうだ。

聖ヨハネの火は現在でもフランス各地で焚《た》かれるが、ブルターニュではとくによく残っている。一九世紀前半の作家、エミール・スーヴェストルは、出身地であるレオン地方㉙のこの時期の模様を次のように伝えている。聖ヨハネの日の前日、ぼろをまとった子供たちが家々を回り、施しを請い、ハリエニシダの束を集める。夕方、丘の上や広場で火がともされ、少女たちは火の周りで踊り、大人たちは、十字架の前で祈る。子供たちは、音楽に合わせて、大鍋をたたく。家畜を聖なる熾《おき》の上をまたがせると病気予防になる。

セビヨによれば、レオン地方㉙では、少女たちが真夜中までに九ヵ所の火を巡ることができれば、その年の内に結婚することができた。
燃え滓《かす》や灰は、カルナック町(56)などでは、魔除《まよけ》として、また、グウェネト市(56)近郊では、家畜の疫病除《えきびょうよけ》として持ち帰った。雷除《かみなりよけ》にもなり、あるいは畑にまくと豊作になるという地方もいくつかあった。セビヨの出身地マチニョン村㉒では、聖ヨハネの日の正午きっかりに、太陽に向かって日光を浴びると一年間健康で暮らせるといわれていた。家族みんなで、そして家畜にもこれをさせたようだ。

こうした風習は、聖ヨハネに対する聖人信仰とはまったく別物である。火と太陽に対する民間信仰は、まさに自然に対する畏怖《いふ》心であり、普遍的である。キリスト教以前からあったものと考えてしかるべきだろう。灰や熾の魔力も民間信仰としては、日本でもなじみがあり、普遍的ということができる。

健康の泉　サンテス・アンナ・ウェネト大聖堂((56))の祭の際の泉のようす。著者撮影

水の恵み

水は人間にとって不可欠であり、泉や川が信仰の対象となるのは当然のことといえる。従来はブルターニュにおける泉の信仰はケルト起源で、それがキリスト教化されたと喧伝されてきたが、この言い方は正確と

バラントンの泉　ガイドから説明を受ける観光客。パンポンの森のなかにあり、雨を降らせる泉と伝わる。筆者撮影

はいえない。少なくともケルト起源でないものは、多数に上るであろう。ブルターニュの泉についての詳しい研究によると、ケルネ地方㉙とレオン地方だけで泉の数は少なくとも一五〇〇ヵ所ある。そのうち八五パーセントは聖人の名が冠せられており、五パーセントは普通名詞（「乳の泉」「夜中の泉」「白泉」など）、一〇パーセントは地名で呼ばれている。

キリスト教自体が、洗礼や奇跡の泉など、水に対する信仰を持っているので、それ以前の信仰がどの程度反映しているか、見極めるのは非常にむずかしい。特に泉の場合、おそらく太古の昔から使用され続けた泉があるかもしれないし、その場合には、後になって聖人の名を冠せられた可能性もあるが、むしろ泉が使われはじめた時点で聖別式が行われ、聖人像が置かれた例がかなりあるだろう。現存する泉の建立年代は古いものでも一六世紀であり、それ以前にさかのぼれるものはほとんどない。もちろんだからといって、それ以降の信仰というわけではない。それ以前についてはよくわからないのである。

健康をもたらす泉以外の水の風習に関していえば、雨を降らせる泉がある。レンヌ市㉟の西四〇キロのところにある、アーサー王伝説のブロセリアンドの森として、今では有名になっているパンポンの森のなかの「バラントンの泉」である。

アーサー王伝説では、ここはマーリンが魔女ヴィヴィアンヌにはじめて出会った場所だった。その時マーリンの座った石が、「マーリンの石段」となった。かつてはここにドルイドの神殿があり、聖界の魔力が残っているとされた。旅人がこの「マーリンの石段」に泉の水をかけると、たちまち嵐が起こり、洪水になったと言い伝えられる。地元の司祭もこの力の恩恵を受けたようで、一六世紀にさかのぼる降雨式の記録が残っている。最後に行われたのが一八三五年だった。キリスト教化以前から続く伝承がそのまま教会で許容されたか、以降なんらかの理由ではじまったかはわからない。ただ、マーリンやヴィヴィアンヌの伝承は、後でみるように、一九世紀になって整備された面が強く、伝承の継続には疑問点がある。

木への愛着

英国の民族学者フレーザーは、名著『金枝篇《きんしへん》』（一八九〇年初版）のなかで、「樹木信仰」の事例としてたびたびケルトのドルイドに言及した。樹木が重要な崇拝の対象だったこと、とりわけオークに寄生するヤドリギが神聖だったことは、一世紀ローマの博物誌家プリニウスが記している。

ところがセビヨによると、樹木信仰の残存とみられる風習はブルターニュでは稀である。すでにみたように、泉に象徴される水信仰の大量の保存は、キリスト教が助長した側面が大きい。また後でみるように、石信仰は、巨石建造物の身近な景観のなかの存在が、かかわりが深いと考えられる。ではなぜ、樹木については残らなかったか。セビヨの説明によれば、樹木信仰がケルト以前の「未開状態」の人々に共通するものであり、ガリアでの未開人はケルト人以前の紀元前三世紀をさらにさかのぼることになるので、残存にいたらなかったのだという。この解説はあまり説得的とはいえない。

樹木は身の回りに常にある。その点では、水や石とは変わりはない。だが泉の信仰のように、キリスト教の後押しがなかった。巨石建造物の場合は、なぜ身近に存在するのか、その構築を自己解釈することがまず求められ、いわば積極的なかかわりが常にあったのだが、樹木についてはその必要もない。太陽信仰の場合と同様、何か付随する条件がないと民間信仰として残存しにくいということを示す事例なのかもしれない。

セビヨの記す樹木信仰の事例は、どれも継続的習俗とは言いがたいものである。例えば訴訟の判決ないし証人である。一八三八年に報じられたことだが、ロワール・アトランティック（リゲール・アトランテル）県（㊹で略記）ナント（ナオネト）市と、パンブフ（ペンボフ）町の間に大きなオークの木があった。二人の提訴人が証人をともなってこの木の両側に座り、最初の葉っぱの落ちてきたほうが勝訴するのであった。冬には、カラスの餌を両側においく、先に食べたほうが勝ちとされた、ともいう。セビヨによれば、ガリアの時代にも、カラスが先に食べたほうが負け、という事例があり、この風習は古いというが、必ずしもオークの木の魔力とは結びつかない。

ヤドリギの習俗

オークに寄生するヤドリギは、稀なる存在として古代ケルト人においては神聖視されたのであり、ドルイドの儀礼で用いられた（本書で検証するように、こうしたドルイドは古代ガリアでは副次的存在にすぎなかったが）。

だがセビヨの採集した習俗は旅籠《はたご》がヤドリギの房を門にかかげるという風習と、青年の兵役抽選での当選を祈願する護符としての二例しかない。いずれもヤドリギの魔力をあてにしたものだが、近代になって発生したものだろう。

泉の信仰が確認できるのは、ブルターニュ全体で一〇〇〇件を超える。後でみるように、巨石のなかでメンヒルだけでも五〇〇〇ヵ所もブルターニュにあるので、石にまつわる習俗も、おそらく数百件にのぼるだろう。だがセビヨは、木に関する習俗をわずか十数件報告するのみで、これについてはすべて書き記したとまでいっている。あまりにも少なすぎる。それもほとんどは、ここで引用したように、どちらかというと新たに作られたと思われる事例である。

こうした状況から考えると、古来の習俗は、その継承を支える特別な事情を持たない限り、生き残ることはない、ということが言えるのではなかろうか。キリスト教以前の習慣は、水や泉のように、キリスト教に取り込まれる要素を持つものだけが残存して生き延び、そのほかの風習はすべていったん消え去った。したがって、木に関する習俗は、おそらくすべてが、新たに発生した、それほど古くはないものとみたほうが、辻褄《つじつま》が合うように思える。木や石といった身の回りの事物は、キリスト教が世界のすべてを説明してくれるわけではないので、どの時代でも、自然信仰を生む余地がある、そうしたものと考えておくべきだろう。

おそらく、初期キリスト教の誕生地、聖書形成の舞台となった中東の自然環境もここで考慮しておく必要があるかもしれない。つまり砂漠や河川、海がキリスト教を培ったのであり、環境に森が言及されることはほとんどない。したがって、キリスト教受容の際に、森に関する習俗は、泉のように包含されてほかの意味を与えられるようなことはなかった。異教的な慣行として一掃されてしまったと考えられるのである。

本書では、こうしたキリスト教のなかに存在する異教的部分が、それ以前の異教的なものを示すのかどうか、これがケルト文化の残滓《ざんし》なのかどうかをみていくことになる。もちろんそれは、ケルト文化とは何か、さらにはケルトとは何かを歴史的に検証できる範囲で行おうということでもある。

妖精と妖怪

異界の住人たち

人間が死んでから後に赴く世界が存在する、という思想は人類に普遍的である。それが幸福の国であるか、それとも不幸なる世界もあるのか、そのあたりは宗教観によって異なる。

欧州ではキリスト教伝来以前の死生観を表現すると思われる神話が、ギリシア・ローマという古典世界と、ゲルマン・ケルトという異教の民について伝わっている。後でみるように、ケルト人の世界にはギリシア・ローマから移入された神々も多い。おそらくそれは、たとえば仏教と神道の関係を合理的に説明する本地垂迹《ほんじすいじゃく》という思想が不必要なほど、前提となる文化が類似していたためかもしれない。その場合は、たとえば言語的類似性、インド＝ヨーロッパ語族という同族性ゆえの形、ないしは普遍的な自然信仰の形として説明が可能である。

いずれにしても、ギリシアとローマの神々の相互対応関係、ローマとケルトの神々の相互対応関係などから考えても、ギリシアとローマ、ゲルマンとケルトが、別個の信仰形態をとっていたと考えるより、近接しあったものだったとみるほうがわかりやすい。それは本書でみるように、ケルトの祭司ドルイドの位置づけにも関係し、従来の学説の修正を迫るものにもなるのだが、こうした古代世界にキリスト教が入り込んで、人々の世界観、死生観に変化が生じた。すでに見たように、火や泉に対する信仰には、キリスト教以前の信仰が反映していると考えられる。

ポール・セビヨは、フランス各地、とりわけブルターニュに多い「リュタン（小妖精）」が、キリスト教到来以前に存在した人類種とその伝説を伝えるものと述べた。その息子、ポールイヴ・セビヨは、さらに進んで、ケルトの伝説民話に見られる「妖精」が、古代ケルト人の巫女（女ドルイド）の変形だと指摘した。彼によれば、フランス一九世紀の中世史家アルフレッド・モーリ（『中世の信仰と伝説』など）がすでに書いており、妖精こそキリスト教が打ち倒したドルイド神官であり、ここにこそドルイド思想が鮮明に残存している、その最後の姿なのだという。

柳田國男は、妖怪を「前代信仰の零落した末期現象」（『妖怪談義』一九三六年）と表現した。さらにこのことは「私の発明ではむろんない」といい、「ただ我々は外国の学者に盲信せず、自分の現象を検し、自分の疑惑を釈くことを心掛ける必要を認めるのみである」ともいう。つまり、このことは外国の学者の受け売りだが、外国人の議論は気にせずに、日本の事例の中で解明することを心掛けようという、柳田の基本思想を表明している箇所である。だがこの外国の学者がだれかは書いていない。

柳田は、一八七八年に英国で「民俗学協会」を設立した民俗学者ジョージローレンス・ゴムを参照する場合も多く、彼も「妖精が昔のコビト族［ピグミー人、ギリシア神話のコビト族］の伝承的表象だという理論は、民俗学者の間でかなりの支持を受けている」（『フォークロアにおける民族学』一八九二年）とセビヨと同じようなことを書いている。つまりこうした考え方が、一九世紀後半の西欧では誰が言いはじめたかはわからないが、通説となっていたということになる。

欧州の妖精、小妖精、コビト、巨人などは、日本の妖怪に比較することができるのであ

水の妖精と岩の妖精　上が陶磁器に描かれた水の妖精（19世紀）。左は「岩の妖精」として1894年のパントマイムのポスターに使われた

り、ブルターニュではまさにおびただしい数の妖精たちとの交渉譚《こうしょうたん》が記されている。この種の記録はキリスト教とはまったく無縁の精神世界である。おそらくこうした精神世界に、キリスト教伝来以前の信仰形態が垣間見られると考えられる。

コリガン、または妖精

異界とは、人間の住む世界とは違うもう一つの世界という意味である。したがって人間が死後に赴くキリスト教的な地獄や天国ではない。異界に暮らす人々の生態は人間とよく似ており、ときおり人間界と交錯する。多くの場合、人間界に出没する場所が決まっている。妖精、コビトなどがこうした異界の住人である。

古・中期エール（アイルランド）語の物語群に登場する「トゥアタ・デー・ダナン」など、「シードの人々（地下の妖精）」と呼ばれる神話的集団がある。彼らは、地下や山のなか、あるいは墳丘のなかの異界に棲むのだが、彼らの由来は新しく到来した人間たちに追われて地下に暮らすようになった神々なのである。まさにキリスト教以前の異教の人々の運命を体現したものとも考えられる。シードは妖精と訳されることがある。

フランス語で妖精は「フェ」と呼ばれるが、ラテン語の妖精「ファタ」がもとになっている。ブルターニュのケルト語地域での代表的呼称は「コリガン」である。一九世紀ブルターニュの民謡採集者ラヴィルマルケによれば、一世紀ローマの地理学者ポンポニウス・メラの「ガリゲナエ」、古期カムリー語の詩歌の「コリッドグエン」に相当するケルト起源の名称だという。

ブルターニュでは、一九世紀になって、民話の採集とともに妖精譚が書き留められるようになるが、地名や泉の名称には古いものが残っている。ランヴェラン村(56)に「コリガンたちの家」、ポンナバット（ポンラベ）町㉙近郊に「コリックたちの家」がある。「妖精の洞窟《どうくつ》」と呼ばれる場所が、プレドラン村㉒、ロワールジュイニエ村㊹にある。洞窟の住人というのは、「シードの人々」に通じる。「妖精の岩」という言い方はもっとふつうで、プルヴァラ村㉒ほかブルターニュで一三カ所もある。

妖精といえばもっぱらケルト世界の住人のように考えられがちだが、決してそうではない。セビヨによれば、ノルマンディーやベリーといったフランスのほかの地方にも存在する。エウスカル・エリア（バスク）地方の「ラミニャック」、スイス・ジュラ地方の「デューズ」（「エロード」とも呼ばれる）なども地下世界の住人である。聖アウグスティヌスが

『神の国』（四一三〜四二六年）のなかで、「ガリアでは、デーモンはドゥーズと呼ばれる」と記録している。

こうしたことも、妖精がキリスト教到来以前の神の姿を反映している、という見方に証拠を与えるといっていいだろう。

一九世紀前半のブルターニュの作家、エミール・スーヴェストルは、スルニアック村㊻の男が妖精に出会った話を記しており、それによれば、月夜に集団で踊っており、大柄で美人、白衣を身に着けていた。妖精「フェ」と「コリガン」を区別する証言もある。「フェ」は美人だが、「コリガン」は小さく、醜い。この場合には「コリガン」はコビト「ナン」と同一視されたようだ。老女で背中に貝殻が付着している場合もある。妖精の子供は、虚弱で青白いと表現されることが多いようだが、これも地下あるいは海中世界の住人とのつながりを暗示しているかもしれない。

妖精は人間にとって決して危険な存在ではない。彼らは踊るのが好きで、通りがかった人々を踊りの輪に引き入れるが、危害を加えることはなく、朝には帰される。キリスト教に敵対的と

コリガンの踊り　月夜にメンヒルの周りを輪になって踊るコリガンたち。ダリアンスが1887年に描いた

いうわけではなく、夜中にお祈りをする。サンタルバン村㉒のサンジャック・ルマジュール礼拝堂の門、ルカ村㉒のイレルの礼拝堂は、彼らが作ったものという伝承がある。サンレミ・デュプラン村㉟の「妖精の岩」では、夕方、ガレットやパンを置いておくと、朝には畑の種まきが完了していた。モンコントゥール町㉒近郊では、子供たちの食事に困った貧しい婦人が、「妖精マルゴット」の慈悲にすがることができた。

岸辺の洞窟に棲む「波間の妖精」と呼ばれる一団がある。行動するのはやはり夜だが、釣りをしたり、家畜を飼っていたりする。海底に別世界があり、畑、村、城などは地上と同じで、そこでの滞在は格別心地よく、数日過ごしたはずが数年間になっていたという、浦島太郎と瓜二つの話が伝わっている。この場合も、地下世界が住処《すみか》だったアイルランドのシード一族と同類である。

セビヨのふるさとに近いサンキャスト村㉟の海岸沿いには、「妖精の通路」「妖精の修道院」「妖精の畑」のほか「妖精の舞踏場」と呼ばれる場所があった。海岸が異界との隣接域だったのである。危険と隣り合わせの場所という意味で、この異界の設定はわかりやすい。

彼によれば、こうした妖精こそ、エウスカル・エリア地方の妖精「ラミニャック」とよく似ているのだという。こちらの場合も、住処は山中の洞穴や地中である。こうした事例を考慮に入れると、妖精のもとになったと考えられるキリスト教伝来以前の神々は、ケルト圏地域に特有というわけではなく、少なくともフランス、スペインを含む西ヨーロッパ全域に共通する。もっといえば、それは自然崇拝としての普遍性を持つ神々と言ってもいいかもしれない。

世界に共通の「コビト」

小妖精、あるいは「コビト」の存在は、表にみるように、フランスやケルト圏ばかりでなく、ヨーロッパ全域、あるいは人類に普遍的なものといっていい。その最大の共通性は、夜間に登場することである。柳田國男が『妖怪談義』のなかで述べているように、妖怪とは、たそがれ時以降の夜間の活動者たちであり、それは人々の夜間の行動を戒めるという、人間界への警鐘をもこめた存在である。ブルターニュでコビトは「ビューゲル・ノース（夜の子）」とも呼ばれ、たそがれ時や夜が白み始める時にのみ出現する「ロンジュ」と称する特別の小妖精（柳田の狭義の妖怪はこれだが）がいることでも、夜の存在であることは明らかだろう。

ポールイヴ・セビヨによれば、コビトは全世界に見られる、古代の異人種の記憶である。概して体格は小さく、夜の舞踏、馬やミルクを好む、またいたずら好きではあるが、その人間とはおおむね良好に付き合うなど、その

地域・国名	呼び方
ノルマンディー	ゴブラン
ロレーヌ	ソトレ
プロヴァンス	ドラック
ドーフィネ	セルヴァン
アルプス地方	ソレーブ
ドイツ	アルベン
ベルギー	ソテイ ニュトン
デンマーク	ニス
ノルウェー	トロル
スウェーデン	スコガフ
スコットランド	ユリスク
中東諸地域	ジン

各地の「コビト」の呼び名

身体的特徴、生態も全世界的によく似ているという。

神々の零落した末期現象

妖精については想像力が貧困で、白衣の美女か皺《しわ》のよった老女といったごく限られたイメージしかないのに比べ、コビトのヴァリエーションは驚くほど多い。また、妖精「コリガン」（ブルターニュ）、「ファデ」（ベリー地方）がコビトの仲間とみなされることもあり、コビトが大分類といってもいい。妖精の勢力が衰えて、コビトに吸収されつつある状態といってもいいかもしれない。ポール・セビヨの報告では、農民たちは、さすがに妖精はもう見ることはないが、コビトはまだ見かけるといっている。異界、地下世界の住人の記憶を引きずる妖精がすでに忘れ去られつつあり、コビトのみが活発に活動を続けているのである。こうしてみてくると、柳田がいう神々の零落した末期現象としての妖怪は、まさにコビトにあてはまるといっていいだろう。

コビトは人間の形をしているが小さい。「大きさは一ピエ（三二センチ）もない」と、革命期の旅行記作家カンブリが書いた。小さいということは一致しているが、あとはまちまちである。色が黒い、赤い、黄色い、頭が異常に大きい、羊や山羊の足、猫の爪、人間や動物（牛、馬、羊、犬など）に変身可能などなど、さまざまな描写がある。住処は地下に限られるわけではなく、森、荒地、田畑、そして墳墓やドルメンである。

鬼火は天体現象ではなくコビトと考えられている。「ファユー」「ビュエット」「エクレルー」「燧《おき》のコビト（ポアトリック・エ・スコッド・タン）」などと呼ばれ、近親者の死の予兆など不吉なものとされる。コート・ダルモール県沿岸部には、釣りの邪魔をする妖精「ニコル」が存在する。動物の形、とりわけ子馬の姿で出現する「ムリオッシュ」。身近な存在で、豚に化けたり、羊に化けたり、時に悪魔が人間に化けたものとされる。

しかし、以上の記述から、妖怪や妖精がキリスト教以前の神々の末期現象であると証明できたとはとてもいえないだろう。アイルランドのシードのように、キリスト教化と同時期の文献で、異教的神であることが述べられている場合は確証が高い。だがブルターニュではそうした同時代的文献がない。後世の伝承の記述から推測することしかできない。妖精が女ドルイドの変身であるとか、古代人種の名残といったことも、後世になってからの創作とも考えられる。それでもなお私が主張できると思うのは、伝承のなかにはひょっとしたらキリスト教伝来以前にまでさかのぼれるような事項があるかもしれない。その確率の高いものもありそうだということである。

異貌のキリスト教

特異な祭り「トロメニー」

異界とは、キリスト教的な天国地獄とは別の世界である。しかも民衆の想像力のなかに存在するにすぎず、天国地獄と違って神学的議論もないので、文献的にそれが確証できるような種類のものではない。それゆえにここまで民俗学的な手法に基づいて論証しようとしてきたわけだが、垣間見ることができるのは、妖精・妖怪界という、「前代の神々の末期現象」の世界だけであり、そのすべては歴史学的にはほとんど論証の根拠がない、といってもいいような危うさを持つレベルの事象である。キリスト教が包含した異教的事項についても、その点は同様である。

後で述べるように、ブルターニュという地域の成立は、ブリテン島からの移住、とりわけ一群の渡来《とらい》聖人とそれにまつわる伝説がたいへん大きな意味を持っている。聖人伝説には、とてもキリスト教的とはいえないような、あるいはそれ以前の異教的な考え方が数多く含まれており、そこにこそ、妖精の異界以上の、キリスト教的でない要素が顔を出すはずだが、それについては後の章に譲ることにする。とりあえず近代以降のブルターニュのキリスト教において民俗学が発掘した異教性についてみておくことにしよう。

ロコルン（ロクロナン）村㉙一帯には、「トロメニー」と称するたいへん特異な祭りがある。六世紀のヒルベニア（アイルランド）からの渡来と伝えられる聖ロナンの「パルドン（守護聖人）」祭である。七月の第二日曜から第三日曜にかけて、一週間続けられる巡礼を内容とする祭りで、現在では六年に一度開かれる。行程は一二キロにわたり、大小あわせて四四の聖人礼拝所（主なものは一二）を巡るのである。トロメニーとは「トロ（巡り、巡礼）・メネ（ス）（山）」すなわち「山の巡礼祭」と一般には理解されている。

だが研究者は「トロ・ミニヒ（聖域）」と解釈する。すなわち、この祭りは元来「聖域巡礼」であり、その起源はキリスト教以前にさかのぼるのである。聖域は本来森をなし、夏至祭りなど太陽崇拝にかかわる儀式が行われていたと考えられる。付近に「ネヴェットの森」という地名があるが、ネヴェットはケルト語の「ネメトン」であり、ケルトの聖域（祭儀場）である。古代ケルトでは、五月一日の宵の晩の火祭りが、太陽神「ベレン」の祭りであり、最大の年中行事である。ロコルン村で行われる、この晩にブナの木を立てて祝う五月柱の祭りと、夏至の日にこれを燃やす聖ヨハネの火祭りは、その名残だともいわれる。

トロメニーの祭り　6年に一度、44ヵ所の聖人礼拝所を巡る。起源は古代ケルトと結びつきをもつとされる

　このあたりが聖域だったのは、聖ロナンの伝説からも窺える。ロナンがここに布教に訪れた時、地元の巫女（女ドルイド、魔女ともいわれる）が抵抗した。自分の娘を箱の中に隠し、ロナンが狼に食べさせたのだと主張して、追い払おうとした。土地の王グラドロンはロナンを拘束した。裁判にあたり、王は番犬を放し、ロナンに神の庇護があるなら、助かるだろうとした。そのとおりになり、ロナンは箱に監禁された娘の話をした。娘は仮死の状態だったが、ロナンが生き返らせ、さらに巫女に対する許しを王に請うた。

この逸話には興味深い論点がいくつも含まれている。第一点はキリスト教の布教者とそれに対する異教者の確執である。布教者のキリスト教化はまったく強引なところがなく、一歩前進一歩後退の状態にあった。第二点は布教者が世俗の王に服従した点である。これはキリスト教の権威が絶対視されない状況では当然かもしれないが、罪の許しを世俗の権力者に請うというのは、聖人伝ではあまり出てこない。第三点は布教者が異教徒に寛容だったことである。これは後のキリスト教の状況を考える上で重要である。異教的なものが生き延びる余地があったことを伝える証拠にもなっているのである。

この話には実は後日談があり、これだけでは終わらない。聖ロナンは、ロコルンを追われ、隣県のサンルネ村㉒で亡くなり、その遺骨がロコルンに運ばれることになった。二頭の水牛に引かれた棺《ひつぎ》は、途中で洗濯中の巫女に遭遇した。巫女は洗濯棒で牛の角を折った。大地が割れ、裂け目から炎が噴出し、巫女は地中に吸い込まれた。「ベス・ケーベン（巫女の墓）」という地名はここから来ている。一方、角を折られた牛は、そのままロコルンの山まできて息絶えた。「プラース・アル・ホルン（角の場）」という地名が今でもある。つまり、後日談のどちらかというと瑣末《さまつ》な事項だけが地名に刻まれることになった。地名についてはこじつけの感は免れないが、聖人の遺骸が巫女を地獄に追いやったというのは、最終的なキリスト教の勝利を意味しており、ここで話が完結する形になっている。

ディアウルという鬼

悪魔はフランス語ではディアーブル、ブレイス語では、同じ語源からディアウルと呼ばれる。神の対極的存在である悪魔は、理論的には悪、マイナスイメージを体現し、神と対になって畏《おそ》れられるはずだが、ブルターニュでは必ずしもそうではない。人間を助け、場合によっては聖人を助けに馳《は》せ参じる。橋、教会、城の建設に精を出し、農作業の手伝いもする。妖怪や妖精と重なるイメージもある。時に混同されることもある。日本の鬼とよく似ていると言ってもいいかもしれない。

ブルターニュの鬼とキリスト像　プルゴンヴェン村㉙の十字架石像にある。著者撮影

ディアウルに橋を作らせた村長がいる。その条件は、完成後、昼のミサと夕の祈りの間にこの橋を通る人たちをその仲間にするというものだった。村長は村の司祭に話して、この日は昼のミサと夕の祈りを続けてやってもらった。こうしてディアウルは橋を作ったが、仲間を増やすことはかなわなかった。鬼に対する狡猾さは倫理的になんら問題ない。また、ここで語られるようなある種のおろかさを持つのもディアウルの特徴である。鬼の持つ悪徳は、人間が太刀打ちできるレベルなのである。

妖怪が異界の、人間界とは異なる次元の存在であるのに対し、ディアウルは、こちら側の、いわば人間界のなかで、人間とのかかわりにおいて存在する。ただ夜登場することは共通する。神と表裏一体の側面を持ち、人間が神と契りを結んで信徒になるのと同じように、契約を結んで、その手下になることがある。「悪魔に魂を売り渡す」のである。

民俗学者ルブラースが語るには、鬼との出会いの場所は、埋葬のために掘ったばかりの穴のある墓地、三叉路、三角の畑（つまりふつうの畑ではない）、祭壇に聖遺物のない、打ち捨てられた礼拝堂などである。一九世紀末の民俗学者ソヴェによれば、青蛙を満月の夜、蟻塚に持って行き、その出会いを祈願する。そのあと真夜中、人気のない五叉路で鬼への忠誠を誓う。すると、鬼と黒猫、白い雌鳥、青蛙、蟻の一団がそれぞれ別の道から現れ、契約の証人となる。

鬼との契約は、ブレイス・イーゼル（バス・ブルターニュ）では左手の小指の血で行う。血が忠誠心の証明になるわけだ。オート・ブルターニュでは、必ずしも血判状の必要はなく、十字架に唾をかけて誓いの言葉を述べれば、それだけで契約になるとされる。これはブルターニュばかりでなく、ノルマンディーやガスコーニュでも見られるという。グワイエン（オーディエルヌ）町㉙一帯では、鬼との契約は、黒猫の台帳に記載される。

変身する鬼

鬼は妖怪と同様、変身する。白馬、黒犬、黒羊、山羊、蛙、蛇といった動物、また美男子や隠遁修道士も変身の対象だ。これは、愛称にも反映されている。ブレイス・イーゼルでは、「アル・ポートル・ブラオ（美男子）」、「アル・マルハドゥール・グラウ（炭売り）」、「ポートル・エ・ドレイト・マルフ（馬足少年）」、「ポール・ゴース（老人の聖パウロ）」などと呼ばれた。

ただ、一般的なイメージが定まっていることも明白である。まず二本の角、曲腕、蹄《ひづめ》のある足、ほかは人間と変わらない。鬼がこうした容姿をとるのは、ポールイヴ・セビヨによれば、世俗の神、すなわちギリシア・ローマの神を受けついでいるからである。角はギリシア神話の牧神パンのものであり、手足は半人半獣の森の神サチュロス、山羊の足と角を持つファウヌスである。夜宴は、陶酔の神ディオニソスやバッコスの祭りを引き継ぐのである。こうした世俗の伝統を打ち破ろうとしたのがキリスト教であり、だからこそその敵対側の代表として、ギリシア・ローマ的神のイメージを利用する鬼が出来上がったのだとする。

天使と鬼　19世紀に描かれた絵解き用の絵。右の鬼には、悪魔の様相がある

したがって、セビヨの主張によれば、ケルト的な神の体現者としての女ドルイド、巫女が妖精、妖怪に零落し、ギリシア・ローマ的な神々が悪魔に変容したということになる。たしかにこれで十分辻

棲があうが、悪魔、鬼についてはそれとしてなかなか断言できない。というのも、キリスト教で悪魔が強調されるのは、第八章でみるように、宗教改革期以降、ブルターニュでは一七世紀になってからだからである。

おそらくこの宗教改革期以降の習俗のようだが、ルブラースの報じるところによれば（『ブレイス・イーゼル地方の死の伝説』一八九三年）、トレゴール地方には、悪魔を鎮める興味深い儀式があった。「アン・オフェルン・ドランテル（三〇番目のミサ）」というもので、司祭が死者を弔うために、教区教会で二九回ミサを行い、三〇回目を、この地方の最高地、ブレ山（メネス・ブレ）の聖エルベ礼拝堂で行うのである。ブレ山は、聖ミカエル山と同様、キリスト教以前は異教の霊峰だったのであり、それゆえに、ここでの礼拝も異教退治の儀礼を引き継ぐものだった可能性がある。

司祭は真夜中、一人で素足になって礼拝堂に赴く。素足なのは「地面まで聖職者」という理由づけがされる。祭壇にはろうそくを一本だけ灯し、この年に亡くなった者たちのために、祈禱文を通常とは逆の手順で読み上げる。それは悪魔を呼びだすためである。読み終えると、教会のポーチに悪魔たちを一人一人呼んで、その鉤爪《かぎづめ》に死者の霊魂が引っかかっていないか検証する。こうして、死者を仲間としていない悪魔には、亜麻の種が一粒ずつ与えられる。というのも、悪魔は決して空手では引き下がらないという言い伝えがあるからである。この儀礼は、おそらく異教的信仰を取り込むために、キリスト教と異教との折り合いをつける一つの形だった可能性がある。それにしてもここで悪魔は司祭にまったく従順である。それなりの手続きを踏めば、悪魔は決して恐怖を招く存在ではない、という考え方がそこにはある。

ソルセーレス、あるいは魔女

悪魔は不浄の神であり、女性もキリスト教では不浄である（「レビ記」）。悪魔が悪の源泉であり、女性は原罪のもとである。ブルターニュの伝承では、男は神が創ったが、女と猿は悪魔が創ったということになっている。こうしたことから、魔的存在として女性が引き合いに出される条件が存在していたことは指摘しておかなければならない。

男性の魔術師ももちろん存在する。だがたいていは女性であることも事実であり、それが孤立した周縁的存在のなかで、その魔力が発揮される場合が多い。すなわち、乞食、屑拾い、未亡人、そして孤島の住人である。

ルブラースによれば（『ブルターニュ地方の古い話』「伝承によれば」一九〇五年）、スュン島㉙の未亡人の多くが海の精と通交可能で、魔力を持っている。未婚で託宣能力を持つ女性が九人いる。ガリア人は彼女たちをセナと呼んだ。卓越した霊力を持つと信ぜられ、そのまじないによって、潮を導き、風を吹かせる。自在に動物にも変身し、不治の病も癒し、占いも可能である」。ここでは未亡人ではなく未婚女性といっているが、このほうが周縁性は高い。セビヨはこれについても、妖精の場合と同様、女ドルイドを引き継ぐものと指摘する。セナはスュン島の古名であり、ここは巫女の島だったのである。

キャップシズン村㉙では、「ドルック・アヴィス（凶眼）」を持つ人たちがいる。母親の死後誕生した人、洗礼を受けず捨て子となった人が能力を持つという。身体的周縁性ゆえの霊力である。女性は出産から産後の感謝式（通常は産後三週間）まで凶眼を持つとされた。凶眼の人と目が合うと不幸になると言い伝えられ、それから身を守るには「ディスコンテール（逆子）」から「ルーズー（薬草）」を授かる必要がある。

通常の「ルーズー」は形が決まっていて、クマツヅラ九葉と九個の塩粒の入ったティーバッグである。「ルーズー」は薬草として飲料にするばかりでなく、襟《えり》に縫い付けて護符《ごふ》として用いることも多かった。漁民は航海の安全と豊漁を祈願して「ルーズー」を携帯した。革命期に活躍した軍人でケルト学者のラトゥール・ドーヴェルニュは、この「ルーズー」のおかげで戦火を生き延びることができた。ブルターニュの伝統的格闘技「グーレン」では、戦いの公正を保つために「ルーズー」の保持が禁じられている。洗礼を受ける幼児は凶眼の影響を受けやすいということで、黒パンの端を袖口に縫い付けて護符とした。

凶眼やそれから身を守る薬草の習俗は、ひょっとしたら起源が古いものかもしれない。キリスト教とはまったく関係がないことは明らかであり、「ケルト的伝承」が薬草の知識を含むものであったことも間違いない。ただそれがこの習俗に直結するかどうか、断定はできない。

アンクウ、あるいは死神

ブルターニュでは骸骨が普通の景観としていたるところに存在する。少なくとも一九世紀まではそうだった。キリスト教では教会の敷地内に墓地があるのがもともとの姿だが、人口が増えると墓が足りなくなり、教会の外に新たに墓地を作るか、古い墓地の遺骨をまとめて納骨堂に納め、敷地内に墓地を改めて作ることがすでに中世には行われていた。さらに納骨堂がいっぱいになると、古い遺骨をまとめて共同墓に埋葬してしまう。これを「第二の葬式」というが、この地域では、ほぼ三〇年おきに、万聖節（一一月一日）の日に行われた。

フランスでは一七世紀以降、りっぱな納骨堂が各地に建てられたが、一九世紀には軒並みつぶされていく。福音主義を説く教会が、死の恐怖心をあおることを禁止し、死を想起させる骸骨などの存在を一掃しはじめたためである。だがブルターニュではそれが大幅に遅れた。その理由が「アンクウ」だと考えられる。

アンクウとは、死を体現する存在であり、死者の枕元に現れ、死者の魂を荷車に乗せて運んでいく。一五世紀のブレイス語の戯曲「聖女ノナ伝」に、「アンクウ」すなわち人間の原罪を罰するために神が創造したアダムの息子とあるのが初出である。といっても一般的には死の化身と理解され、もっぱら骸骨の姿で描かれる。語源的には、あの世を意味する「アナオン」

グーレン　現在でも盛んなブルターニュの伝統的な格闘技。図はペラン（第六章参照）の画にもとづく19世紀前半の版画

鎌を持つアンクウ　プルミリオ村の教会にある。奉納を受け親しまれるアンクウ。高さ105cm

（ブレイス語）、「アンヴン」（カムリー語）と関連するはずである。ほかの地域に類似する死神が存在しないわけではないが、「アンクウ」はブレイス・イーゼル独特のキャラクターである。

アルロッホ・モルヴァン村㉙の礼拝堂の聖水盤に描かれるアンクウは、「私はあなた方みんなを殺す」とある。恐るべき脅迫者である。アンクウの荷馬車のきしむ音は死の予兆であり、恐怖心をかきたてる。このイメージは、一七世紀以降の宗教改革期に出現したものだろう。

その一方で、民話では名づけ親になり、結婚もし礼拝にいく。だまされることもあり、それを怒ったりもする。プルミリオ村㉙の教会のアンクウは、「エルワニック（エルワンさん）」と親しみを込めて呼ばれ、教区の人々はこの像に奉納も行う。このように身近な親しみやすい存在でもある。こちらはおそらくは起源の古い、いわば民衆的死神イメージなのかもしれない。

ルブラースは、このような二面性を持った「死の宗教」はケルト的伝統が下敷きになっているとする。ケルト的かどうかは別にしても、この地方の人々の死後の世界のイメージは、一般的キリスト教とはかなり違う。

特異な死後の世界

死後の世界として、天国、地獄、そして煉獄があることは変わりがなく、煉獄は中世以降の導入なので、民衆への定着度が低いのは、これもほかの欧州の地域とそれほど異なるわけではない。ポールイヴ・セビヨの伝える民俗描写のなかで興味深いのは、死への旅立ちに食糧を持たせることである。ディナン町㉒では、女性が教会の前でもらう、産後の感謝式の時のパンを棺に入れる。ドル町㉟で一九〇〇年頃だが、棺にお菓子とワインの小瓶を入れた。コインを一枚手に持たせることもあるが、これはフランス各地に見られる。セビヨは古代から引き継ぐ習俗という。もちろん普遍的な民間習俗と考えたほうがわかりやすいものではある。

ルブラースが報じていることだが、地獄や天国には死後直ちに赴くわけではなく、場合によっては何千年、何万年もかかるというイメージは、通常のキリスト教理解とはかけ離れている。

地獄への道はもちろん広くて心地よい。途中、九九軒の旅籠があり、それぞれに一〇〇年とどまる。旅籠を移るたびに酒は甘くなり、女中はどんどん美人になる。もしこの酒の魔力に抵抗して、最後の旅籠までしらふでたどり着けば、地獄には入らず、戻ることが可能になる。さもなければ、ヤマカガシとヒキガエルの血を混ぜたとんでもない酒を飲まされて、地獄に堕ちることになる。

天国への行程でも、九九軒の旅籠がある。それぞれに立ち寄って、しかも支払いをしなければならない。真んなかの旅籠に、神様が週一度、土曜の夕に立ち寄る。酔っ払いでない人々は、ここから天国に連れて行ってもらえる。

地獄への行程が長いことが強調されるのは興味深い。キリスト教は輪廻を認めない（異端としては存在したが）。地獄にいったん堕ちると、その苦しみの世界は永遠に続く。「永遠に続く苦しみ」という耐え難い世界から、煉獄という新たな世界が誕生したのだが、煉獄になじみのない一般民衆が、永遠を先延ばしにする想像力をここに認めることができる。

天国への道でも地獄への道でも酒の魔力が問題とされるが、これもブルターニュでは一七世紀以降のカトリック宗教改革のなかで強調された点であり、こうした物語の形成自体はこの時期以降の比較的新しい時代のものだろう。

フィニステール県の海岸部では、「レストル・アン・アナオン（霊魂《れいこん》の船）」が、夜中、人知れず航行する。霊魂の呼びかける声がしても「アーメン」としか応えてはいけない。そうしないと一緒に連れていかれてしまう。「バーグ・ノース（夜の船）」というのは、「アンクウの荷馬車」とほぼ同じで、オールをきしませる音をさせながら、魂を運んでいく。グワイエン町㉙、スュン島、アン・ノリアン（ロリアン）市㊻、トレゴール地方㉒などにこの伝承がある。死者を運ぶ船という習俗は、これぞケルト的ともいえるものだが、もちろん歴史的な証明は不可能だ。

「夜の洗濯女」と動物への転生

「あの世からの帰還」では、ブルターニュとウェールズに共通する「罪人の赦しを請う」帰還者、スコラン、アスコランが代表的だが、これについては第七章で詳述することとして、それ以外の代表的な題材を挙げておこう。

一つは、「夜の洗濯女」である。これはブルターニュばかりでなく、フランス中部、中南部でも採集されている。子どもを殺害して贖罪《しょくざい》を請うほかに、休息日である日曜に洗い物をしたため、その罪の赦しを請う場合もある。洗濯する音が聞こえるが眼には見えない、ということでよく知られている。一九世紀フランスを代表する民話文学者ジョルジュ・サンドもベリー地方の例を引いている。これは、安息日の労働を禁じる逸話として広められたと考えられる。四季の斎日《さいにち》(復活祭、三位一体の主日、大天使聖ミカエルの祝日、降誕祭)を守らなかった者が帰還する場合も同様である。おそらく、「地獄と酒」の話と同様、カトリック宗教改革期以降のものだろう。

夜の洗濯女　夜間、洗濯する音だけで姿は見えない。女がこの世への帰還を求めるのだという。1861年頃のヤン・ダルジャンの絵

興味深いのは、動物の形をとるこの世での贖罪である。ポールイヴ・セビヨの採集した事例によれば、エルセ・プレリフレ（エルジエック・リヴェリエック）村㉟では、「帰還者」がこの世の人間に、いがみ合う雄羊と雌羊を指差して、「あれは私の父と母です。彼らは生前も同じように言い争い、けんかしていました。それがもう一つの世界でも続いているのです」と語った。ロッホ・アンアルゴエット（ロッシフォール・アンテール）村㊻では、万聖節の夜、多くのカラスを見ることがあるが、これらは、大罪の状態にある人々だという。シャトーブリアン地方㉟では、口の悪い老女はカササギやフクロウに成り変わる。やもめで亡くなった男性はカッコウになるという。ブレイス・イーゼル一帯、またコート・ダルモール県東部では、死後の魂は蝶となって贖罪を行う。野兎《のうさぎ》、鼠《ねずみ》、小蠅《こばえ》、あるいは黒猫、ガチョウとなって戻ってくる。フィニステール県では、ヒキガエルは、ミサを挙げてもらいに来た先祖だという。セビヨによれば、こうした転生による生命の不滅思想は、ドルイドの考え方に近く、キリスト教以前にさかのぼるものだとする。稀には木（ブナ）や石に変身する事例もある。

創世記に見られるように、この世のはじめから人間中心主義をとるはずのキリスト教世界において、こうした転生思想はきわめて珍しいといっていいだろう。

この世の人間の対処

さてこうした「帰還者」に対して、この世の人間たちはどう対処したらいいのだろうか。

いずれにしてもできるだけ会わないようにすることが、自らのこの世での存在を安定的にするには不可欠である。

まずは死者に対して祈りを欠かさないことである。「帰還者」は、基本的にはこうして信徒にその祈りという義務を課す、一つの理由づけの役割を果たすことになる。

家では死者の帰還の邪魔をするようなことはしてはならない。たとえば、火にかける三脚台は、夜は魂が座りにくるので、夜使ってはならない。夜掃除をしてはいけない。魂をごみと一緒に掃きだしてしまう可能性がある。トレゴール地方では、家の前にテーブルをおき、そこに砂を一握り盛っておく。そうすると霊魂はいつまでもこれを数え続けるので、入ることをあきらめる。これは妖怪に対しても有効である。

この世に戻る霊　死者が戻ってきた様子を「かつて座った場所に食器が置かれ、一晩中そこに留まる」と、1895年「イリュストラシオン」誌は画入りで報じた

死者の魂を遠ざける護符としては、数珠や聖水のほかにクマツヅラの束がいい。夜道では歌を歌うことで死者の魂や悪霊との邂逅《かいこう》を避けることができる。

以上のように、ブルターニュのキリスト教は、ある意味で一般的イメージとはまったく異なるような様相を呈しているともいえる。キリスト教はその地に以前あった信仰を完全に一掃して形成されたとはとてもいえない。それ以前の信仰を、ある場合はそのまま取り込み、またある場合は形を変えて導入した。そうした形でこそ、それ以前の信仰が生き残る可能性があったともいえるのである。このあたりを歴史学的に見極め、検証することはたいへんむずかしいが、本書で試みようとしているのはまさにこの点なのである。そしてこのかかわりのなかで、ケルトと呼ばれる文化の果たしてきた意味を探ることにある。

第二章　巨石文化のヨーロッパ

最初の人類と印欧語の起源

ブルターニュの旧石器時代

ヨーロッパでの人類の足跡は、一五〇万年をさかのぼる。フランス南部でも九五万年前から九〇万年前と推定される遺跡があるが、これらは、ホモ・エレクトゥスといわれる人々によるものである。その後、ハイデルベルク人、ネアンデルタール人などを経て、新人（ホモ・サピエンス・サピエンス）にいたる。新人の登場は九万年前から五万年前頃である。

フランス北西部、現在のブルターニュ地方にあたる地域での人類の痕跡は、最近の調査では七〇万年前にさかのぼるという。サンマロ・ドフィリー（サンマルー・フィリー）村㉟の石切場跡で見つかった、砂岩や珪岩《けいがん》のチョッパー（片側加工の礫器《れっき》）がその証拠である。旧石器時代前期末の三〇万年前あたりでみると、三〇ヵ所ほどの遺跡があるが、どれも沿岸ないしは大きな川のそばに位置している。漁労《ぎょろう》、採取、狩猟生活を行い、定期的に移動していた。遺跡で見つかるのは、握斧《あくふ》であり、伐採や獣肉の解体用として使われたようだ。

三〇万年前から三万五〇〇〇年前までと区分される旧石器時代中期については、ブルターニュではさらに遺跡が増え、七〇ヵ所以上にのぼる。特に北部海岸地域に多い。マンモスや犀《さい》、野牛など大型動物や、熊、豹《ひょう》などの肉食動物も遺跡から出土した。発掘された道具類は、砂岩や花崗岩《かこうがん》の握斧が中心だが、スクレーパー（掻器《そうき》）やナイフ状石などもある。

旧石器時代後期、三万五〇〇〇年前から一万一〇〇〇年前は最終氷河期と重なる。スカンジナビアやブリテン島北部は氷河に覆われ、海面は現在より一二〇メートルも低かったようだ。ブリテン島と大陸は陸続きとなり、以前の森林は消え去って、ツンドラとステップ地帯となっていた。この時期の人類はおそらくトナカイを追って移動していたはずであり、ブルターニュでの遺跡は、一〇ヵ所ほどが確認されるにすぎない。

今から一万一〇〇〇年前、紀元前九〇〇〇年頃になると、気候が温暖化して、再び森林が増えはじめる。中石器時代の開始であり、紀元前五〇〇〇年頃まで続く。草原での集団的な狩猟が不可能になり、弓矢など、森の中での狩りを容易にする新たな道具が生まれる。

一九二八年から三〇年にかけて、キベレン（キブロン）半島㊺のテヴィエックで発掘された前七〇〇〇年から前六〇〇〇年にかけての遺跡は、後に発見された近接のオエディック島の遺跡と合わせ、中石器時代のフランス最大の遺跡として有名である。

農耕文化の開始

紀元前六千年紀には定住農耕生活がはじまる。新石器時代の開始である。花粉の分析などで判明するのだが、柏などの森林が切り開かれ、放牧地や畑が誕生するようになる。焼き畑が行われたようだ。石臼《いしうす》が出土するので、穀物の栽培が窺える。磨製石《ませいせき》を使った斧《おの》や手斧など、森林伐採には新しい道具が用いられた。ウールや亜麻が最初のもので、セラミックの土器も作製された。織物も農耕とともにはじまった。

中石器時代にはすでに墓地が形成された。初期には個人の墓もあったようだが、すぐに集団的な埋葬になり、家族で代々何百年も使用されるような墓も誕生した。何百体も同一の墓に埋葬されるようなこともみられた。

ここで言語について述べておくと、ケルト系言語が属するインド＝ヨーロッパ語（印欧《いんおう》語）の伝播《でんぱ》が、定住農耕生活の広がりと軌を一にした、という説が有力になりはじめている。すでに三〇年以上も前になるが、カタルーニャの人類学者ペドロ・ボッシュギンペラが提唱したもので、この説によれば、前七〇〇〇年から前六〇〇〇年にかけて、アナトリア（古代トルコ）を原郷とする農耕文化が、徐々にヨーロッパを席巻して、それまでの狩猟採集文化を淘汰《とうた》させ、それとともに印欧語が広がったとする。この際に民族の侵入と征服をともなったか、文化の伝播と同化にとどまったかについては両論あるが、印欧語の起源がこの時代だということについては、定説となりつつある。すべての印欧語の原基をなす印欧祖語（プロト・インドヨーロピアン）の欧州での出現は、かつては金属器文化の伝播がはじまる紀元前三千年紀といわれていたが、その起源が四〇〇〇年も時代をさかのぼることになったのである。

こうしたなかで、巨石文化が出現することになる。

巨石文化の時代

欧州最古の巨大石積塚

巨石文化とは、ドルメン（石のテーブル）やメンヒル（立石）などと呼ばれる構築物をもつ文化の総称である。一メートルを超える石板や数メートルにもなる石柱が用いられ、人力による建築が不可能なので、その建築技術について、ケルト文化の再発見の時代である一六世紀から大いに議論されてきた。

一九世紀はじめまでは、ギリシア・ローマ以前はすべてがケルトに属する時代と考えられ、巨石文化もまさにケルトの文化的な付属物のごとき扱いがなされた。一九世紀中頃以降の考古学の発達により、巨石文化とケルトとの素朴な同一視はなくなったが、西欧の巨石文化がヨーロッパの基層として重要視され続けたのは確かである。

一九八〇年代までは、巨石文化はマルタ島など地中海東部から東南欧にはじまり、それが西欧に伝わったのだとされていた。だが炭素一四法、さらには熱ルミネセンス法などによって、ブルターニュの巨石文化の年代が確定され、ここを中心とする西欧の巨石群のほうが東南欧のそれより古いことが研究者の間でも認知されるようになった。ブルターニュの巨石文化がヨーロッパ文化の基層として、再び脚光を浴びるようになったのである。

巨石構築物の最初にくるのが、ケルン（石積塚）である。プルエゾッホ村㉙バルネネス

（バルヌネ）のケルンは、さまざまな測定結果によって建造年代が前四六〇〇年頃とほぼ確定し、最古の巨大ケルンであるばかりでなく、前二八〇〇年頃から建造のはじまるピラミッドなどより古く、西洋の人類が建築した最古の大型構築物といわれることがある。

　バルネネスのケルンは、南側は谷、東と北は海、西側が川になる小高い丘に位置している。長方形の墳墓は中央で二つが接合される形で、外観は、東西三五メートル、南北二〇メートル、高さは八メートルにわたる、玄武《げんぶ》岩《がん》のケルンである。これに南からの羨道《せんどう》がついた五個の墓室がある。こうした羨道付きの墓室をともなったケルンは共同墓地である。

バルネネスのケルン　建造はピラミッドより古く西洋では最古の大型構築物。高さ８m、５個の墓室は玄武岩でできている

　ほぼ同時期に建造された、やや小規模の同種類の墳墓がブルターニュにほかに二基ある。ブルターニュ以外でも、隣接するノルマンディーとフランス中部のシャラント県に同種のケルンがみられる。

　アイルランド北部のキャロウモア遺跡の、最古の墳墓は紀元前四七〇〇年頃の築造である。ただここの建造物は巨石構築物とはいえない。同地での巨石の利用は前四〇〇〇年以降のようだ。イベリア半島での巨石墳墓も前四〇〇〇年代の後半なので、現在までのところ、ブルターニュの巨石墳墓が欧州で最古のものとされる。

カルナック大墳墓群

紀元前四千年紀中頃、ブルターニュなどのケルン巨石文化が、現在のフランス中部から東南部にいたるシャセー文化と接触を持つようになる。フランス中部ソーヌ・エ・ロワール県のシャセー遺跡から命名された、前五千年紀末のフランス南部沿岸地域に起源を持つ文化である。牧畜農耕文化であり、セラミック製の皿、鉢《はち》、瓶《びん》、鍋、匙《さじ》など各種土器と、その幾何学的装飾（格子縞《こうしじま》や三角・四角・菱形などの連続紋）が特徴的である。接触によって変わるのは土器であり、その種類が明らかに多様化し、特に台座付き鉢といったシャセー文化に特徴的な土器がブルターニュでも出現する。

もう一つ重要なのが墳墓である。なかでもカルナック町㊻周辺の墳墓群は壮大な規模を誇る。同町北東部のサンミシェル墳墓は、長さ一二五メートル、幅六〇メートル、高さ一〇メートルであり、北側のルムストワール村エルマネ墳墓、東部のロクマリアケール村のマネリュッド墳墓、同村南端のマネエルフロエック墳墓も同程度の規模を持つ。

墳墓はケルンに大規模な盛り土を行った形である。かつては中石器時代とも、バルネネス・ケルンと同時代の前五千年紀半ばともいわれたが、副葬品などから判断して、シャセー文化の影響下、前三五〇〇年頃に建造されたとする見方が有力になっている。

バルネネス・ケルンにしても、カルナック大墳墓群にしても、またカルナックの東側、モルビアン湾のガヴリニス島のケルン（前四〇〇〇年頃）にしても、その建造には一〇〇人を超える人々の数年にわたる労力を要すると推定され、この当時すでにあった相当な権力の存在がうかがわれる。

石のテーブル、ドルメン

前四千年紀半ばにはまた、ドルメンと呼ばれる石室墓がさまざまなヴァリエーションをともなうようになる。ドルメンとは、ケルト語で「石のテーブル」を意味するが、ケルンや盛り土をともなわない石室構造の巨石群全般を指していう。こうしたドルメンがこの時期以降、数を増すのである。

「古代建造物」ドルメン　19世紀初期からドルメンが注目された。ロクマリアケール村56のドルメン調査の模様が挿絵で紹介された

前三千年紀になると石室墓はさらに種類が増え、通廊型石室墓は、フランス南部、南西部、北部、さらにはドイツ、デンマーク、オランダなどでも見られる。ポルトガルやマルタ島、クレタ島など南ヨーロッパでは地下墳墓の形をとるが、ヨーロッパ全域にこうした巨石文化が拡大することになる。

巨石文化の広がりについて概観すると、前四〇〇〇年頃には、ブルターニュとブリテン島、アイルランド島、デンマークなど北欧の一部とポルトガルの一部だけに限

シャンドランのメンヒル
右下に人が立つ。高さ９m で、ドル町㉟にある

られていたものが、前三〇〇〇年頃になると、オランダやフランス中南部、スペインなどに拡大し、前二〇〇〇年には西ヨーロッパ全域にまで広がるようになる。ブルターニュでは、次に述べるクロムレッヘ（クロムレック、環《かん》状列石《じょうれつせき》）が出現するのが前三五〇〇年頃、メンヒル群はその二〇〇〇～三〇〇〇年後に現れはじめ、前二〇〇〇年頃全盛期を迎えるようになる。

単一の立石、メンヒル

石が記念碑、墓標、道標として用いられることは、世界のどこでもあるわけだが、おそらくブルターニュほど、その密度が濃い地域はないだろう。巨石文化探求史が、ブルターニュでの研究史といかに密接に関連しているかは、巨石を指し示す専門用語として用いられるメンヒルが、ドルメンとともにブレイス（ブルターニュ）語であることからもわかる。メンヒルは、語源的には長石であり、通常は単一の立石を指し示す。これまで述べてきた巨石建造物はすべて墓地だったが、メンヒルについてはそうとはいえないものが多い。例えば、三本の立石が並ぶメンヒル群が、ベアール村㉒、ペデルネック村㉒にある。これらがともにブレ山（三〇二メートル）を囲むようにあることから、この山との信仰上の関係が指摘されるが、墓標ではないようだ。

最大の単独メンヒルは、プルアルゼル村㉙ケルロアスのものであり、九・五メートルの高さがある。ロクマリアケール村㊻の「メン・エル・ロエック」すなわち「妖精の石」は、倒れて五つに割れているが、あわせると長さ二〇メートル、重さ三五〇トンにも達する。

環状列石と太陽信仰

立石がさらに並んで、一つの敷地を取り囲む形をとる場合、専門的にはクロムレッへと呼んでいる。ケルト語で「クロム」は、「曲がった」「取り囲む」であり、「レッへ」は「場所」だ。特異な巨石文化で知られるカルナック町㊻北西部エルデヴェン村㊻クリュキュノ遺跡のクロムレッへは、墓所であるドルメンの東側三〇〇メートルの地点にあり、南北二五メートル、東西三三メートルの正確な長方形で、二二個の石で取り囲まれている。対角線の延長線上が、夏至、冬至の日の太陽の、日の出、日の入りの場所に一致するので、太陽信仰と関係するという説がもっとも有力である。

カルナック町の南、アルゾン村に属する小島、エルラニック島は、二個の半円が島の中部で接する環状列石を持つ島として有名である。ブルターニュではブリテン島と異なり、円形のクロムレッへはたいへん少なく、ここだけともいわれている。小島全体がクロムレッへを構成しており、シャセー文化に特徴的な土器、装飾品の破片も数多く、島自体が共同墓地で

カルナックの列柱群　長さは東西1165m、幅は南北に100m、1099個のメンヒルが並ぶ。ブルターニュで最も名高い列柱群。著者撮影

あり、葬儀場、神聖なる場所だったと推測されている。

カルナック列柱群

一列ないし数列にわたってメンヒルが直線状に並ぶのは、ほかの地方にまったくないというわけではないが、その数の多さからいえば、ブルターニュは異常といってもいいだろう。一列のものから一〇列を超える列柱《れっちゅう》群（アリーニュマン）まで、約一〇〇ヵ所あるという。

ブルターニュでもっとも有名な列柱群といえば、やはりカルナック町である。列柱群は三群あり、なかでもメネック列柱群は圧巻である。南北一〇〇メートルの幅で、東西一一六五メートルにわたって、一〇九九個のメンヒルが一一列続いている。東西両端は、クロムレッヘになっておりともに卵型である。西側のものは、七〇個のメンヒルが残存するが東側は二五個しかない。一一列はほぼ均等の間隔で並べられている。メンヒルの最大のものは高さ四メートルだが、中央にいくほど石が小さくなり、列の中央部でわずかに北側に屈折する。

その東側にケールマリオ列柱群がある。九八二個のメンヒルが一〇列一〇〇メートルの幅で一一二〇メートルにわたって展開されるが、その西端にあったはずのクロムレッヘはまったく跡形もなく、今は駐車場になっている。

その北東にケルレスカン列柱群がある。さらに五〇〇メートル東側に続く形で、アンドリンデット・カルナック村㊿ルプティメネックのメンヒル群がある。ケルレスカンの列柱群の継続を示すようなかたちでもあり、かつては巨大複合列柱群をなしていた可能性が強い。一八二六年から三五年にかけて、村の住民たちがクラッハ川に灯台を建てるために、ここのメンヒルの石一〇〇個以上を利用したという。そのためここのメンヒル群が破壊されてしまった。カルナック町から北西のエルデヴェン村、東のアンドリンデット・カルナック村にかけては、複合列柱群、クロムレッヘ、墳墓群が集まり、この地方全体が聖域を構成していたことは十分考えられる。

巨石の文様

ブルターニュでは、六〇ヵ所にのぼる巨石遺跡の一七〇基の巨石に装飾が施されている。このうちの三分の一は、モルビアン県海岸部に位置する。

まず注目されるのは、ガヴリニス遺跡の石板の文様である。羨道《せんどう》と石室に使われた石板二九枚中、二三枚に縞模様《しまもよう》の文様が施されている。盾《たて》型、半円状の縞模様が大半で、それに斧《おの》型や蛇《へび》状曲線、杖《つえ》、様式化された顔などが入り交じる。石室の天井板には、巨大な手斧と雄

ガヴリニスの石板文様　墓室の羨道や石室の巨石に、盾や半円状の縞模様が施されている

牛が描かれている。こうした装飾は建築時のものと推定されるが、彩色されていたかどうかはわかっていない。

この遺跡の文様と比較して興味深いのが、アイルランド、ダブリン近郊ボイン谷のニューグレンジ遺跡である。一九メートルの羨道と十字型墓室を持つ直径八〇メートルほどの円形巨大墳墓であり、建造年代が前三二〇〇年。ガヴリニスよりやや新しいか同時代といっていい年代である。年に一度、冬至の日に二〇分だけ墓室に光が差し込むことから、太陽信仰と関係する墳墓であるとされるが、ここの羨道、墓室の側壁にも、渦型、波型、U字型の文様がある。こうした文様はガヴリニスのものとよく似ている部分があり、文化的な交流があったという主張もある。

巨石文化と現代

巨石の破壊と保存

一九九四年、「ストーン・エイジ」を名乗るポップミュージック・グループが登場し、石器時代が、いわばケルトを超える、さらに深いルーツとして主張された。もちろん、そこにはケルトがあり、ブルトン語がある。そのうえで石こそ、わがルーツという主張である。ジャケットには四人がメンヒルの列柱となって並んでいる。

ブルターニュ五県で調査されているメンヒルは全部で一一〇〇から一二〇〇ヵ所だが、その総数は二〇〇〇から五〇〇〇ヵ所と見積もられている。

一九世紀前半までは、灯台や道路を作るために、石が利用されたり、メンヒルが破壊されたりしたことがあった。カルナックの遺跡も、一八世紀半ば頃までは、旅行者たちも目を向けることなく通り過ぎたという。

もちろん学者は早くから注目していた。一七二一年に、王立科学アカデミーのブローデランドが、「『聖書にある』大洪水に起因する奇怪な石列」と記したのが、最初の学問的記述らしい。一七九二年、いわゆるケルトマニアの論客ラトゥール・ドーヴェルニュは、ケルト・ガリアのドルイドの構築物とみなした。革命期のカンブリは、一八〇五年、カルナックがドルイドの聖地だと書き、なおかつ天体観測との関係を示唆した。

保存が重要だという意識が出てくるのは、一八三〇年に当時の内務省によって、歴史的記念物調査委員会が設立された頃からである。一八二六年に、在野の研究者団体である「モルビアン県博識会」が結成され、一八二八年には、公共事業のためにカルナック遺跡の取り壊しが議論されるが、この会が中心となってそれを阻止したという。

後で見るように、一八六〇年代になると、考古学が学問として体系化・組織化し、カルナ

カンブリの巨石調査　フランス大革命期の1805年、政府の依頼で各地の遺跡を調べた。図はメンヒルの高さを測る場面

ックについても学術的な実地調査が進められるようになった。一八七〇年代にカルナックに定住して調査を行ったスコットランド人ジェームズ・ミルン、一九世紀末から第二次世界大戦にいたるまで、現地調査のほとんどすべてにかかわった地元の研究者ザカリー・ルルージックの二人の功績が大きい。ミルンの発掘物をもとにして、一八八三年に「カルナック先史時代博物館」が開館した。

一九世紀末になっても、巨石の破壊は行われていた。ルイ・フェール村㊹の司祭ジャック・コトーは、信徒の迷信を打ち破るために、聖堂区の巨石建造物数十点を「流血の崇拝の残骸」として撤去し、十字架に変えてしまった。もちろん、こうした宗教的な破壊行為はむしろ例外的で、多くは道路や、農地・宅地開発によるものである。レンヌ市㉟とサンマロ地区㉟の調査では、一九世紀に調査された一三〇点のメンヒルのうち、三四点が二〇世紀の間に破壊されたという。

二〇〇一年の時点で、ブルターニュ五県で歴史的記念物として保存の対象となっているメンヒルは、一八〇点である。歴史的記念物全体についてみると、合計三四八〇点なので、巨石が五パーセントほどを占めていることがわかる。

天文台か霊場か

ケルンやドルメンは、墓所であり、それが死者を弔うためだったことは明白である。だが、ドルメンをともなわないメンヒル、メンヒル群、あるいは列柱群が何のために建てられたか、複合的な墓所、聖地にしてはあまりに広大なため、これまで幾多の論争を呼んできた。

ほぼ結論が出ている場合もある。イギリスのストーンヘンジは、前三〇〇〇年頃に原型となるメンヒルが建てられ、前一八〇〇年頃、すなわち初期青銅器時代になって現在の残骸で見るようなサーセン石によるストーンサークルが建設された。巨石文化全体からみれば最末期の構築物だが、月の満ち欠けや日食・月食を観測するための、天文台であったことがほぼ立証されている。

ストーンヘンジの「天文台説」については、一七世紀にイギリスの好事家ジョン・オーブリーがすでに太陽観測の可能性を指摘していた。一六六六年に調査をはじめた彼は、ストーンヘンジを取り巻く土手と溝の内側に、直径〇・八メートルから一・八メートルの穴を五六個発見し、これが月食の五六年周期と見事に一致していることがわかったのである。さらに夏至の日に太陽が昇る方向に向かって通廊が延びている。入り口の部分のヒールストーンも同じ方向である。二〇世紀はじめの研究者、また一九六〇年代以降の学者たちもそれを確認

ストーンヘンジ　イングランドの代表的な巨石遺跡

妖精と巨石

した。

スコットランド北西部、ルイス島のカラニッシュ遺跡も、ストーンヘンジとほぼ同時代（前一八〇〇年頃）のストーンサークルであり、太陽と月の観測施設だったと推測される。

カルナックの列柱群についても、すでにみたように、カンブリなどによって天体観測所説が唱えられたこともあった。だが天体観測だけにこれほど大規模な施設は必要ない。しかも列柱群が太陽や月の運行と関係づけられることはむずかしい。今日有力なのは、メネックにもケルレスカンにもある、クロムレッへの注目である。つまり、クロムレッへこそ神聖な場所なのであり、それに続く列柱群は、聖地に導く聖なる回廊なのである。複合列柱群は、墓所を中心とした巨大な霊場だったというわけである。

巨石と習俗

第一章でみたように、妖精は異界の住人として、ブルターニュの人々にはたいへん身近である。巨石群がいかに数多いとはいっても一つの村にあるのはせいぜい数ヵ所である。ふつうの場所とは違う。やはり特別な聖域的な意識があったのだろう。妖精と結びつくのは当然の帰結ともいえる。

エッセ村㉟には「ラロッシュ・オフェ」すなわち「妖精の岩」がある。長さ一九メートル、幅五メートルもある巨大ドルメンであり、その壮観さは欧州一ともいわれる。四二個の巨石が用いられ、八個の天井石は一つが四〇トンもある。妖精が運んだ岩石群という伝承がある。

一九世紀はじめのブルターニュの民俗描写である『ギャルリー・ブルトン』に、ドルメンと妖精が登場する。「農民たちはこうしたドルメンを「ティ・アル・ゴリーケット（妖精の家）」という名で呼ぶ。クリケット、クリル、コルニカネットなどというのは、いたずら好きの森の精であり、皮膚に皺《しわ》がより毛深く、醜い顔で手足はやせてひょろ長く、夜にはコウモリに似たぎざぎざのある黒い羽で飛び回り、そこにいくつもの輪を作って、次々と混ざり合い、溶け合い、鋭い叫び声と不気味な笑い声とともに、廃墟にこだまする風の音とともに消えてしまうのである」

墓所は聖なる場所であり、これが異界と結びつき、そこから異界人としての妖精の住処《すみか》がドルメンとなったようだ。神聖性ゆえにドルメンの研究者が調査の許可をなかなかもらえないことがあった。一八七九年、トリアガット村㉙ルルン墳墓の調査について、考古学者デュシャテリエは次のように語っている。「この墳墓の発掘の許可を得るのはたいへんな難儀であった。村民がコリックの仕返しを恐れたのである。村民たちは彼らがどんなに巨大なものであれ、巨石構築物の築造者だと思っており、得体の知れない力をもつ妖精の一種なのだと信じている」

ポール・セビヨの『フランスのフォークロア』(一九六八年)によれば、ブルターニュ以外のフランス諸地方にももちろん妖精にまつわる民話があり、それとドルメンが結びついている事例がいくつかある。だがブルターニュは数で圧倒する。後に見るように、民話の採集などフォークロア研究がブルターニュで先行したということも、その数の多さの理由になる。しかしながら、巨石築造物の多さと日常的な景観との結びつきがブルターニュで飛びぬけていたことが、こうした面での豊かさを説明するものだろう。一八九四年のド・モルチエの調査によると、フランスには六一九二基の巨石築造物があり、このうち三四五〇基、すなわち過半数がブルターニュのそれもモルビアン県に集中していた。

結婚祈願

一年の間に結婚を願う少女たちが赴く石がある。サンジョルジュ・ドランタンボー村㉟のメレのメンヒル、ロクマリアケール村㊻のメンヒルには「すべり石」があり、そこを滑り降りて、お尻にかすり傷ができると、その年結婚ができた。ルーヴィニエ・デュデゼール村㉟モントーにある「すべり岩」は、滑り降りた証拠に、誰にもわからないように、布切れやリボンを置いておく。岩だけが祈願を知っていることにしないと、結婚できないといわれた。石から滑り降りる風習は、ブルターニュばかりでなく、南仏のプロヴァンスやバス・ザルプ地方、ベルギーのワロン地方にも報告がある。

プロネウール・ランヴェルン村㉙の守護聖人聖エネウールの祭りの時、結婚願望を持つ女性たちがメンヒルを囲んで踊った。ただしこのメンヒルは、巨石時代のものではなく、二〇〇〇年ほど後のガリアの時代のものだ。

モントーの「すべり岩」　結婚を願って岩を滑り降りる女性。20世紀はじめの絵葉書

メンヒルと男根が連想で結びつくのは、十分にありえるが、結婚祈願にしても、次に取り上げる子宝祈願にしても、民間の習俗としてその実例に出会うことはほとんどない。プロネウール・ランヴェルン村のメンヒルを男根状だと表現する解説書があるが、おそらくそうした自覚はないだろう。この事例はむしろ、柱を囲んで踊る五月柱に類似する。カバノキやモミといった木の生長にあやかり、豊穣祈願のために五月一日に柱を立てて、その周りで踊る習慣は欧州各地にある。五月はケルトの暦では、新たな季節ベルテインのはじまりなので、ケルト起源を主張する学者もあるが、民俗学者ヴァン・ジェネップによれば、五月柱はもともとドイツ語圏の習慣であり、スコット

祭りのメンヒル　プロネウール・ランヴェルン村の聖エネウールの祭り。結婚を願う女性たちがメンヒルを囲んで踊った。20世紀はじめの絵葉書

ランドやアイルランドなどケルト語圏ではほとんど行われていない。だとすれば、この村の習俗についてそう言うことは難しいだろう。

男根状のメンヒルがかつてはあったとしても、キリスト教倫理に反するものとして破壊されてしまったものも多いようだ。セビヨは、サントヤン・ブレヴレ村(56)のケールドロゲン聖母礼拝堂付近、リエック村㉙の聖マルガリータ礼拝堂付近に、男根状のメンヒルがあったことを記しているが、今は跡形もない。ロコアル・メンドン村(56)のクルー・プロストロンの石は、ローマ時代の石碑で、キリスト教化されて十字架が二つ彫られているが、これは見るからに男根状だ。キリスト教化されたゆえに現代まで残存した稀有な事例である。

こうした性的な想像力は、実は近代以降のものだという見解もある。メンヒル男根説が広まったのは一九世紀後半であり、それを広めたのは作家フローベールだというのである。彼の死後出版の作品『ブバールとペキュシェ』（一八八一年、未完）のなかで、「立石が男性器であるように、墳墓が女性器を象徴する」と書いたことが大きいというのである。とはい

え、さまざまな広がりを持つ習俗の説明をフローベールにだけ求めるにはかなり無理がある。

子宝祈願と病気治癒

ロコルン村㉙には、「ドルイドの聖石」という岩があり、村の守護聖人聖ロナンがこれに乗ってアイルランドからやってきたという伝説があるが、新婚の女性が子供を身ごもるために夜中に腹を擦りに来た。子宝に恵まれない女性の場合は、三夜これを繰りかえすと、願いがかなえられたという。ただし一九世紀末にはすでにこれは廃れてしまった。

カルナック町㊱北側のクルーズ・モケンのドルメンには、「暑い石」というのがあり、満月の夜、子宝を願う女性がスカートをまくり上げて、この石の上にすわる。プロエルメル町㊱サンカドーのメンヒルは、子宝を祈願して、女性が腹を擦りつける。プランヴール村㊱のメンヒルにも同様の風習があったが、一八四五年、それゆえにこのメンヒルは倒された。サンテチエンヌ・アンコグレ村㉟の「聖ウスタッシュの石」は、九月二〇日のこの聖人祭の夜更け、乳房をこの石に触れると、母親になることができた。サントーバン・デュコルミエ村㉟にあるロッシュ・マリのドルメンには、女性がおなかを擦るとご利益のある石がある。ポール・セビヨが書いていることだが、おなかを擦るという表現は、ちょっと遠慮した表現で、本当は性器そのものだったろう。

子宝という生産性の延長線上に健康があり、病気を治してくれるという信仰を生んだと考えられる。プルーガヌー村㉙のクロムレッへを擦ると、リューマチや腰の痛みが治る。モラン村㉙サン・フィリベール礼拝堂にあるメンヒルは、下痢を治す。ベネ村㊹のドルメンは、体の痛みを和らげる。キャスト村㉙にあるメンヒルは、内臓の病を癒す。サンマユー村㉒のメンヒルは、擦ればリューマチが治る。

いずれの場合も、聖なるものとの接触による利得であり、民間信仰としてはたいへんわかりやすい習俗といえる。フレーザーのいう感染呪術《じゅじゅつ》である。もちろんキリスト教にまったく関係しない行為であり、それ以前の風習の残存とも考えられる。だが習俗としてはいわば普遍的で、どこでもいつの時代でも発生しうるものであり、その古風さに確証はない。とはいえ、こうした習俗がフランスのほかの地方にはあまりなかったことは確かであり、それは巨石が、文化的な日常的景観としてこの地に古くからあったことが、いつの時代か特定はできないが、そうした習俗を生むことにつながったと考えられる。

巨石のキリスト教化

一八七八年、ポルナレック村㉙で、地元の考古学者デュシャテリエが、高さ三メートルほどのメンヒルに、ローマ時代の神々が描かれているのを発見した。これはローマ時代にすでに、メンヒルという「異教」の存在がローマ化された証拠と考えられる。

だがメンヒルの最大の変貌は、おもに中世以降のキリスト教によってもたらされた。まさにキリスト教化の象徴として、メンヒル上部に十字架が刻まれたのである。

ポンディ（ポンティヴィ）町(56)の西にある聖メリアデック教会にあるメンヒル、またプロゴネック村㉙のメンヒルには、上部に十字架が刻まれている。ドル町㉟のシャンドランのもの（七六頁写真参照）は、高さ九メートルもあり、一九世紀末には木製の十字架が上部に取りつけられていたが、現在は消失した。プルヴール・ボドゥ村㉒サンチュゼックのメンヒルは、十字架が刻まれ、さらにキリスト受難の場面が彫られていることで有名である。

また、カルナック町の守護聖人は聖コルネリだが、異教徒の兵士の一団を列柱群に変えたのが、彼だったという伝説が古くからあり、一八〇五年に地元の作家によって書き留められた。一八五八年にこの地を旅した作家のフローベールがやはり同じことを書いている。

加工されたメンヒル　サンチュゼックにある。20世紀はじめの絵葉書。実際にはキリスト像は見えない

不信心者が石に変えられたという伝承は、キリスト教化の典型でもある。ケールルアン村㉙ケールロッホの通廊型石室は、聖《せい》体拝領《たいはいりょう》を受けずに踊り続けていた少女たちが変えられた姿だという伝説がある。ブラスパルス村㉙の二〇個あまりの列柱群は、「石の挙式」という名がつけられているが、これは礼拝のために司祭が通ったにもかかわらず、踊り続けていた人々が変えられたという。踊りが強く否定され

るようになるのは、一七世紀以降の対抗宗教改革期であり、こうした伝説はそれほど古くないものだろう。

巨人たち

巨石構築物の築造由来に、巨人たちの介在を伝える伝説もブルターニュ地方に存在する。力持ち「ランヌウ」は、ギマエック村㉙トレルヴェ家の貴族だったらしい。人魚を助けた御礼にもらった秘薬で魔法の力を会得し、老女を助けるために巨石を持ち上げたり、町の広場の大石を片付けたりした。敬虔なるキリスト教徒で、パルドン祭では花崗岩の巨大な十字架を持って行列の先頭を歩いた。「ランヌウの十字架」が今でもギマエック村近くにある。力持ちの男が伝説化して、巨人伝説となったものだろう。

ブルターニュで一番ポピュラーなのは、巨人ガルガンチュアである。フレエル村㉒海岸沿いのフォールラロットのメンヒルは、ガルガンチュアの頭の墓標、あるいはガルガンチュアの小指、杖といわれる。サンブリユー市㉒南西部コルレーのドルメンはガルガンチュアの墓といわれている。サンスリアック村㉟シャブレのメンヒルは、「ガルガンチュアの歯」と名づけられる。この地で彼は妖精と結ばれ、七人の子が生まれたが、彼が子供を次々と飲み込もうとすると、動物に変身し、最後の七人目が石に変わってしまい、それを嚙もうとして歯が欠けたのだという。この場合は、異界と関係を持つことになるが、ギリシア神話のクロノス、ローマ神話のサトゥルヌスに似た話があり、地中海からもたらされた可能性もある。

巨人ガルガンチュア自体は、一六世紀フランスの作家ラブレーによって、民話から採られた想像上の人物として有名であり、ブルターニュ独自とはいえない。げんに巨石の創造者としてのガルガンチュア伝説は、フランス東部のジュラ県や、北部のエーヌ県などにもある。一九世紀後半のケルト学者アンリ・ゲドスは、ガルガンチュアが、ギリシア神話の英雄ヘラクレスのガリア版の名残だと述べたが、セビヨはこの説を採用しなかった。ヘラクレスが退治した七頭の怪獣など、怪獣と戦う話がまったく伝わっていないのである。武器を持つような巨人もいない。ガルガンチュアの伝説は、奇岩など土地の名勝の由来にかかわるものであり、大半は後世になって作られた可能性が高い。

こうしてみてくると、巨石との関係においても、ブルターニュ地方の文化がいかに非キリスト教的な習俗を保持していたか、またキリスト教的な習俗のなかに異教的なものを融合させていたかをみることができる。しかしながら、だからといって、こうした習俗がすべてキリスト教化以前からの残存と決めつけることはできない。民間信仰としては普遍的であり、支配的な宗教が何であれ、どこにもどの時代でも普通にありえた習俗と考えたほうがいいだろう。そうはいっても、妖精信仰のように、非常に広範にいきわたっているものは、近代以降に誕生したとは考えにくい。その呼び方にもいくつものヴァリエーションがあることを考慮すると、かなり古くからの、キリスト教伝来以前からの信仰がもとになっているという見方は誤りとはいえないだろう。

とはいえ、こうした異教的習俗をケルト文化と名づけるのは、あとでみるように近代以降のことで、「ドルイドの石」「妖精の岩」といった名称も古いものではないと考えられる。ローマ時代からこうした巨石が何らかの儀礼に用いられたことはわかっているが、ケルトと巨石文化が結びついたのも、近代におけるケルト再発見の過程である。この見方がつい最近までは民衆的な認識だったとしても、古代にまでさかのぼれるものではないことは知っておく必要がある。

第三章　古代ケルト人

墳墓の時代

金属器の到来

紀元前七〇〇年頃にホメロスが著した古代ギリシア最古の長編叙事詩『イーリアス』が語るトロイア戦争は、一九世紀ドイツの考古学者シュリーマンの小アジアでの発掘以来、歴史的事実としても記述されるようになった。二四巻にのぼるこの叙事詩はトロイア戦争におけるギリシア軍総大将アガメムノン、戦士アキレウス、オデュッセウス、ヘクトルなどいわゆるトロイア伝説の英雄たちが活躍する時代を描く。『イーリアス』は口伝《くでん》がまとめられたものので、ホメロスという作家の実在も疑問視されるが、シュリーマンほか歴史としてのトロイア戦争を語る人たちは、紀元前一三世紀に時代設定をする。

『イーリアス』のように、その時代についての文献が断片的に存在する金属器時代を、フランスやイタリアでは「原史時代」（プロト・ヒストリー）と呼ぶ。こうしたギリシア・ローマの作家たちの証言から、固有名詞や事件など多少とも「歴史」を語ることが可能になるのである。

一九世紀後半以降のクレタ島での発掘によって、いわゆるクレタ文字といわれる一連の文字の存在が明らかになった。いずれも前二千年紀であり、古い順から象形文字、線文字A、線文字Bの三種が知られている。一九五二年、このうちもっとも新しい線文字Bだけが解読され、ギリシア語の古い形であることが判明した。前一三〇〇年前後のものであり、まさにトロイア戦争の想定される時代である。つまりアガメムノンやアキレウスなど、ギリシアの神話的英雄たちは、すでにギリシア語を話していたことになった。

その後の調査で、線文字Bは前一六世紀から前一二世紀にかけて使用されていたことがわかったが、この時代にギリシア語が話されていたとなると、バルカン半島西部の先住民で前一二〇〇年頃ギリシアに侵入したとされるイリュリア人、また次に述べるケルト人の言語もこの時代には形成されていたという説が説得力を持つようになった。これらはすべて印欧語《いんおう》であり、以前は前三千年紀に始まるとされていた印欧語の歴史は、さらに時代をさかのぼる必要に迫られることになった。こうして印欧祖語は、新石器時代の開始される時期である前七〇〇〇年から前六〇〇〇年頃に出現したとされるようになったのである。

金属の発見は紀元前八千年紀末、中東においてだったようだ。バルカン半島では前五千年紀前半になって銅製の道具が使用された。ギリシアでは、前五千年紀後半には、銅製品や金属装身具が製造された。西欧では、前四千年紀後半にコルシカ島やアルプス地方で銅器が出現する。アルプス以北での使用は前三〇〇〇年以降になるようだが、地中海地域とアルプス以北では、青銅器時代の設定も異なることになる。地中海地域では青銅器時代の開始が前三〇〇〇年であり、前一三〇〇年頃、すなわちトロイア戦争の少し前には鉄器時代に入る。前二千年紀に繁栄を誇った小アジアのヒッタイト王国が前一二世紀末に滅び、ここで独占されていた鉄製造術が流出するにおよんだとする説がある。

アルプス以北では、青銅器以前に銅器時代が設定され、その開始は前三〇〇〇年から前二〇〇〇年である。青銅器時代は前二三〇〇年から前一八〇〇年にかけてはじまり、前一〇〇〇年から前八〇〇年にかけて鉄器時代に移っていくことになる。この鉄器時代がケルト文化とほぼ重なるのだが、あとでみるように、確実にケルトに言及できるのは、鉄器時代もだいぶたってからの前六世紀を待たなければならない。

鐘状壺の文化

ブルターニュでの銅器時代の開始は、前二〇〇〇年頃というのが、今日の考古学者の支配的見解である。この時代のブルターニュ、また隣接するヴァンデ地方、セーヌ川河口地帯といった大西洋岸一帯で特徴的なのは平斧《ひらおの》である。この斧は新石器末期の磨製斧《ませいふ》とよく似ており、初期青銅器時代でも作られ続けた。ブルターニュでは、東部地方を中心として二〇〇個を超える平斧が出土している。

年代特定の決め手になるのは、一緒に発掘される品々である。鏃《やじり》、燧石《ひうちいし》、ヴァリシア石の玉と並んで見つかるのが鐘状壺《しょうじょうこ》（鐘状杯《はい》）であり、これが銅器時代と重なるのである。

この鐘状壺はブルターニュ全域にその勢力をおよぼしたが、実は大西洋岸を中心としつ

鐘状壺　ブルターニュの海岸地域に多数出土。紅色に彩色され、銅器時代の到来を示す

つ、地中海域からブリテン諸島、東欧のボヘミア地方にいたるまでのヨーロッパ全域にわたる文化だった。それ以前の壺と土の質も素焼きの技術もはっきり異なっており、新しい文化の登場を示唆《しさ》するといわれている。ただ、ブルターニュでは巨石墳墓を用いた最後の人々であることもわかっており、この点では、新石器と金属器の時代的な橋渡しを行った人々でもあったようだ。

この鐘状壺の広がる時代、ヨーロッパ中北部には、縄目文セラミック壺の使用が広がった。これは戦闘斧《せんとうふ》の分布とも重なり、新たな民族が広がった証拠ではないかと主張された。この説によれば、ドナウ川中流域を原郷として、前三千年紀後半から新たな文化が拡大した。これが印欧語民族に相当するというのである。だが前三千年紀後半はむしろ平穏な時代が続く。ほかの地域については著しい変動はありえないという見方が今では支配的である。

フランスにおけるケルト学の第一人者クルータは、ここに第二の変容期を考える。つまり、前七〇〇〇年から前六〇〇〇年に開始された印欧語の流入が、前三千年紀にさらに促進されたと見るのである。鐘状壺と縄目文セラミック壺は補完的分布を示しており、そこには文化的な差異化を見ることができる。それはおそらく前四千年紀にははじまっていた。だが一度の全面的な征服ではなく、考古学データではわからないような、緩やかな漸進的侵入・征服の結果と見たほうがわかりやすいともいう。これは移動よりもむしろ文化変容を重要視する考え方である。さらにいえば、大西洋岸を中心とする鐘状壺のほうは、前三千年紀末にはケルト語の原型となる文化形成を暗示し、縄目文のほうは、バルト語文化形成につながったのではないかとも推定する。

アルモリカ文化

西ヨーロッパ全域で、前二〇〇〇年頃には、銅製品や金の装飾品が流通していた。次にくるのが、銅と錫《すず》の合金である青銅器の時代である。この合金は製造が比較的容易で、しかも強度を増すことが可能になる。銅や錫の鉱脈が豊富な場所は青銅器文化の拠点を形成することになった。英仏海峡を挟んだブリテン島南部とブルターニュはそうした拠点となったのであり、ブリテン島ではこの時期の文化を「ウェセックス文化」と呼んでいる。ブルターニュでは、前一八〇〇年頃に青銅器の製造がはじまる。ブルターニュの青銅器文化を、後のローマ時代の地名から「アルモリカ文化」と呼ぶ場合もある。

この時代に新しい葬送の形が生まれる。巨石文化時代の集団的埋葬から、木棺《もっかん》による個人的埋葬に変わるのである。ここにしばしば大規模な盛り土が施され墳墓が築かれた。墳墓は現在まで保存されているものが多く、ブールブリアック村㉒タンウェドゥー、また同村西隣のサンフィエック村㉒などの墳墓は、直径四〇メートル、高さ五〜六メートルに達する。

青銅器時代と推定される墳墓は、ブルターニュでは北西部に多く、フィニステール（ペン・アルベット）県だけで三〇〇ヵ所を数える。コート・ダルモール（オアジュー・アン・アルヴォール）県は四〇ヵ所ほどだが、初期のものが多い。ロワール・アトランティック（リゲール・アトランテル）県やイル・エヴィレンヌ（イル・アグヴィレン）県はほとんどない。銅器文化の遺跡、おもに鐘状壺の出土が東南部を中心として、補完的関係になっているので、銅器文化を征服したという形ではない。

墳墓は大きく分けて二種類ある。初期のものは副葬品として特徴的な形の鏃《やじり》を含む。おそらく軍人用で、四〇ヵ所ほどがこれに含まれる。それ以外は副葬品として陶器が存在する墳墓である。

デンマークやバルト海地方とブルターニュからイベリア半島、アイルランド島といった大西洋岸地方の交易の証拠は、新石器時代からあった。琥珀《こはく》はバルト海域からもたらされたのであり、金属の知識もおそらくはこの経路が重要だったともいわれる。三角形の短刀や柄縁《えふち》のある斧《おの》は、現在はチェコに相当する「ウネティチェ文化」（前二三〇〇〜前一六〇〇）の前二〇〇〇年頃の発明になるもので、ここからドイツ北部経由で、ブリテン島やブルターニュにもたらされたと推定されている。

青銅器初期の第一種墳墓は、こうした北からの征服者・植民者のものだったと仮定することもできる。いわば「青銅器時代のヴァイキング」だったのである。

とはいえアルモリカ文化ともっとも類似性が強いのは、ブリテン島のウェセックス文化である。現代の考古学者によって「ビーカー人（杯を作る人々）」と名づけられる人々だが、特に長平型の剣先を持つ短剣が、金製の微細な鋲《びょう》で装飾されているのはまったく同一である。鐘状壺も同一だが、ブルターニュよりはるかに種類が多く、発達の度合いが高い。ストーンヘンジに近いバッシュ・バロウの墳丘は、ストーンヘンジを「太陽の神殿」として用いた最後の世代の人々の墓だったといわれているが、青銅の短剣や儀礼用小斧《しょうふ》のほか、金の装飾品や権力の象徴である象牙《ぞうげ》や金をはめた王杖《おうじょう》が出土しており、有力な王の墓だったことが想像される。ブルターニュでも、サンフィエック村㉒の墳墓からは銀のタンブラーなど貴金属品が見つかっており、王の墓と想定される。こうした英仏海峡を挟んだ両地域での富の蓄積は、錫と銅の産出がもたらしたものと考えられる。

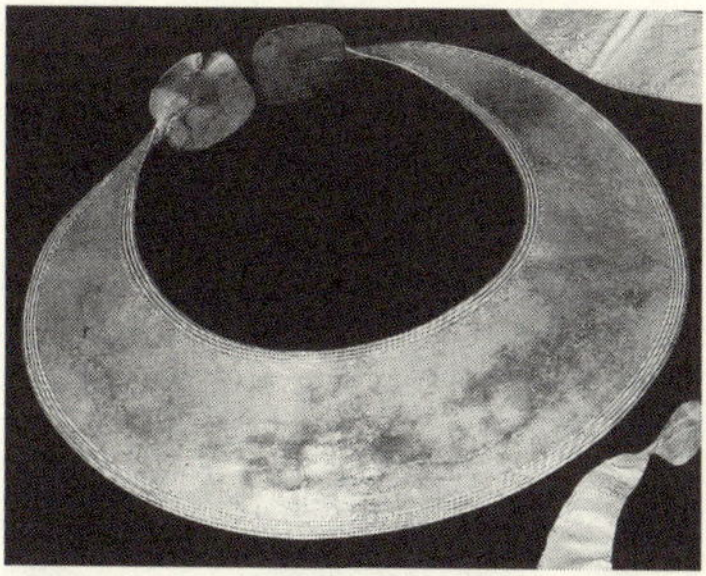
リュニュール（平板首輪）　ブールブリアック村出土。金製の青銅器時代初期の傑作

金製装身具

青銅器時代の生活用具や装身具は、墳墓で副葬品としてばかりでなく、神への捧げものとして地中や川で、また、鋳造所や貯蔵所で見つかる場合がある。ブルターニュでこうした場所が青銅器時代についてだけでも五〇〇ヵ所ある。商人に類した仲介業者がすでに活躍していた。それがわかるのは、大量に出土する取手付き小斧の

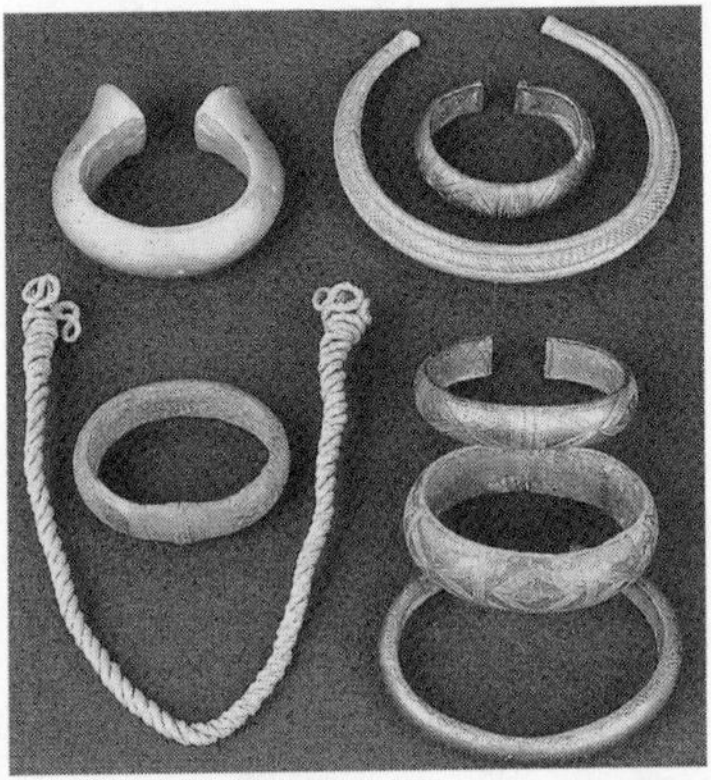

トルクと腕輪　ブルフ・キンティン村㉒とケンペール市㉙出土のトルクと腕輪。青銅器時代初期のもの

おかげである。ブルターニュでは七〇ヵ所からあわせて二〇〇〇点を超える小斧が発掘されている。カロルゲン村㉒では三六〇点もが同一の貯蔵所から見つかった。中期青銅器時代の前一五〇〇年から前一三〇〇年頃にかけては、トレブル村㉙でこの鋳造がさかんに行われ、ブルターニュ全域の需要に応えていたようだ。

初期青銅器時代のもっとも見事な装身具は、金の平板の首輪「リュニュール」である。儀礼用で実際に身につけるものではないようだが、アイルランドなどヨーロッパ各地で出土している。ブルターニュでは、一九三三年、ブールブリアック村で見つかったものが最大で、直径二三三ミリ、重さ二一七グラムである。

中期青銅器時代を代表する装身具は、金製のトルク（首輪）である。アイルランドやブリテン島で製造されたものが流入したと推定されている。ブルターニュではセッソン・セヴィニエ村㉟で出土したものが有名で、直径一四八〇ミリ、重さ四五六グラムもある。

リュニュールやトルクは、ケルト文化の初期を飾る代表的装飾品のごとく扱われることが多いが、後でみるように青銅器時代から鉄器時代前半については、ブリテン諸島と大陸諸地方との交易があり、これが大西洋文化圏をなしたとしても、ケルト文化と同一視しないほうがいいだろう。

骨壺場文化

前一〇〇〇年頃を境にアルプス以北の地方は、晩期青銅器時代に入る。欧州北部地方では鉄器時代に入る頃であり、地中海地域はすでに前一三〇〇年頃には鉄器時代に突入していた。

埋葬様式がここで再び大きく変化する。「骨壺場《こつつぼば》文化」ともいわれ、これまでの墳墓が、火葬による骨壺の墓地に変わるのである。この時期は、たとえば前一一〇〇年頃、それまで四〇〇年あまりにわたって繁栄を誇ったミュケナイ文明が滅びるなど動乱がはじまっていたが、東部ヨーロッパ、今のドイツとポーランドの境界付近から、「骨壺場」の動きがはじまり、徐々に西ヨーロッパにも波及した。ブルターニュとブリテン島、チャンネル諸島は同一の様式になり、フランス中北部からベルギー、オランダにかけてもそれに類似した様式が見られた。

骨壺場文化の広がりはこれまで民族的征服の結果と説明されてきたが、現在ではむしろ征服をともなわない文化波及説が有力になりつつある。この時期の出土品が武器よりもむしろ装身具や鎌などの農具が多いからである。馬の家畜化がヨーロッパで普及したのもこの時期と推定される。

おそらく宗教的理由によるはずだが、青銅器時代は人物、動物の描写がほとんどない。クレタ島のミノス文明（前二六〇〇〜前一四〇〇）や、エーゲ海のミュケナイ文明（前一五〇〇〜前一一〇〇）、またスウェーデンなど北方地域は例外である。エーゲ海ではクノッソスの女神像や、有名なアガメムノンの金の仮面、またスウェーデン南西部ボフスレンの壁画などでは人物も動物も豊富に描かれるが、ブルターニュやブリテン島など大西洋岸地域では、日用品も装身具も、V字形、三角、四角といった幾何学模様の装飾に限られる。ブリテン諸島からブルターニュ、フランス中西部大西洋岸からポルトガルを含む地域は、この面では一つの文化圏を形成していた。動物描写が現れるのは、やっと青銅器時代最晩期になってからであり、それは火葬骨壺葬による新しい文化の到来と重なると考えられる。すでに述べたようにこれは北方からの可能性が高い。

酸性土壌が多く、人骨が残ることが少ないので、この面からの確証を得ることはむずかしいが、骨格は新石器時代とそれほど異なることはない。ブルターニュ地方は骨相学的には総じて地中海タイプの中型長頭型である。新しい要素としては骨相学的に大型超長頭型といわれる北方系が多少見られる程度である。これは動物描写や骨壺葬など新文化の流入を補強する。つまり新石器時代から青銅器時代まで、基本的にはブルターニュ地方の文化は継続的であり、それはブリテン諸島やフランス中西部大西洋岸地域と共有するものだった。だが、青銅器時代に主として北方からおそらく多少の植民をともなう文化の流入があったということになる。

ブリテン島の影響

青銅器時代のブルターニュ地方の文化的趨勢を概観すると、新石器時代のドルメンの建造者の直接の子孫と思われる初期青銅器時代の人々は、自分たちの首領の墓である大型墳墓の建設者であり、したがって社会階層がはっきりしていた。中期青銅器時代には、金属器製造の興隆により職人も出現する。

晩期青銅器時代に骨壺葬が流入する。だがこれもフランス東部、中部ほど全面的とはいえない。骨壺の様式はむしろブリテン島の影響のほうが大きかった。骨相学的にも骨壺の流入によって、骨格が変化したという兆候は見られないようだ。したがって、この面からも征服による文化的変化より、文化受容によるという解釈のほうが説得力を持つことになる。

海上交通は重要だったはずで、初期青銅器時代ブリテン島のウェセックス文化以来、ブリテン島との関係は常に頻繁だったと考えられる。大西洋文化圏といえるような地域圏がすでに青銅器時代にできあがり、おそらくそれ以来絶えることなく、強弱のニュアンスの差はあっても継続されたはずである。それはローマ時代、また中世にもそれぞれの仕方で継承される。さらには今のオランダ、またデンマーク、スウェーデン地域とも海上交易が重要な役割をすでに果たしていたことが、武器、装身具、葬送儀礼などを通じて明らかになった。しかしながら、鉄器時代にはむしろ内陸交通が中心となる面もあり、ブルターニュやブリテン諸島は文化的中心地からはずれ、周縁化し、一面では危機的状況を迎えることにもなる。

ブルターニュの青銅器時代の専門家ジオは、この時代のブルターニュの人口を一〇万から二〇万人と推定する。平方キロ当たり三～四人である。この数字は新石器時代からそれほど変わらなかったといわれるが、晩期青銅器時代には徐々に増えはじめたようだ。

ケルト人の出現

ハルシュタット文化

一八四三年から一八六三年にかけて、オーストリアの考古学者ラムザウアーは、ザルツブルクに近い岩塩鉱ハルシュタットで、大規模な墓地の発掘を行った。一〇〇〇ヵ所にのぼる墓地から、武器、装身具、壺など二万点が出土した。「ハルシュタット文化」と名づけられたこの文化は、前五世紀中頃、ギリシアの歴史家ヘロドトスが『歴史』に記した「ケルトイ(後にケルタイ)」、すなわちケルト人のものと同定されたのである。

地中海地域では前一三〇〇年頃、すなわち『イーリアス』の描くトロイア戦争の頃、鉄器時代がはじまる。アルプス以北ではこれが数百年遅れて前一〇〇〇年から前八〇〇年にかけてになる。

鉄器時代は、地中海地域とアルプス以北との関係が緊密化する時代である。前九世紀以降のギリシア、前七世紀頃最盛期を迎えるイタリア中部のエトルリア、そして前八世紀以降の

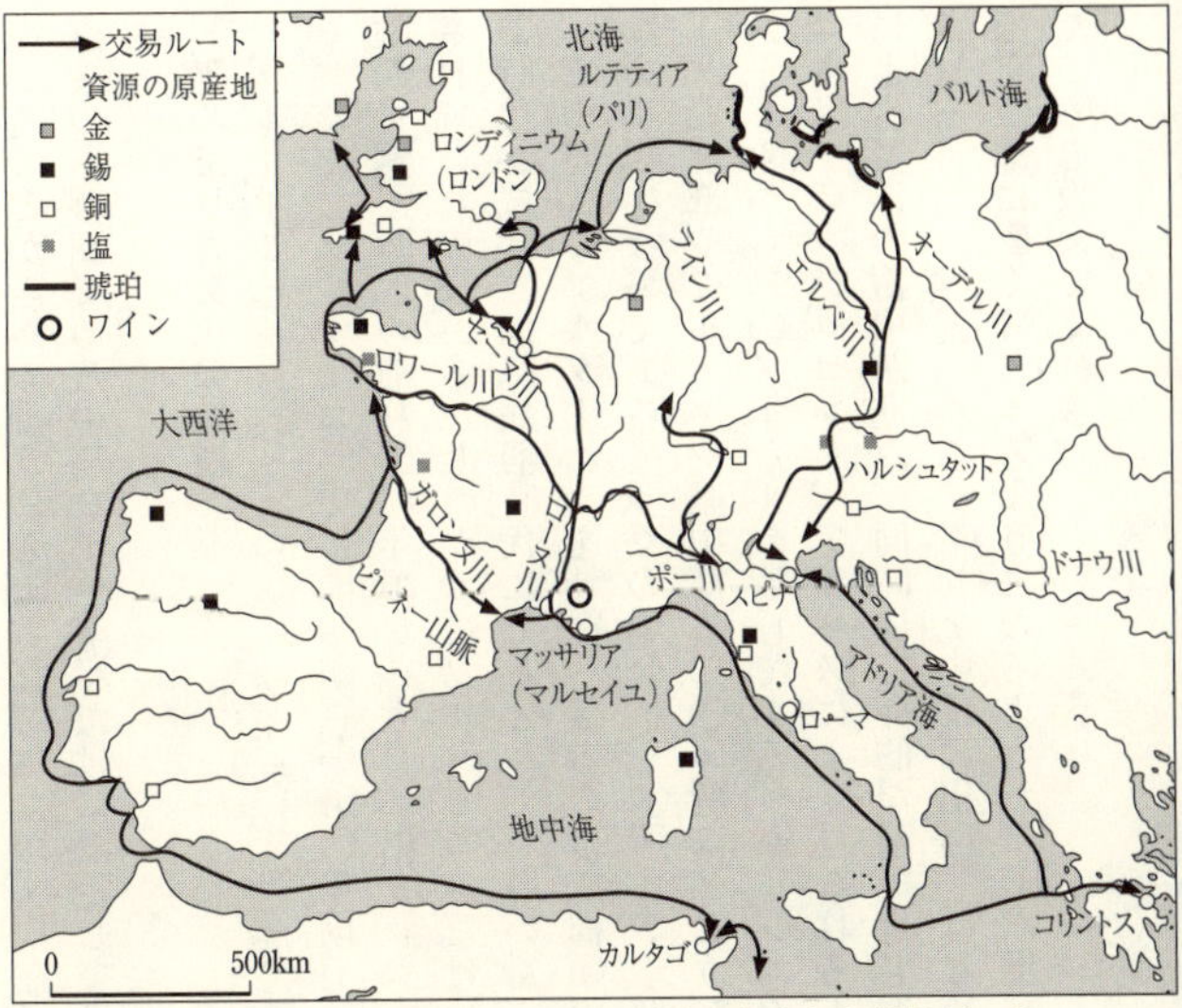

古代ケルトの交易路　金属類などの他に奴隷も有力な交易品だった

ローマは、アルプス以北の「蛮《ばん》族《ぞく》」から、鉱物、塩、琥珀さらには奴隷を輸入し、引き換えに金属製あるいはセラミック製の壺、武器、宝石、装身具、さらにはワインなど文明の粋を輸出した。アルプス以北でしばしば出土する地中海の文明的産品は、こうした事情を説明する。

伝承では前九世紀末に北アフリカのカルタゴが、前八世紀半ば（前七五三年）にはローマが建設された。ハルシュタット文化がはじまるのは、まさにこの時代、前八〇〇年から前七五〇年頃である。一九世紀末以来、ヨーロッパの考古学者の間では、第一期鉄器時代とハルシュタット文化を同一視することが当然のように考えられてきたが、現在ではむしろ、ハルシュタット文化をその直接の影響圏である中部ヨーロッパだけに限定して考えようという傾向が強い。

アルモリカ文化の持続

ブルターニュを含むフランス、ブリテン島一帯は、前七〇〇年頃に第一期鉄器時代に入る。ただしブルターニュでは開始から一〇〇年以上にわたって、鉄器の出土が見られない。晩期青銅器時代の前八〇〇年頃から大量に出まわっていた筒型小斧が前六〇〇年頃まで製作され続けたのである。したがってブルターニュだけについていえば、前六〇〇年頃まで青銅器時代が続き、以降鉄器時代に入るとしてもいいくらいだ。

この時代のブルターニュを特徴づけるのは二種類の墓地である。一つめは副葬品もあまりない小規模な墓である。多くの場合、一ヵ所に数十個が集まり墓地を形成する。フィニステール県北部やモルビアン県中部に二〇ヵ所ほどこうした墓地がある。もう一つは、直径一〇メートルから二〇メートルの墳丘である。ハルシュタット期フランス東部、つまりブルゴーニュ、フランシュコンテ、アルザスによく見られるもので、王の墓である。軍事的征服などによって富の蓄積が進み、同時に社会的な階級化も進展して支配者の権力が強まった結果とされる。前八世紀末からイタリア中部に出現しはじめ、前七世紀から前六世紀には、欧州中部、西部に広く分布するようになるようだ。前六世紀のこの地域がかなりの動乱の時代だったことも教えてくれる。

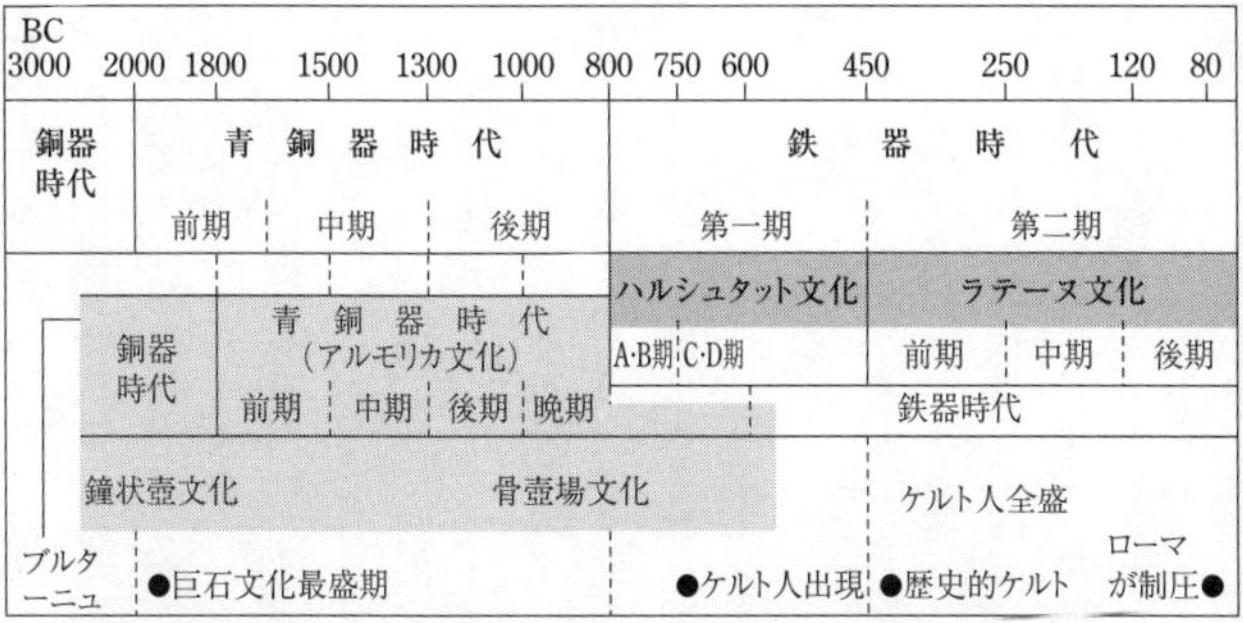

ケルト関連古代史年表　ブルターニュは他地域と違った動きをみせた

しかしながら、アルモリカ文化地域では、時代を超えて何百年、場合によっては一〇〇〇年を超えて使われる墓地も見つかっている。トレブルデン村㉒、プルーガヌー村㉙、グレナン諸島㉙などでは、新石器時代末期から、青銅器時代、さらには鉄器時代にわたって使われ続けた墓地がある。同じ石棺が何度も繰りかえし使われた形跡がある。前五世紀では、火葬と土葬が相半ばしていた。同一の墓地で隣り合う場合もあった。

この事実はどう説明すべきだろうか。征服による場合、あるいは別の民族との入れ替わりの場合には、以前の民族の墓地、石棺をそのまま使用するというのは考えにくい。つまり、同一の民族が同一地域に定住し続けた、少なくとも一部にはそうした土地があったということになる。新石器末期から青銅器、鉄器にかけての千数百年は、比較的平穏な時代が続いたということかもしれない。そのなかで文化変容が起こったということである。

住居についてみても同じことがいえる。墓地に比べると出土する事例が少ないので、一般化はできないが、トレマルガット村㉒では、新石器時代から第一期鉄器時代までの土器破片が出土した。バーデン村㊶、プロヴール村㉙でも、新石器から第一期鉄器時代にかけての継続的居住の証拠がある。

ケルト学のクルータは、ハルシュタット文化について興味深い指摘を行っている。つまり、前八世紀、前七世紀からすでに、ハルシュタット文化圏のなかでも欧州東部と中西部では、文化的な違いが見られるというのである。東部では人物や動物の描写、偶像がみられる。おそらく太陽信仰に関係する男神像、移動に関連する水鳥や馬が、ケルトの象徴的文様ともいわれるようになる「スワスティカ（鉤《かぎ》十字）」や、「トリスケル（三叉文）」といった幾何学的文様と並んで登場する。だが中西部では、ほとんどが抽象的・幾何学的なものである。青銅器時代の大西洋文化圏はむしろこうした形だったのであり、この文化圏が必ずしもハルシュタット圏に入るわけではないが、こうした面では少なからず関係があったと推定できなくもない。これはケルト文化を代表する「ラテーヌ文化」の一つの地域的特徴にもなっていく。

ラテーヌ文化とケルト語

第二期鉄器時代は、前四五〇年頃にはじまる。一八五八年に発掘が開始されるスイスのヌーシャテル湖畔のラテーヌ遺跡にちなんで、一八七二年、スウェーデンの考古学者ヒルデブラントによってラテーヌ文化と名づけられた。現在はもっと限定的に、欧州中部の文化圏に限って使われることが多い。ラテーヌ文化圏については、次にみるように傍証となる文献的史料が豊富なことから、クルータは「歴史的ケルト」と呼ぶ。

ただしフランスの東部地方は欧州中部の南側の文化圏に入るので、ラテーヌ文化圏といっていいが、ブルターニュなどそれ以外についてはこの呼称を使わないほうが無難である。少なくとも前五世紀に、フランス西部でラテーヌ文化が流布していた証拠はない。ケルト語の使用も確認できるのはこれ以降である。

ブルターニュにおけるケルト語使用の最古の証拠といえるのは、ローマ時代のギリシア人地誌家ストラボンの伝えるピュテアスの『航海記』である。前三二〇年から前三〇〇年頃のものといわれるこの書物には、「オウクシマサ」（ケルト語で「島のもっとも高い所」の意。現ウサ島）、「カバイオン岬」（ガリア語の馬「カバロス」に由来し、ブレイス語で「馬の頭」の意）など、ケルト語で解釈可能な地名が登場する。すなわち、前四世紀末には、現在のブ

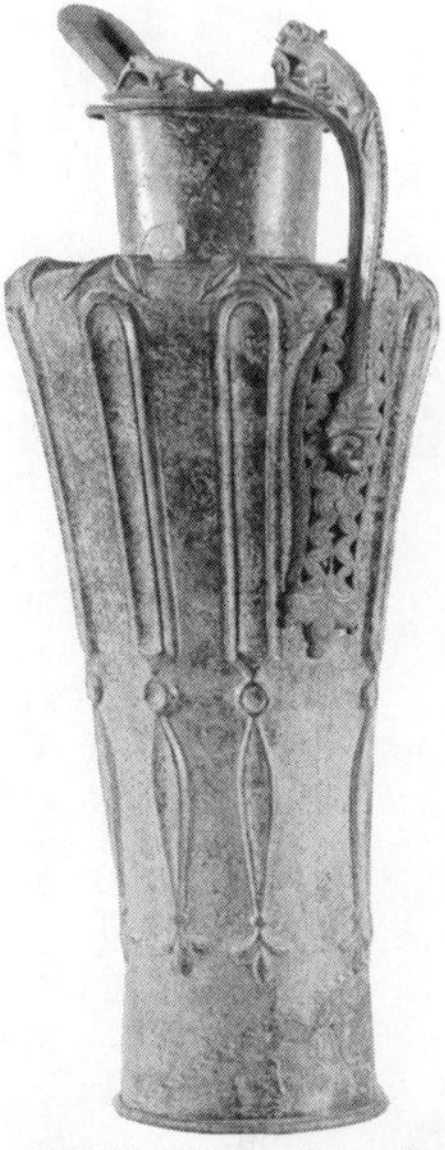

青銅製のワイン入れ　優美な形態と、幻想的な動物の装飾が施されたラテーヌ美術の典型。オーストリア、デュルンベルク出土。前4世紀

ルターニュ地方でケルト語が使われていたということになる。

第二期鉄器時代についてもう一つ重要なのは、ここでも民族的な征服による文化の変動があったのではないということである。ラテーヌ文化の流入はこれまで新たな民族が到来した証拠のように考えられてきたが、居住地また墓地の様態を見ても、前の時代から継続されたとみるべきものが多い。これがクルータら現在のケルト学者の見解である。

「ケルト」の初出史料

地中海地域との接触は、文字の流入をもたらした。文献上のケルトという固有名詞の初出とされるのは、ギリシアの歴史家・地誌作者、ミレトスのヘカタイオスによる。「リグリアの町マッサリアは、ケルトに近く、そこにはフェニキア人のコロニーである、ケルト人の町ヌラックスがある」という箇所である（断片的な『系譜』の一節）。マッサリア（現マルセイユ）は、前五四〇年頃にイオニアのコロニーとして建設された。『系譜』の執筆は前五世紀初めらしい。

ただこの書自体は、一〇〇〇年ほど後、五世紀末から六世紀前半に活躍したビザンチウムのステファヌス（ステファヌス・ビザンティヌス）によって筆写され、同じく六世紀のヘルモラオス（ヘルノラウス）の手に渡って整理されたもので、ケルトの指摘が原著書にあったかどうか確定はできない。ギリシアとガリアの接触はあとでみるように、ドルイドの形成についても重要な意味を持った。

先に記したように、文献におけるケルト人の確実な初出は、前五世紀中頃のギリシアの歴史家ヘロドトスの記述「ケルトイ」である。ヘロドトスは大西洋岸のイベリア方面から中東欧のドナウ川にいたる大民族と記述した。

あまり知られていないが、前六世紀末にさかのぼるもう一つの証拠がある。それはイタリア北部、エトルリアのカエール（現ローマ近郊チェルヴェテリ）の町で出土したブッケロ式（エトルリアに特徴的な黒色素焼《すやき》壺）のセラミック製の杯であり、それには「ケルテー」すなわちギリシア語では「ケルトス」（ケルト人の）というエトルリア語の献辞が記されていた。この当時、ケルトとエトルリアの関係は緊密になりつつあったのである。

前四世紀半ばのギリシアの歴史家・地理学者エフォロスは、世界の四周に居住する四大民族を、西のケルト人、北のスキタイ人、東のインド人、南のエチオピア人と叙述した。

前三世紀はじめ、後述のように小アジアにガラチア・ケルト人が出現する。前二世紀中頃のローマの歴史家ポリュビオスは、ガラチアとケルティアを区別なく用いた。後二世紀アレクサンドリアの天文・地理学者プトレマイオス・クラウディオスは、現在のフランスを「ケルト・ガラチア」、イベリア半島のケルト文化圏を「ケルティケー」、小アジアを「ガラチア」と呼んだ。

ケルト人の自己認識

自分たちをケルト人と認識する記述は、前一世紀に登場する。カエサルの『ガリア戦記』

第一巻冒頭の文は、「ガリア全体は、三つの部分に分かれていて、その一つにはベルガエ人が住み、もう一つにはアクィタニ人が住み、三つめには、その土地の人のことばでケルタエ人とよばれ、われわれローマ人のことばでガリア人とよばれる民族が住んでいる」である。ガリアの一部族としてケルト（ケルタエ）人がいるということになる。

同時代のポンペイオス・トログスは、南ガリアのウォコンティイ族出身であり、近隣の部族に対してケルト人という名称を用いた。五世紀のシドニウス・アポリナリスは、自分のことばにケルト的なまりがあると述べている。これらも自らをケルトと認識する記述とみなすことができる。

現代における使用法は、古代のそれとはやや相違がある。前四世紀以前、またフランス側・イタリア側を含めたガリア以外については、ケルト人、特に前四世紀以降のガリアについては、ガリア人と呼び、ガラチアという名称は、前二七八年以降に小アジアで形成された「コイノン・ガラトン」すなわちガラチア人共同体についていう。

いずれにしても、前四世紀には文献が豊富になって、固有名詞の使用が増え、いわば歴史的記述が可能になる。ケルトを歴史的民族名または文化名として用いるには、こうした前提条件が必要である。したがって、ケルトという固有名詞が歴史的にほぼ確証を持って使えるようになるのは、前五世紀以降であり、第二期鉄器時代、すなわちラテーヌ文化以降ということになる。

コーム・プレスティーノの献辞板　コームで発見された現存最古のケルト語文章。部分

ケルト語の文字使用

よく言われてきたことだが、ギリシア人、ローマ人と異なり、古代のケルト人は文字使用をあまり受け入れなかった。なぜかといえば、書きことばを受容するほど文化程度が高くはなかったというより、彼らの宗教観、世界観がそうさせたというのがこれまでの見解だったが、フランスの古代ケルト語学者ランベールは、ケルト人が文字使用を忌避したという見解にはむしろ懐疑的である。そうなると、文字を嫌ったとされるケルトの聖職者ドルイドについても、これまでの見方を改める必要性が生じる。

ローマ人の興隆以前、いまのイタリア中部トスカナ地方を中心に、前七世紀に最盛期を迎えたエトルリア人の文化は、フェニキア系の文字を受け入れて、一万点あまりの墓碑銘などの碑文を今日まで残した。もっともこのエトルリア語自体はほとんど解読されていない。印欧語でないことは確実視されているが、固有名詞以外判読にいたっていないのである。

ケルト語がはじめて記録されるのは、このエトルリア語との関連においてだった。イタリア北部、現在のピエモンテとロンバルディアにあたるゴラセッカ地方、カステレット・ティチーノ村付近で出土した墓碑銘にエトルリア文字で記された「コシオイオ」が、ケルト語の人名「コシオス」の属格であり、前六世紀第二四半世紀のものとされるのである。この地方のケルト人の原型を形作る人々はすでに前七世紀末には定住しており、いわば地元の言語であるエトルリア語の文字を採用するにおよんだと推定されている。前六世紀から前五世紀にかけての、この文字によるケルト語の碑文が数十点現存する。

この地方のコームで発見された三・八メートルにものぼる横長の板（マグサ、戸の上の横板と思われる）には、一・九メートルにわたって、不吉なことばが刻まれており、解読については現在でも論争となっている。「コーム・プレスティーノの献辞板《けんじばん》」と呼ばれ、前六世紀末（ないし前五世紀初め）のものとされるが、ケルト語の史料としては、現存する最古の文章として知られている。

ケルト学において、この献辞板に記された言語は、この地方に居住した民族の名から「レポント語」と呼ばれてきた。クルータによれば、この言い方はレポンティ族の言語という誤解を生みやすいので避けたほうがよい（ケルト系とはいわれるが、この民族だけがこの言語を話したわけではないと推定される）。むしろこの地方の地名から、ゴラセッカ文化、ゴラセッカ語という言い方がふさわしい。このエトルリア文字ケルト語は、エトルリア人がローマ人に完全に征服される前一世紀前半まで、このポー川北部で使用され続けたようだ。

イベリア文字とギリシア文字

イベリア半島ではすでに前七世紀には、フェニキア人から音節表示的な文字が伝わっており、この当時ケルト人が居住していたこともほぼ確実のようだが、現存する当時の碑文からケルト語的要素は取り出せない。数世紀の後、地中海沿岸の系統不明でエウスカル・エリア（バスク）人とも近いといわれるイベリア人がこの文字を採用し、内陸のケルト人もこれを学んだ。これがイベリア文字ケルト語と呼ばれ、前二世紀から前一世紀にかけての碑文が現存する。そのほとんどが単語の羅列だけで、文章らしきものが発見されていなかったが、一九七〇年にスペインのサラゴサ近郊の町ボトリタのコントレビア・ベライスカ遺跡で、青銅板両面にわたって書かれた二〇〇語からなる文章が発見された。さらに一九九二年には、その倍の長さの青銅板が見つかった。これが今のところ最長の文献である。

ケルト・イベリア語の石板　ケルト人がイベリア人から学んだ文字で、石板に碑文が刻まれた。イビザ出土

現在のフランス南部地方では、マッサリア（現マルセイユ）のイオニア・ギリシア人の植民（前六世紀）以来、ギリシア文字が用いられていたが、前三世紀にはケルト語の記録に用いられるようになった。カエサルの『ガリア戦記』の前五八年の項に、ヘルウェティイ族の野営地でギリシア文字の木簡《もっかん》が見つかり、これをもとにヘルウエティイ族などの人口がわかったとあるが（第一巻第二九節）、おそらくこれはギリシア文字ケルト語である。こうしたギリシア文字ケルト語は、

献辞、墓碑銘からなる石碑が七〇点、おもに所有者の名を記すセラミック板が二〇〇点、そのほか金銀、鉛、鉄、骨などに刻まれたものが十数点現存する。

このようにローマ征服以前に、イタリア側ガリアでもフランス側ガリアでも、またイベリアでも、ケルト語がその一部ではあれ文字化されていた。これは貨幣の使用地域とも重なるので、ケルト文化圏における地中海文化受容の先進的地域ということができる。ということであれば、彼らの宗教観によって書きことばの使用が忌避され続けたという説明は根拠を失うことになる。前一世紀前半になると、次章でみるように、ラテン文字ケルト語表記が出現する。

ケルト人の大遠征

イタリアを侵略するケルト人

こうして前四世紀初め、ケルト人は歴史時代に突入する。ガリアのケルト人がイタリアに侵入する事件が起きて、これを報じる文献が多数にのぼり、しかも細部が異なり、複数の同時代証言をもとにすると考えられるので、歴史的事実と認定できるのである。前四世紀の哲学者ポントスのヘラクレイデス、ギリシアの著述家プルタルコス（『カミルス伝』）、シチリアのディオドロス（「図書館」）、ローマの歴史家リヴィウス（『ローマ建国史』）などが記述している。

史料から再構成される事件は、あらまし次のとおりである。セノネス族などのガリア人がアルプスを越え、ポー川を渡り、エトルリアの町クルシウム（現キウジ）を包囲して領地の割譲を要求する。ローマがエトルリア側に立って交渉するが決裂、ガリア軍はローマに進軍する。ガリア軍は新たな召集兵も合流して総勢七万人、これに対するローマ軍は急遽編制した経験もない兵士たち四万人。前三八七年（ないし前三九〇年）七月のある日、両軍が、ローマの北十数キロの地点で合戦を繰り広げるが、ローマ軍は敗走。ローマの町もほとんどをガリア軍が占領、その期間は七ヵ月におよんだ。その後ガリア軍は相当な金品と引き換えに帰還した。ローマ軍の反撃により、賠償金の獲得にいたらず帰還したとする説もある。

この三〇年後、第二の侵入事件があり、そのさらに一二年後、第三回侵入事件が起きた。ここで初めてローマ軍は完全撃退に成功する。こうした事件は考古学的調査からもある程度裏づけられる。

前四世紀、このように歴史時代に入ると同時に、戦争の時代に突入した、ということができるかもしれない。もちろん一〇〇年でたかだか数度の衝突である。現代人の感覚ではとても戦争の時代とはいえない。

すでに何度か指摘したように、新石器から青銅器、また第一期鉄器時代にいたるまで、征服による文化の全面的刷新という事実は見られない。基本的には平和な時代が続いた。大きな変化があったとすれば新石器時代の開始時期、現在印欧語族と推定される人々の侵入くらいである。もちろん武器の存在も確認でき、特に第一期鉄器時代の戦闘斧は、戦いの事実を証明する。

しかしながら、考古学的証拠から戦争の具体的展開を知ることはできない。むしろ日常生活の品々が伝える平穏な生活ぶりのほうが目につくのである。一方、文字史料は戦争のような非日常的な事件に眼を向ける。歴史時代は一般的にいってこうした大事件の連続としてつづられるのである。

ちなみに、印欧言語学では、印欧語族の下位分類として、ケルト・イタリア語派、あるいはイタロ・ケルト語派を設定する。一般的にはケルトとイタリアとは関係は薄いのだが、イタリア北部の「ゴラセッカ語（レポント語）」の存在、それから前四世紀以降のガリア人のイタリア侵入による言語文化接触が語派の設定に影響している。

ギリシアへの侵入

こうして前四世紀以降のガリア人のイタリア侵入により、ラテーヌ文化がイタリアにもたらされるとともに、イタリアからも文化的な影響を受けることになる。これについては次にみる美術分野で検証できるが、前三世紀には、ラテーヌ文化がドナウ川上中流域からその北部地方にかけて流入し、さらにその周辺地域に拡大したようだ。クルータはこうしたラテーヌ文化の広がりによる一定の文化的な一様化を、文化的「コイネー」（ギリシア語で共通語の意）の形成と名づける。これまではケルト文化・ラテーヌ文化の拡大と記述されてきたが、地域的独自性と共有する部分とを並行してみていこうという姿勢である。いずれにして

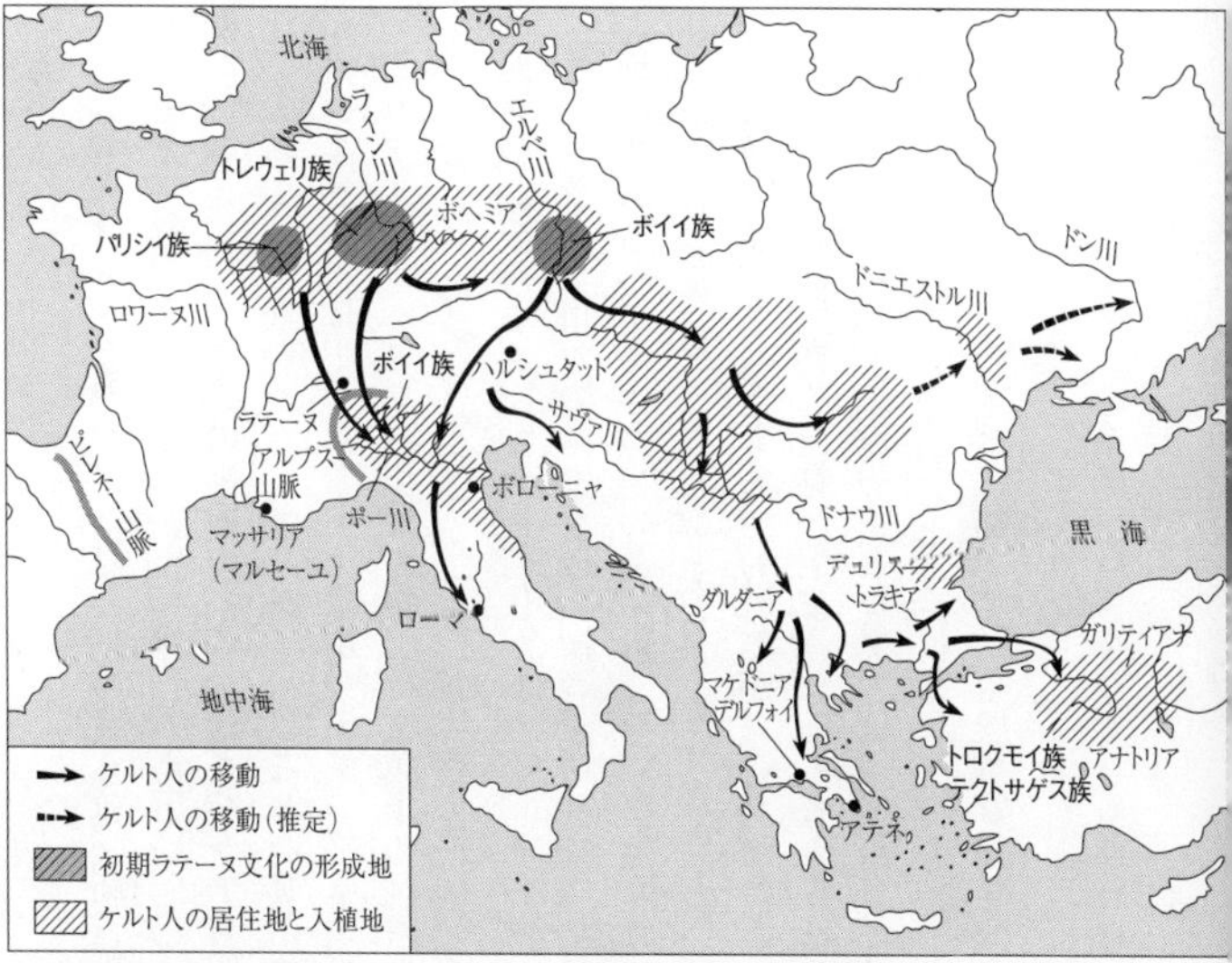

ケルト人の移住と入植地　John Collis, *The Celts*, 2003をもとに作成

も前四世紀からはじまるこの文化的拡張期は、まさにケルト人の全盛時代と考えられる。

　それを象徴するのが、前三世紀前半のケルト人のバルカン半島からギリシアへの侵入である。後代の人々はこれを「ケルト人の大遠征」と呼んでいる。

　マケドニア王国のアレクサンドロス大王の部将で、王の死後小アジアを支配したリュシマコスが亡くなり、マケドニアの勢力が弱体化する前二八〇年に、三隊のケルト人の部隊がバルカン半島南部に進出した。一隊はトラキア東部に攻め入り、二隊目は、ダルダニアとポエニに、三隊目がマケドニアに侵入した。若年のマケドニア王プトレマイオス・ケラウノスは、捕らえられ、斬首されるが、ケルト軍はそれ以上、攻撃を継続せず、帰還する。その一部の軍勢六万五〇〇〇人が、その年さらに南のテルモピュライ関門を越え、アポロンの神殿のある古代ギリシアの聖地デルフォイをめざした。だが聖地に攻め入ることはなかった。ギリシア人はこれをアポロンの守護の賜物とした。これ以降、バルカン半島の付け根であるドナウ川中流域の平原地帯にケルト人が進出するようになった。

ガリア人のボヘミア進出については文献上の証言もいくつかある。カエサルの『ガリア戦記』では、「かつてはゲルマニア人よりガリア人のほうが、武勇の点で優り、ガリア人のほうから戦いを持ちこんでいた時代があった。その頃は人口が多く、土地が不足したため、レヌス川［ライン川］の向こうに入植者を送っていた。こうしてゲルマニアではもっとも肥沃な地方であるヘルキュニアの森の近くを、ウォルカエ・テクトサゲス族が占領し、そこに定住した」（第六巻第二四節）とある。ウォルカエ族は、ドイツ語の「フォルク」すなわち民族、民衆の語源をなすともいわれるが、ゲルマン人という異なる民族の間にケルト人が入ることで、いわば民族的自覚が生まれたとも考えられる。

後一世紀のローマの歴史家トログスは、デルフォイをめざした軍隊を総勢三〇万人としている。だいぶ誇張しているように思えるが、クルータによれば、必ずしもそうとはいえない。四万から五万の軍勢に加えて、家族や奴隷を含めた一〇万人規模の集団移動は十分ありえたのである。

ただし、アルプスの東側では、少なくとも前五世紀末では、部族ごとの集落単位の生活が基本で、こうした大軍勢を召集できる体制にはなかった。これが、前四世紀初めにローマに攻め入ったアルプス西北部のガリア人との大きな違いである。アルプス東部で前三世紀初めになってこうしたことが可能になったのであり、この時代になって初めて、アルプス西北部との共有文化の基盤ができはじめたことを意味することになる。クルータが命名したラテーヌ的コイネーである。前四世紀後半から前三世紀にかけて、いわゆる歴史的ケルトを中心として、ブリテン諸島からトランシルバニア（ルーマニア北西部）にいたる広大な地域に広がる剣の鞘《さや》の特徴的文様「つがいのドラゴン」と動物的な竪琴《たてごと》は、まさにこのコイネーの広がりを象徴するという。もちろん、こうした広がりについては、新たな移住者を考えるよりも、優位なる文化の劣位なる文化による受容とみたほうがわかりやすい。

装飾美術

すでに若干指摘したように、アルモリカ文化などの大西洋岸地域では、青銅器晩期から第一期鉄器時代には具象描写が行われず、幾何学的なモチーフだけが、家具、日用品、装身具を彩っていた。

第一期鉄器時代でもっとも影響力を持ったのは、イタリア北部のエトルリアだろう。地中海東部、小アジアからの影響の下、掌状《しょうじょう》葉《よう》や蓮花《れんげ》、また鳥や怪獣と描かれる生命の木、グリフォン（半獅子《しし》半鷲《わし》）、スフィンクス（人面獣）、キマイラ（体が山羊、尾が蛇）といった怪獣などは、エトルリアのモチーフの代表的なもので、ラテーヌ初期の前五世紀後半には北

ヘラクレスの結び目　この幾何学的な模様がラテーヌ期に用いられた。ギリシアなどからの影響である

イタリアばかりでなく、アルプス北部、フランス東部にも影響を与えた。特にライン・モーゼル地域のこの時期の豊かさは突出しており、ライン地方シュヴァルツェンバッハの埋葬塚から出土した前五世紀前半の木鉢は、金の透かし細工が施された見事なものである。この文様は、ギリシア・ラテンのパルメットヤシとロータスの蕾《つぼみ》のモチーフがもとになっている。

前四世紀は、ガリア人のイタリア侵入により、イタリア文化との接触、吸収が実際にあったと考えられる。イタリアといっても、まずはエトルリアからであり、エトルリアが影響を受けていたギリシアからである。唐草《からくさ》文と掌状文からなる植物文様は、こうした形でラテーヌ文化に影響をおよぼすことになった。また「ヘラクレスの結び目」というスタイル（海洋用語で「平結び」）は、この世紀から次の世紀初頭にかけて、ラテーヌ文化圏ばかりでなく、はるか東方のドナウ川中流域カルパチア盆地（現在のハンガリー一帯）から大西洋岸地域まで分布を広げ、アイルランドのトルク（首輪）にも影響を与えたものがあるようだ。特に現在のシャンパーニュ地方は、イタリア地域とほかの地域を橋渡しする中継地として栄えるようになった。前四世紀ラテーヌ文化は、このようにイタリア北部を中心に考えることが重要になりつつある。

前四世紀前半は、ライン川東部で、イタリアからもたらされた植物文様が特に好まれた。

ボヘミアでは、おそらく宗教的な理由により、掌状葉や「ヤドリギの二重葉」といった植物文になる。サイモン・ジェームズによれば、前四世紀後半に植物文様がラテーヌ文化の共通表現となり、前三世紀に地域ごとの独特な様式が生まれた。ブリテン諸島でもこの時期、植物文の独特な形が形成されるという。やや時代は下るがテムズ川から出土した有名な「バタシーの盾」（前一世紀か後一世紀のもの）がそれである。前三世紀中頃のカルパチア盆地での植物文もその独自性と優美さが際だっている。ここで特徴的な「反イコン主義」とも呼べるような具象の拒否は、しばしばケルト美術の特徴ともいわれてきたが、むしろラテーヌ初期のやや具象的な描写の洗練された結果とみるべきだろう。

「バタシーの盾」とほぼ同時期の作品と考えられる「グネストルップの大釜」（デンマーク

バタシーの盾　ロンドン、テムズ川出土。前１世紀～後１世紀。長さ77.7㎝。大英博物館蔵

北部グネストルップ出土、表紙カバー参照）は、まさにケルトの神話的題材を具体的に描写しており、「反イコン主義」の反証である。

以上のように、歴史時代区分としての鉄器時代と古代ケルト人は、一九世紀には同一視されていたが、今では区別されるようになった。ケルト人の文化的時代区分としてのハルシュタット期とラテーヌ期もケルト人そのものの区分としてではなく、時代と場所が限定されて使われるようになった。すなわちハルシュタットとラテーヌは中部ヨーロッパに限定され、ハルシュタット後期（前八世紀から前五世紀）にケルト人が出現するのである。前六世紀にはケルトという固有名詞の言語的な証拠があり、前五世紀には歴史的ケルトとして、その史実が語られるようになるので、確証をもってケルト人の文化に言及できるのは、前五世紀以降ということになる。碑文など発掘史料も前五世紀以降かなりあるので、ケルト人が書きことばを持たなかったとはいえない。前四世紀以降、ギリシア・ローマの著作家による記述が豊富になり、ケルト人の歴史記述が可能になるが、この前四世紀から前三世紀にかけてがケルト人の全盛期なのであった。

第四章　ローマのガリア征服

全盛期のケルト人

傭兵の時代

前四世紀にはイタリア侵入があり、その一世紀後にはバルカン半島への大遠征があった。これはローマの歴史家などによる文献がものを言って、いわゆる歴史的ケルト、ラテーヌ文化の拡大を物語る事件として叙述されてきた。さらにヨーロッパ各地への移住が続いたと解説されるのである。いずれにしても文献史料にケルト人という名前が登場しはじめてまもなくの、この前四世紀から前三世紀にかけてが、ケルト人の全盛期といえる時代である。

ケルト的世界の拡大は、傭兵《ようへい》としての進出だったという解釈がある。すでに前四世紀前半、ギリシアの傭兵としてガリア人は、イベリア人とともにシラクザ軍（イタリア南部シチリア）の一翼を担っていたらしいが、特に前三世紀初めのアレクサンドロス大王の死後の混乱の時代のなかで、ガリア・ケルト人の傭兵が活躍した。前二七七年から前二七六年、エジプト王フィラデルフォスのプトレマイオス（プトレマイオス二世）の傭兵として活躍していた四〇〇〇人のガリア人が、反乱を恐れた王によって、ナイル川の島で殺害されたという記録がある。

傭兵は二〇〇〇から四〇〇〇の兵で構成され、妻子も引き連れていた。したがって総勢では五〇〇〇人から一万人にのぼったと推定されている。こうした傭兵の活躍が、ガリアに特徴的な剣の鞘《さや》のヨーロッパ的規模での拡散を説明すると、クルータはみる。

現在のスロバキアとハンガリーの境界地帯、パンノニア（現ブラチスラヴァ付近）では前五世紀にはケルト人が暮らしていたようだ。そこでは火葬（ないし火葬と土葬の並存）が行われていたが、前四世紀初め以降は土葬だけになる。この時期までに神殿は放棄され、女神や怪獣など具象的な描写がなくなり、装飾は植物文ばかりになる。次にみるように、おそらくは前三世紀前半のバルカン半島に進出した部族のこの地域への定住の影響があった。また前三世紀末にはカルタゴ軍の傭兵などとしてローマと戦ったボイイ族が敗走し、その多くが移住を余儀なくされる。移住したのがこの地方であり、ボヘミアという地名はこのボイイ族から来ているという。

ガラチア・ケルト人の形成

傭兵による遠征がコロニーの形成につながった典型的な例とされるのが、小アジアのガラチアである。

前二七八年の終わり頃、すなわち、アレクサンドロス大王亡き後の後継者争いの後の混乱の時代、ビテュニア王のニコメデス一世に招かれた傭兵一万人の軍勢と、その家族など総勢二万人が、海峡を通って小アジアに渡った。傭兵たちは、前二八〇年から数年間のバルカン半島への大遠征に加わった欧州中南部出身者が多かったともいわれる。ニコメデス王の求めに応じて、その弟のジポエテスを破った後も、ここにとどまり、アナトリア西部、有名なトロイアなどを襲撃して、前二七四年には、ポントス王ミトリダテス一世の側に立ち、プトレマイオス二世の軍をも破った。だが前二七三年から前二七二年の、セレウコス朝シリアの王アンティオコス一世との「象の戦い」に敗れ、シリア王に「ソテル（救済者）」の称号を贈ることになった。

ところがここで敗退したガリア人は、帰還することなく、現在のアンカラ周辺に居住し続けた。これが前三世紀中頃までに形成されることになる「ガラチア定住地（コイノン・ガラトン）」である。ガラチアはセレウコス朝シリアやここから独立したペルガモン王国に貢納《こうのう》を要求する。ペルガモン王国第二代のアッタロス一世はこれを拒否し、前二三〇年頃にはガラチア軍を破り、小アジアでの覇権を確立する。

ペルガモン王国の傘下に入ったガラチアはこの間独立を保持するが、前一五四年にはローマの事実上の保護下に入り、前一三三年にはペルガモン王国もローマの属州となる。前一世紀に入ると、ガラチアの最後の英雄デイオタロスが現れ、反撃を試みるが、前二五年、最後の領主アミンタス（ガラチア王）の死により、ガラチアはローマの属州となる。

ガラチアはこうして、次にみるガリアとほぼ同時代にローマに完全征服される。この「ガラチア定住地」については、欧州中部域のラテーヌ文化期の「フィビュール（衣服の留め金)」などが出土するので、その移住の歴史性は考古学的見地からみても疑いえない。

この事実を根拠として、同じ時期にケルト人がブリテン島に渡ったのだと語られるようになった。こうして移住することがケルト人の属性のごとく語られ、ケルト人はアルプスの麓からヨーロッパ各地へ旅立っていった、その一つがブリテン島だったとされたのである。これについては、また第五章で詳しく検討する。

ローマと戦うガリア人

移住することがケルト人の特徴だという考え方は、第三章で述べた前四世紀のローマへの侵入の歴史によっても形成された。アルプス北西部から攻め入った中心勢力セノネス族が、帰郷することなくイタリア中北部、ポー川とアペニン山脈の間に定住したのである。

前二九六年、ローマに対抗する連合軍が、セノネス族やエトルリア人などによってイタリア北部地方で形成されるが、大敗する。十数年後、セノネス族は、ポー川河口付近のエトルリア人と連合し、アレティウム(現アレッツォ)で今度はローマ軍を打ち破るが、前二六八年、セノネス族の進出地はローマ軍にほぼ占領され、奴隷となるか追放されるかの選択を迫られる。

一方、古くからのガリア・キサルピナ(イタリア側ガリア)人であるボイイ族は、前二八四年から前二八三年に、エトルリア人と連合してローマの進軍を阻もうとしたが、ヴァディモン湖(現在のバッサノ湖とされる)付近の戦いで敗れた。ポリュビオスによれば、この戦いの後、ローマとガリア人の間で四五年間の平和の時代が続いたが、前二三八年にボイイ族の内紛で再び戦いがはじまった。

前二三三〜前二三二年、ボイイ族は、ガリア・トランサルピナ（フランス側ガリア）人との連合をはかり、アルプスとローヌ川の間に住むインスブレス族などからなるガエサタエ（もとは「槍兵《そうへい》」の意）傭兵を呼び寄せた。前二二五年、ポー川に傭兵とガリア・キサルピナ人の軍隊と合わせて、歩兵五万人、騎兵・戦車隊二万人が南進を開始した。これを迎え撃つローマ軍は、ポリュビオスによれば、騎兵七万、歩兵七〇万。奇襲や追撃のなか、最終的にはウッチェリナ山地南端のテラモンでガリア軍が大敗を喫し、四万が殺害され、一万が捕虜になった。

ちょうどこのころ、カルタゴの将軍ハンニバルがイベリア半島を経由して、冬のアルプスを越えローマとの戦争に入る。いわゆる第二ポエニ戦争である。前二一八年、インスブレス族を引き連れたボイイ族はハンニバルの軍に合流した。とはいえすでにこの時点で、ケノマニ族、アナレス族などローマ軍に加担するガリア人もあり、ガリア人が一致団結していたわけではなかった。

前二一六年、ハンニバル軍四万五〇〇〇がローマ軍五万四〇〇〇を包囲、殲滅《せんめつ》させたカンネー（カンナエ）の戦い（南イタリア・プーリア地方）では、ガリア人が最前線で戦ったとされる。この後、ボイイ族はポー川平野のリタナの森（現在地不明）の戦いでも勝利を収める。「森の戦い」という言い方でケルト的戦法の神話となり、シェークスピアの「マクベス」

でも取り上げられることになる戦いである。森の中の通路で両側の木々をすぐに倒せるように切っておいて待ち伏せ、敵軍の通行にあわせて木を倒し、壊滅させる戦法だった。

ハンニバル軍は、前二〇七年のメタウレの戦いに敗れ、また前二〇二年のザマの戦いでも大敗して、ボイイ族らガリア人は自活の場を失い、奴隷となるか、アルプスの北に逃げるしかなかった。この「移住」により、ボイイ族の土地ボヘミアが誕生することになる。こうして前一九〇年頃までには、イタリア側ガリアはローマに征服され、前一二五年以降、フランス側ガリア、征服後「プロウィンキア」と呼ばれることになる南部での戦いがはじまる。

ガリアのケルト人

小アジアやイタリアについては、傭兵による進出が定住につながった。おそらく両者の場合にはそれがいえるだろう。だがそれ以外の地域、たとえばガリアではどうだったろうか。今のラングドック地方にあたるフランス中南部には、ウォルカエ族が以前から定住していた。彼らはバルカン半島の「大遠征」に参加し、さらにその一部は小アジアに渡っていた。このほか文献的に証拠があるのは、アロブロゲス族（ケルト語で「異郷人」）とアルウェルニ族（オーヴェルニュ地方の語源）である。アロブロゲス族は、前二三二年に、ガリア・キサルピナ人のボイイ族の求めに応じて馳せ参じたガエサタエ傭兵だともいわれる。アルウェルニ族については、前二世紀ギリシアのアポロドロスが、「ケルトのガリア人のなかでもっとも好戦的」と書いた（『地誌』）。

ガリア北部、現在のシャンパーニュ地方は、前三世紀中頃、ベルガエ族の居住地になった。カエサルによると、この部族はもとはといえばゲルマン人であり、ライン川を渡って移住してきたらしいが、クルータの解説するところによれば、これには考古学的な裏づけがある。前三世紀第二四半世紀に、この地域で兵士の土葬が増加する。これが新たな侵入の証拠かもしれないという。特にバイエルンなどの中部ヨーロッパとガリア北東部で出土する武具（剣の鞘《さや》など）に一致する点が見られるのは、兵士の移動によるものらしい。

アルモリカ地方では、この時期、前五世紀から前一世紀にいたるまで、継続的居住が見られるところもある。むしろこうした地方のほうが多いかもしれない。とすると、兵士の土葬の増加がそのまま移住ということにはつながらない可能性もある。

移動をともなわない文化受容

クルータによれば、ガリア中南部でのウォルカエ族、アロブロゲス族、アルウェルニ族の存在は、前三世紀において、小アジアを含む欧州南東部で生起したラテーヌ文化を核とする「コイネー」の形成と比肩しうる、ガリア内部での文化的共有化の結果だという。ただこれが民族の移動によるものだとはいえない。文化的共有は人の移動をともなわない文化受容によっても十分達成される。クルータはこの時期のブリテン諸島と大陸地域との文化の共有についても述べ、この際には移動の可能性に言及しているが、むしろそれ以前からの、ケルト人の原型をなす人々の存在を指摘する。

ジオなどブルターニュの考古学者は移動・移住に対して否定的である。バス・ノルマンディー地方についての形質人類学的調査によれば、新石器時代からガリアの歴史時代にいたるまで、骨格タイプの入れ替わりがなく、脆弱《ぜいじゃく》地中海型が継承される。ブルターニュでもすでにみたように、骨格類型的には北方系の超長頭型が若干見られるものの、基本的には地中海系の長頭型が支配的なままである。第二期鉄器時代にはやや変化が見られるが、これは生活条件の変化に対応する範囲内だという。ただしフィニステール県では、いわゆるアルプス系の短頭型が三分の一ほど見られる。これはモルビアン県など、より東の地域では確認されていない特徴である。

骨格タイプから見ると多少の混交があったことがわかるが、それはまったく入れ替わるようなものではなかった。つまり、文化的共有化は移動よりも文化変容の問題ということになる。いずれにしてもケルトという文化的一体性に、こうした形質人類学的特徴はまったく関係がなく、後でみるように言語文化的な特徴からのみ、それがいえるのである。

イベリア半島における状況も、移動については否定的な見解が多い。カタルーニャ地方では、青銅器時代の骨壺場文化形成以来、鉄器時代末期にいたるまで、文化的変動はあったが、人の移住ということではなかったという考え方が支配的になりつつある。

すでに見たように、歴史的にみるとケルト・イベリア語は、前七世紀にはイベリア半島内陸部に形成されていたと推定される。この時代には、系統不明で現在のエウスカル・エリア（バスク）語とも関係づけられるイベリア語が、カタルーニャからバレンシア地方にかけて広がっていた。わずか五件の碑文が確認されるだけだが、印欧《いんおう》語だろうとされるルシタニア語がポルトガル南部にあった。またアンダルシア付近にはヘロドトスの語るタルテッソス国、タルテッソス語があったとされるが、考古学的にはその存在は確認されていない。

イベリア人はガリアのケルト人と同様、カルタゴ、ローマやケルト・キサルピナ人のために傭兵を提供した。前二世紀にはケルト・イベリア人やルシタニア人はローマに対して抵抗を試みるが、前一世紀には、小アジア、ガリアと同様ローマの征服に屈し、最終的には、前二六～前二五年の戦いでローマの属州になったとされる。

ローマによる征服

アルモリカ地方とラテーヌ文化

アルモリカ地方に居住する部族については、ストラボンの引用する前二世紀のポリュビオスの記録では、ロワール川の河口付近にコルビロ（コルビロン）族の存在が知られる。前一世紀中頃の征服時のカエサルなどの記述には、コリオソリテス族、リエドネス族、ナムネテス族、そしてウェネティイ族が登場する。ウェネティイ族の名はイタリアのアドリア海沿岸部の居住者としても記され、これは現在の地名ベネチアにつながることになるが、同じ部族かどうかは不明である。鉄器時代末期のアルモリカ全体の人口規模は、現在の二〇分の一から一〇分の一程度、一五万から二〇万程度と推定されている。ちなみにガリア全体では六〇〇万から八〇〇万、ブリテン島で二〇〇万から三〇〇万といわれている（サイモン・ジェームズなどの推定）。

このアルモリカ地方も、前四世紀にはラテーヌ文化の影響を受けはじめていたことが、北イタリア製と思われるヘルメットや、剣、鞘などが出土することから確認される。アルモリカに特徴的なのは、青銅器時代に出土したトルク（首輪）が、鉄器時代には見つからないことである。土器についても、ラテーヌ晩期には北イタリアからの影響が見られる。渦巻き型、波型の装飾模様や型押し反復文様である。半円形でつながるチェーン文様は東方ケルト圏のバイエルン・ボヘミア近隣地域からの伝播といわれる。交易については、ラテーヌ末期では、ガリア南部とは物々交換が行われたようだ。ブリタニア島へ持ち込まれた貨幣も出土しているが、ブリタニア島からもたらされたものが見つかっていない。これは後に見るブリタニア島からの移住期との大きな違いであり、鉄器時代はむしろガリア地域との交易が盛んだった証拠かもしれない。

ガリア人のローマへの同化

同化に関して象徴的なのは、貨幣の流通である。ガリアで貨幣打刻《だこく》が行われたのは、前二世紀初め、ベルガエ族に属すガリア北部ソンム地方のアンビアニ族が最初で、前二世紀中頃には、ガリア中部のアルウェルニ族に広がる。前一二一年、このアルウェルニ族がローマ軍のもとに屈するが、それ以前に文化的同化は進んでいたのである。

前二世紀末のアルモリカでは、西部のオシスミ族、南部のウェネティイ族、東部のリエドネス族、ナムネテス族のすべての部族で鋳造《ちゅうぞう》、打刻が行われた。ウェネティイ族やコリオソリテス族では、前一世紀初めには金貨ではなく銀貨の打刻がはじまった。英仏海峡のジャージー島では、コリオソリテス族の貨幣一万五〇〇〇枚が出土している。オシスミ族やナムネテス族では、金貨の鋳造がローマに征服される前五六年まで継続されたが、金の含有量は一〇分の一程度に減っていた。

前一世紀初め、ガリアでのローマの同盟勢力となっていたハエドゥイ族、セクアニ族、リンゴネス族では、ローマのドニエ通貨が流通していた。だがアルモリカでは独自に鋳造・打刻された貨幣だけである。こうした独自貨幣の流通は、アルモリカ地方のローマへの文化的同化を示すものの、政治経済的な自立を明かすものでもある。

前二世紀末頃からガリア人たちは、オッピドムを形成するようになる。オッピドムとは城壁に囲まれた居住空間である。前六世紀から前五世紀の砦とは異なり、一〇〇ヘクタール以上にものぼる広大な空間をなす場合があった。中部ヨーロッパ、バイエルンのケルハイムのオッピドムは、六五〇ヘクタール、同じくドナウ川に近いマンシングのそれは、三八〇ヘクタールあり、それを囲む市壁は全長七キロあった。このなかに街路が走り、木造家屋が整然と並んでいた。オッピドムは中東部ヨーロッパからガリア東部にいたる一体的文化圏の象徴ともいえるものであり、これがラテーヌ文化圏とも重なっていた。ただこれもケルト独自の文化ではなく、ローマに同化した文化を象徴するといったほうがいい。

ガリアで有名なのはハエドゥイ族の主都ビブラクテである。このオッピドムは、高さ五メートル、全長五キロの防塁《ぼうるい》に囲まれていた。このなかに聖域、市場、貴族居住地域、職人街などがあった。オッピドムには、平均すると三〇ほどの村落が含まれ、今日の郡に相当する規模だった。

ケルトの祭司・ドルイドとピュタゴラス派

一般のイメージとしては森の中でヤドリギを奉り、ドルメンの上で人身御供《ひとみごくう》を行うというのがドルイドだったが、このイメージが考古学者ジャンルイ・ブリュノーなどの研究(『ドルイド』二〇〇六年)により一新されつつある。

アパメアのポセイドニオス(前一世紀)によれば、その起源は前八世紀末、黒海沿岸に居住していたスキタイ人が西進して、キンメリア人を中部ヨーロッパに追いやったことに端を発する。キンメリア人はキムリス人と呼ばれ、もともとの居住民ガル人と区別されるようになる。これがガリア人のもとになった。こうしてケルト人は、キムリス人とガル人の二派に分類されるというのである。

一九世紀前半のガリア史家アメデ・ティエリによれば、このキムリス人がケルト人のなかでの祭祀《さいし》階層、ドルイドとその宗教観をもたらした。近年の発掘調査で、前七世紀頃、すなわちハルシュタット後期のケルト人の原型をなす人々の社会で階層分化とみられる証拠があり、戦士階層や政治階層などの機能的分化のなかで、ドルイドが階層として誕生したと考えられる。

　ただしそこには外部からの影響があり、その最大のものはギリシア哲学、特にピュタゴラス派だった。前六世紀のピュタゴラスは、数学者として現在でも名が知られているが、哲学、自然科学、音楽などさまざまな学問を弟子たちに教え、なおかつその口外を禁じた。学派というよりむしろ教団的性格を持つ集団だったのである。文献での初出は、前三世紀末、『賢者（マギコス）』（アリストテレス著とされてきたが、現在は疑問視される）においてであり、ギリシア哲学の源流として東方カルデアの卜者《ぼくしゃ》、インドの裸行者（ジムノソフィスト）などとともに取り上げられた。

　三世紀ギリシアのディオゲネス・ラエルティオス著『哲人伝』によれば、ピュタゴラス自身が、エジプト滞在などによってトラキアのザルモクシス、アッシリアのゾロアスター（ゾロアスター教の始祖として前七世紀に実在した、という見方がギリシア・ローマの哲学者の間にあった）、ヒンドゥー教のバラモン（高位祭司）などから学び、彼の思想はこうした世界各地の哲学を集積したものだった。

ケルト人の頭像　ガリア南部で出土、前２世紀のもの。ギリシアの影響を感じさせる

　ケルト人が直接ピュタゴラスと接触したという証拠はないが、第二世代な

いし第三世代での接触は十分考えられる。すでにみたように、ケルト人は前四世紀にはバルカン半島に進出し、前三世紀にはギリシアにも侵入した。前六世紀からのガリア南部マッサリア（現マルセイユ）の植民地での交渉も大いにありうるが、前四世紀からはかなり濃密な交流が可能だったのである。

ドルイドとピュタゴラス派は類似点が数多い。トラキアのザルモクシスの影響といわれる霊魂《れいこん》不滅観、数学的知識にもとづく幾何学文様の多用、人身御供でなく動物の供犠《くぎ》、天文学の知識、学問の体系化と教団的組織的教育、口伝《くでん》による長期間教育（『ガリア戦記』には二〇年と記載される）、白衣の着用、政治家・司法家としての役割などがあげられ、こうした精神（宗教）、知識（学問）、技術（行政司法）の三重の権威は強大で、おそらく古代メディア王国（ペルシャ、前八〜前六世紀）のマグ（賢者、ギリシア語ではマゴイ）だけがこれに匹敵するだろうという。マグは英語などでの魔術・呪術（マジック）の語源だが、こうした博学が魔術と結びつくのは、後でみる偽ドルイドとしての呪者の存在を考えてもわかりやすい。

前六世紀にピュタゴラス自身がガリアに伝えたとは考えにくいが、その弟子、孫弟子レベル、すなわち前五世紀にその学問がガリアにもたらされて、ドルイド集団が成立したのである。前四世紀に特にガリア北部（ローマによる征服後のベルガエ）と、中部西部（同ケルティカ）でその教育が体系化されたものとなり、確固たる高位貴族階層としてのドルイド階層が形成された。これに反して前一世紀はじめにはローマ文化に同化しはじめていたガリア南部、プロウィンキアでは、ドルイドの勢力ははじめから弱体だった。ガリア以外ではドルイドに関する記述はなく、ガリアのケルト人社会に特有の集団であった。

ドルイド集団の衰退

アパメアのポセイドニオスによれば、同時代のキケロは、前七七年頃、ガリア人の賢者、ハエドゥイ族のディウィキアクスとロードス島で面会した。カエサルもガリアの協力者として何度となくこの人物に言及する。彼こそ名前が判明しているただ一人のドルイドだが、キケロとは異なり、カエサルは彼をドルイドだとはいわない。おそらくドルイドの権威がすでに低下していたためであり、この前一世紀半ばには、ドルイドは集団としては政治の表舞台から姿を消していた。ローマによる征服と相前後して、特にガリアの南部から文化的な同化が進み、ドルイドを養成する学校も消滅していたと考えられる。ディウィキアクスのようにローマ征服に協力する知識人層は文化的同化の先頭に立ったはずであり、前一世紀半ばにはかなりの程度ガリアのローマ化が進行していたのである。

人身御供と女ドルイド

ドルイドについては、その異質性・野蛮性の象徴として人身御供の儀礼が、タキトゥス(『年代記』)、シチリアのディオドロス（ディオドロス・シクロス、「歴史図譜」）などローマの文筆家によって描かれる。カエサルでは「このような人身御供は、国家的な制度としても認められている。ある部族は、枝編み細工で非常に大きな人形を拵え、その四肢の中に生きた人間をいっぱいつめ、これに火をつける。人間は炎に包まれて息を絶つのである。泥棒とか強盗とか、その他の罪で逮捕された人々を殺せば、不滅の神々がいっそう喜ぶと信じている」(『ガリア戦記』第六巻第一六節)とある。罪人や敵の処刑などと人身御供が重なる。

だが考古学的には聖域において処刑のあとを持つ人骨の出土は稀で、最近二〇~三〇年の発掘調査をみても、前二世紀以降の聖域の遺跡で人骨の出土例はない。あるのは動物の供犠だった。したがってカエサルなどの描写は罪人や敵の処刑が、宗教的な人身御供と混同されたとみるべきであり、前一世紀のガリアでそうした犠牲祭は実際にはほとんど行われていなかったと考えられる。

注目すべきは女ドルイドあるいは巫女《ふじょ》の出現である。前一〇〇年頃の状況について記述するストラボンや、前一世紀中頃について書くポンポニウス・メラが、アルモリカについて指摘している。彼女たちはギリシアのピュタゴラス派的哲学者とはまったく異質な祭祀者・祈禱師《きとうし》だったと考えられる。シャーマン的な占い師は、キリスト教受容以前の社会ではどこでもありえた存在だが、彼女たちがその祭祀者的役割ゆえに女ドルイドと呼ばれることがあったのである。

ドルイドと偽ドルイドの混同

第六章で詳述することになるが、八世紀以降の文献が伝える五世紀ヒベルニア(アイルランド）でのキリスト教布教の場面で、キリスト者と対決する「智者で魔術に長けたドルイド」が描写されている。同様にして八世紀以降の文献だが、ワリア（ウェールズ）の五世紀に関する武勲詩にも、「デルイズ」という形で「ドルイド」が登場する。第七章で述べる最古のアーサー王伝説文献、ネンニウスの『ブリトン人史』（八〇〇年頃）では、五世紀ブリトン人の首領ヴォルティゲルンがマゴス（魔術師）に助言を求める記述がある。いずれも、古代ガリアのドルイドとはまったく内実の異なるシャーマンを指している。

こうした点を考慮すると、カエサルの次のような文章は、まさにこうしたシャーマンとしてのドルイドを描いているのであり、ガリアのドルイドとまったく混同しているということになる。すなわち「ドゥルイデス［ドルイド］の教義は、まずブリタンニアで発見され、そしてそこからガリアに移入されたと考えられている。それで今日でも、この教義をいっそう深く研究しようと志す者は、大抵ブリタンニアに渡って、修業を積むのである」（『ガリア戦記』第六巻第一三節）。

この解釈については異論もあり、サイモン・ジェームズは、この記述をもとに、またイタリア、スペイン、ドナウ川流域、ガラチアにドルイドが存在したという記述もないことから、ドルイドの起源はブリタニア島にあると書く。これが前四世紀にガリアへ広がるのだと推定する。ブルターニュの研究者は、ブリタニアとガリアとの古くからの交流の証拠と考え、ドルイドの独自性、ローマ文化との異質性の証言と考える。少なくとも前三世紀には英仏海峡を挟んだ両側で頻繁な行き来があった。ガリア語とブリトン語の類似性はこの傍証といえる。

すでにみたように、ガリアのドルイドは哲学者であり、ピュタゴラス派的な古典古代文化の系統に属すると考えられる。二〇世紀前半のケルト言語学者ヴァンドリエスは、インドのバラモン、ペルシャのマゴス、ローマのフラメン（神官）に相当する、印欧起源の制度だと指摘するが、そうしたものだったのだろう。これに対して、アルモリカやブリタニア、そして五〇〇年以上後にヒベルニアで活躍するドルイドは、まったく異質の、いわゆる異教的呪《じゅ》者《しゃ》・卜者だった。この両者を区別することは、ケルト文化の断絶と継承を考えるうえでもたいへん重要である。

偽ドルイドの衰退

賢者としてのドルイド集団は、カエサルのガリア戦争の前、前一世紀前半には崩壊していたが、シャーマン的な偽ドルイドも後一世紀には公的に禁止され、衰退を余儀なくされる。これも精神のレベルのローマへの同化である。

後一世紀ローマの大プリニウスによれば、「ガリアでは呪術が主流で、われわれが記憶する限りずっとそうだった。ティベリウス帝［在位一四～三七］の時に元老院の布告によりドルイドが廃止され、ヴァテスたち、医者たちもみんな同様だった」。ヴァテスというのは薬学者である。

二世紀ローマの文人スエトニウスによれば、「アウグストゥスの時代には、ドルイドの宗教はローマ市民に禁止されていただけだったが、クラウディウス帝の時、ガリア人の間でもまったく廃止された」という。これらの禁止の対象はすべて偽ドルイド集団である。ネロ帝治世下の五九年には、シャーマン的ドルイドの聖域モナ島（ウェールズ、アングルシー島）の襲撃と破壊が敢行された。

ネロ帝を継ぐウェスパシアヌス帝以降、ドルイドについて語る歴史家がほとんどいなくなる。ドルイドがまったく駆逐されてしまったというより、主要部から消えたことで、ローマの歴史家たちが記述するにおよばなくなったということだろう。

ウェルキンゲトリクスの戦い

前一世紀にローマがガリアの部族の制圧に乗り出すのは、ゲルマン人の脅威が背景にあったようだ。前一一三年、ゲルマンの一部族キンブリ族がアルプス東部のノリクムを襲った。さらにこの地のケルト人住民を守るために派遣されたローマ軍を破った。前一〇九年にはキンブリ族はガリア南部にまで進出した。前一〇一年、イタリア北部ピエモンテ近郊のウェルケラエで、ローマの将軍マリウスに阻止されるが、ゲルマン人の侵入がローマに脅威を与えることになった。前七〇年頃には、ガリアの有力部族セクアニ族とハエドゥイ族との抗争が起き、これにゲルマン人が介入する動きを見せ、ローマもこれにかかわることになった。またスイス・アルプスを根城とするヘルウェティイ族が新天地を求めて、ガリアに降ってきた。

こうした中で、前五八年、カエサルによる「ガリアの戦い」が開始されることになる。同年春、彼はまず、ガリアにおける庇護勢力であるハエドゥイ族の協力のもと、ヘルウェティイ族の移動を阻止した。その年の秋には、ガリア東部ウェソンティオ（現ブザンソン）で、ゲルマン人を打ち破る。前五七年には、ガリア北部のベルガエ諸部族を平定した。こうしてガリアは、南部のプロウィンキア、南西部のアクイタニア、中部から西部のケルティカ、セーヌ川以北のベルギカに分割されて統治されることになる。

前五七年の夏の終わり、カエサルはアルモリカを征服するために、クラッススの軍団を派遣した。アルモリカのウェネティイ族は、前五七年から前五六年にかけての冬、大規模な反乱を起こすが、カエサルによって鎮圧された。こうして前五六年にはアルモリカは完全にローマの支配下に置かれるようになった。

前五五年から前五四年にかけて、カエサルはブリタニア（現ブリテン島）とゲルマニア（ヨーロッパ中北部）へと進出する。またガリアでの抵抗がまったく終息したわけでもなかった。前五四年末から前五三年、ガリア北部で反乱が起きる。カエサル自身が鎮圧に乗り出した。

アルウェルニ族の最高権力者ウェルキンゲトリクスは、ガリア中部・西部を含め全域から兵士を募り、ローマ軍に抵抗した。ローマと同盟関係にあったハエドゥイ族まで反乱側についた。これに対するローマ軍の攻撃はすさまじく、初期の戦いの地の一つ、ガリア中部のアウァリクムでは、四万の住民全員が虐殺され、生き延びたのは八〇〇人だけだったという。

ローマのガリア制圧　ガリアのおもな部族とオッピドム

前五二年、ウェルキンゲトリクスは、ガリア中部のオッピドム、アレシアに援軍を集結させてローマ兵を迎撃した。これが「アレシアの戦い」である。ローマ軍は二重の包囲網を築き、攻撃した。援軍に駆けつけたガリア兵は総勢二五万、このなかには、アルモリカからの二万の兵もあった。ローマ軍の外側の包囲堡塁《ほるい》は援軍を迎撃するためのもので、全長二二キロにものぼった。援軍は三度の接近戦を試みたが失敗。ウェルキンゲトリクスは捕縛《ほばく》された。ガリアはこうしてローマ帝国の属州となり、アルモリカは前四三年以降、ルグドゥヌムを州都とするガリア・ルグドネンシス州の一地方ということになった。カエサルは、ガリア戦争で一〇〇万人もの奴隷を獲得したという。こうしたガリア人奴隷は、ローマの文化を容易に吸収することになっただろう。ガリア人のラテン語化は、こうして促進されたのである。

ラテン文字ケルト語

ローマによる征服直前期になるが、前一世紀前半にラテン文字によるケルト語史料が登場する。その中心地の一つは、東欧ドナウ川左岸のパンノニアのボイイ族であり、貨幣の銘の固有名詞にはケルト語起源のものが一五点ほど見られる。

もう一つは、ガリア中東部である。すでにみたようにここでも前一世紀前半には、貨幣の鋳造が行われるようになった。貨幣にはウェルキンゲトリクスの名も登場する。この時代のガリアのケルト語による貨幣の銘は三〇〇点ほど知られている。献辞、墓碑銘の石碑は、十数点あり、多くはガリア・ナルボネンシスの北西部ハエドゥイ族の領域で出土している。

一八九七年、フランス北東部アン県コリニー村で発見された青銅板は、ガリアの暦が記されていた。縦九〇センチ、横一五〇センチの大型で、そこには西暦二世紀末の五年間六二ヵ月にわたる太陰太陽混合暦にもとづく暦が一覧表で表され、当時ローマで用いられていたユリウス暦とはまったく異なるものだった。

この青銅板は一六列に分かれ、全体では二〇二一行にも達する、ガリア語で現存する最大の文書である。各列に四通常月、第一列と第九列が例外的に一閏《うるう》月と二通常月が掲げられる。欠けているところもあるが、現在は全体が復元され、ガリア暦の全容が明らかにされた。こうした天文学的知識は、すでにみたようにピュタゴラス派と同系統のドルイド階層の存在の証である。ただしこの二世紀には階層としては存続していなかったはずであり、ガリア語とともに末期の使用世代の記録だろう。

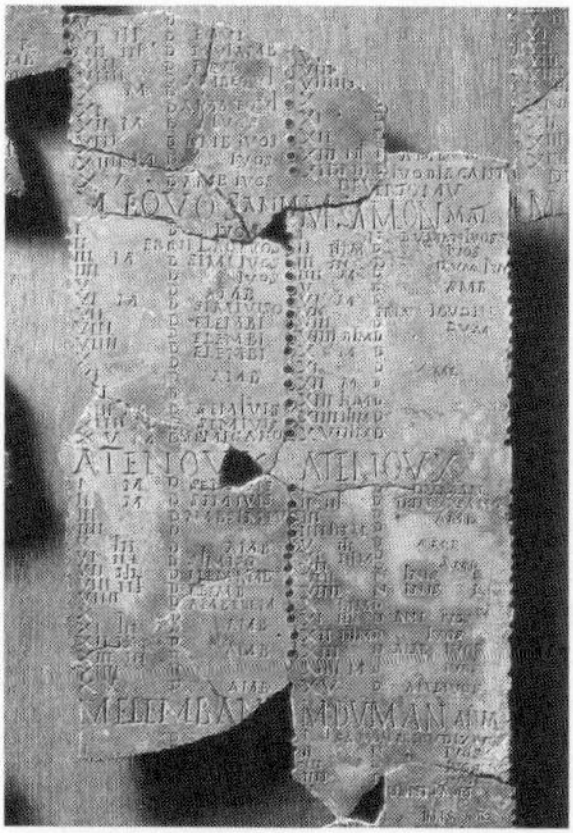
コリニーの暦　ガリア暦が刻まれた現存ガリア語最大の文書。青銅製、写真は部分

コリニーの暦は、ガリア語の最大の文書とはいえ、通常の文章ではない。ラテン文字ガリア語で最大の文書が一九八三年にアヴェイロン県ラルザック村で出土した。一六〇語からなり、その解釈には

ラテン草書体が刻まれた屋根瓦　2～3世紀にガリア語のラテン草書体で書かれた結婚宣言書。1997年、パリ東部のシャトーブロー村で発見された

異論もあるが、呪いないしは呪いを解く文書である。一九七一年にピュイ・ド・ドーム県シャマリエール村で発見された六〇語からなる文書もほぼ同様な内容のものだ。おそらく筆記したものを誓願として奉納し、埋めたものだろう。呪術のあり方として、現代とそれほど変わるものではない。こちらはシャーマンとしてのドルイド、つまり名前だけ転用された形のドルイドの証左である。こうしたシャーマンはケルト独自ではまったくなく、ギリシアでも前四世紀以降存在した証拠がある。ブリュノーはギリシアからローマ、ガリアへの伝播《でんぱ》に言及するが、むしろ普遍的なものと考えるのが妥当だろう。

ケルト語派の分類

世界の言語のなかで印欧語という、ただ一つ歴史的系統が詳細に解明されている語族が存在し、そのなかにケルト語派があるということは、次章でみるように一九世紀後半に確立するケルト学の存立基盤である。現代に残るケルト諸語が互いに類似点を持ち、なおかつ近隣のゲルマン語やロマンス語とも関連するというのは、一般的に承認された事項といってい

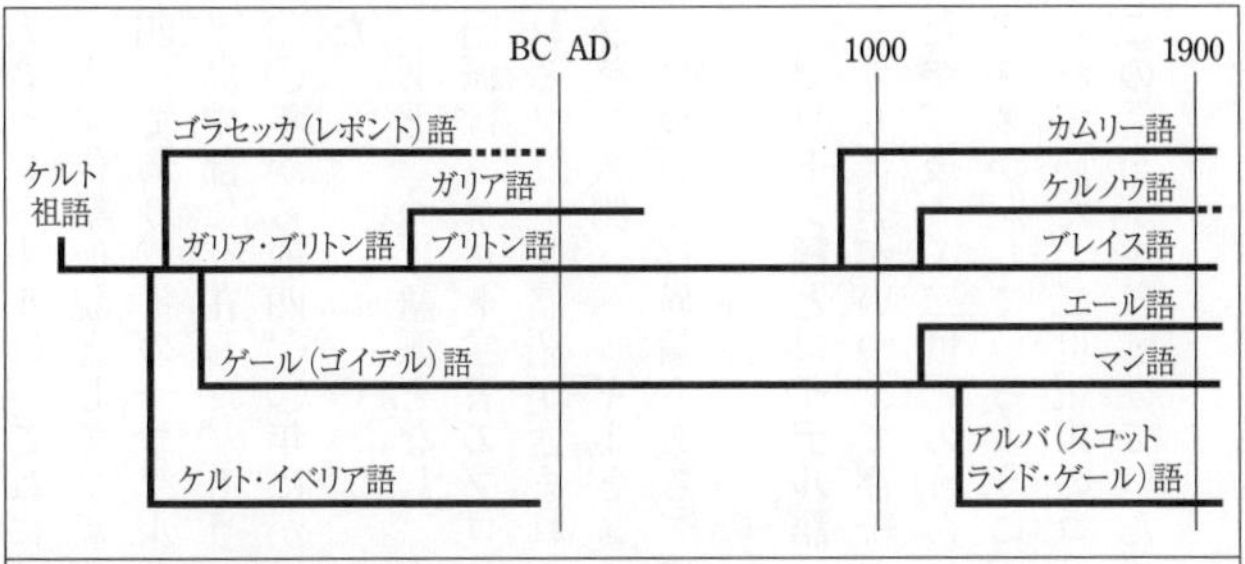

■**ラテン系諸語**　イタリア語　サルデーニァ語　カタルーニャ語　カスティリア語　ガリシア語　ポルトガル語　オクシタン語　フランス語　レト・ロマン語
■**ゲルマン系諸語**　ドイツ語　英語　オランダ語　フリジア語　スウェーデン語　デンマーク語　ノルウェー語　アイスランド語
■**ケルト系諸語**　（上記）

現代ケルト語の変遷と現代ヨーロッパのおもな言語（印欧語）

い。しかしながら一九八〇年代以降の研究の進展によって、その系統分類にも若干の修正が加えられるようになった。

ケルト語の分類についての従来の見解では、ガリア語などの大陸ケルト語とブリタニア諸島の島嶼《とうしょ》ケルト語とをまず分けて考え、そのうえで、島嶼ケルト語の音韻《おんいん》的特徴から、ブリタニア島のブリトン語（Pケルト語派）と、ヒベルニア（アイルランド）島のゲール（ゴイデル）語（Qケルト語派）に振り分ける。こう呼ぶのはたとえば、ブリトン語で「ペン（頭）」がゲール語では「ケン」となるように、P音とQ（K）音とが交替する形になるためである。Pケルトにはカムリー語、ケルノウ語、ブレイス語が含まれ、Qケルトにはエール語、マン語、アルバ語が所属する。こうした区別は後述のエドワード・ルイドによって一八世紀はじめには提案されていたが、ガリア語研究の現代の第一

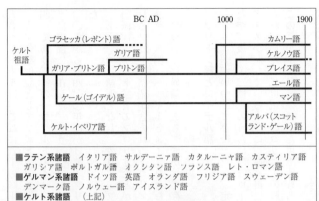

人者ランベールは、これに若干の修正を加え、次のように分類する。

まず作業仮説としてケルト祖語を措定する。ただし場所や年代の特定はしない。大分類は四つであり、その一つケルト・イベリア語は、前三〇〇〇年から前一〇〇〇年にかけてイベリア半島中部に存在した。もう一つのレポント語（クルータの用語ではゴラセッカ語）は、前七〇〇年から前四〇〇年にかけてイタリア北部で用いられた。この二つについてはすでに触れた。

あと二つは語派をなし、ガリア・ブリトン語派とゴイデル語派である。ガリア・ブリトン語派は、ケルト学者のフロリオなどが提唱したもので、これにガリア語とその分岐と推定されるブリトン諸語が含まれる。ガリア語は、イタリア側ガリア語（ポー川流域ガリア語）とフランス側（ベルギーとスイスを含む）ガリア語に分かれ、前三〇〇年から後二〇〇年（これについては異論もある）にかけて存続した。

ブリトン語とゴイデル語

ガリア語がいつまで存続したか、定説はない。ローマによる征服の後、しばらくは使われたが、後一〜二世紀のうちにほぼローマに同化した。ただし、三世紀ローマの法学者ウルピアヌスが記しているように、遺言書にラテン語・ギリシア語のほか、ガリア語の使用も認められていた。二世紀末のコリニーの暦は最晩期の使用例と考えられるが、三世紀のガリアでこの言語が生き延びていた可能性もある。

少数のケルト学者の主張することだが、ガリア語はその後も存続し、ブリタニア島からのブリトン人の移住期である四世紀以降もアルモリカ地方に残存した。そうであれば、ブリトン語はガリア語と類似する言語なので、この両者の接触、混合がありえたことになる。周辺地域であるアルモリカでローマ時代に急速な同化が進行したとは考えられないし、後でみるように三世紀には政治的支配が揺らぎ始める。こうした状況では存続の可能性も否定できない。

ブリトン諸語には古ブリトン語期が認められ、イギリス南部バース出土の後一〇〇年頃の碑文がこの証拠だとされる。これが二つに分岐する。一方はカムリー語であり、八〇〇年以降、現在に至るまでその歴史が文献的に確認される。もう一方は、ブレイス語とケルノウ語である。ケルノウ語は八〇〇年頃から一八世紀末まで存続し、ブレイス語は、八〇〇年頃から現在まで生き残った。

ゴイデル語派はケルト語四大区分の一つをなし、エール語とほかの二つに分かれる。エール語は、次にみるオガム文字による石碑が三五〇年以降存在し、八世紀半ば以降現在まで書きことばとして文献的に確認できる。分岐のもう一つは、マン語とアルバ（スコットランド）語であり、両者とも一六世紀から書きことばを持ち、現代にまで存続する。

ガリア・ブリトン語派とゴイデル語派という大分類の歴史的推移については、青銅器時代以降の本書の叙述とも一致する。歴史的に概観すると、ヒベルニア島とブリタニア島との行き来より、ブリタニア島と大陸（ガリア）との接触、交流のほうがはるかに濃密だったのである。

言語の形成には数十年ではなく数百年を要すると考えるべきであり、前二千年紀以降の大きな流れのなかで、一方ではゴイデル諸語が、もう一方ではガリア・ブリトン諸語が形成されることになった。

ブリタニア諸島とアルモリカ

ブリタニア諸島とケルト人

前六世紀後半のミレトスのヘカタイオスが、ケルト人の国の対岸にシチリアと同じくらい大きな島があると記したと、前一世紀のシチリアのディオドロスが書いている。これがブリタニア島についての最初の記録とされる。前五〇〇年頃、カルタゴの航海者ヒミルコンが旅行記を書き、この旅行記についてはローマの著述家大プリニウスが伝えているが、ここに「イエルネ」と「アルビオン」という二つの島が登場する。イエルネはヒベルニアのケルト語で「エリウ(エール)」、すなわちヒベルニア島であり、アルビオンはケルト語で「アルバ」、現在ではスコットランドを指すが、ブリタニア島である。これは、前六世紀にブリタニア諸島でケルト語地名が存在した、ケルト語が用いられていたという証拠になる。

ブリタニアという地名の初出の形はプレッタニカイであり、これを最初に記したのは、前四世紀末、マッサリア（現マルセイユ）出身のギリシア人ピュテアスである。ただしこの語源は知られていない。

伝統的ケルト学では、ヒミルコンのケルト語地名などを証拠にして、前六世紀（ないしそれ以前）に大陸からブリタニア諸島への移住があったとする。現在ではその見解が修正されて、ブリタニア諸島のケルト語化は一挙に行われたものではなく、前二千年紀あるいはそれ以前から続いた、おもに人の移動をともなわない交流の結果とされる。そのなかに、前五世紀から前四世紀、前一世紀といった交流が密になる時代があったのである。

ブリタニアとガリアの交流

前一世紀についてはすでに見たようにカエサルの指摘があり、なおかつブリタニアとガリアの両方に居住する部族の存在を確認できるので、少なくとも前一世紀には両地域の交流がさかんになっていた。クルータによれば、ガリア北部ベルガエ地域のアトレバテス族の一部が前二世紀にブリタニア島南部海岸地帯に移住し、前五七年のカエサルのブリタニア遠征の際に協力もしたようだ。パリシイ族は、フランスのパリの地名のもとになった部族だが、前三世紀にはブリタニア島東南部ヨークシャー東部にも一部が移住していた。乗り物を副葬する埋葬様式や方形《ほうけい》の埋葬塚もガリア東部とヨークシャー東部で共通するという。

カエサルの遠征後、ガリアとの交易関係は明らかに強まる。オッピドムが建設され、貨幣が普及するのもこの頃からのようだ。と同時に文化的なローマ化がはじまる。ブリタニア島への本格的なローマの侵攻は、後四三年、クラウディウス帝によって開始される。後にローマ皇帝となるウェスパシアヌスは、四三年から四七年にかけてブリタニアの第二軍団を指揮して、ドゥロトリゲース族の丘砦《きゅうさい》を攻撃した。この砦が一九三〇年代に発掘されて有名になったメイデン・カースルである。砦からは頭蓋骨《ずがいこつ》に刃傷のある人骨が出土しており、戦場の跡だったことが実証された。

五〇年までには中部・南部の諸部族が制圧された。五九年、ウェールズ北端、モナ（現アングルシー）島のドルイドの聖域が破壊され、六一年、イングランド南東部のイケニ族の女王ブーディカに率いられたブリトン人の反乱もローマ軍によって鎮圧される。七八年にブリタニア総督となったアグリコラの北進により、スコットランド北部を除き、ローマの統治下に入ることになった。一二〇年代にはハドリアヌス帝が、スコットランドのピクト人の脅威に対する防壁として、ハドリアヌスの長城を築いた。ただしこの時作られたのは土塁《どるい》で、石壁になるのは、ブリタニア全島の征服を試みたセプティミウス・セウェルス帝の時代、二世紀末から三世紀はじめだった。こうしてブリタニアのローマ支配が確立することになった。

ヒベルニアで確認されるラテーヌ文化圏に属する最古の出土品は、前三世紀前半のクノックの金のトルクだが、これにはヘラクレスの結び目装飾があり、明らかに大陸製である。少なくともこの時代から大陸との交流関係が多少ともあったことがわかる。

ヒベルニアは、ローマの征服を免れたため、この時期の歴史記述をほとんど持たない。キリスト教化以前の歴史的事情がまったく不明なのである。なおかつ、この後の時代である中世初期に、神話物語を中心とする記録文書を大量に持つ。神話物語群は、まさにこの鉄器時代晩期の社会的背景を持っているとされ、なおかつローマ征服を免れたことで、純粋な「ケルト的伝統」が継承されたとも考えられた。しかも現代のアイルランドは、こうしたケルト性をいわば民族的アイデンティティとして利用している。イギリスの古代史家、考古学者のアイルランド流のケルトに対する反発はこうしたところにも起因している。これについても第六章で検討することにしよう。

ラテン文化に対抗するオガム文字

島嶼ケルト語の最初の文字史料は、前一世紀後半のラテン文字による貨幣の銘である。そこに刻まれているのは人名であり、アトレバテス族のコンミオス（ケルト系のアトレバテス族にあって、数少ないカエサルの友人の王）とその息子たちなど、ラテン語文献で検証可能な人物たちである。

島嶼ケルト語に特徴的な文字がオガム文字である。ヒベルニア島のゴイデル語族が最初に用いたのであり、ゲール（ゴイデル）人がブリタニア島に侵入する三世紀末以降、アルバ（スコットランド）、ワリア（ウェールズ）、ケルノウ（コーンウォール）、マン島で、おもに石柱に印される墓碑銘として使用された。一本から五本までの直線の並列による文字表記であり、その形態がラテン文字アルファベットなどほかの文字とはかけ離れているので、独自の考案を主張する人々もあったが、現在は否定されている。

エール（アイルランド）語の文献に、神聖な木であるイチイの木の棒に、「ドルイド」が

オガム文字　下の図はオガム文字（左上方）とラテン語の墓碑（ワリア）。左は４世紀ヒベルニアで建立されたオガム文字の墓標

占卜《せんぼく》を行うために、オガム文字で書いたとあるので、この文字自体が魔力を持つものと解釈される。また、数を表記する際に、古エール語の一から五までの言い方のラテン文字の頭文字が略号として使われるので、ラテン文字アルファベットの転記であることがわかる。実際にエール語で使用されるアルファベット二〇文字（付加的に二重母音を表記する五文字があるが）に相当する。角柱の角に下から上に向かって書かれるのがふつうで、それで書ききれない場合は、隣の角の今度は上から下に降りてくる、という書き方がされる。

　オガム文字は、ラテン文字文化の侵入に対する反発の象徴であり、秘匿《ひとく》されるべき暗号として編み出されたものである。この場合のラテン文字文化というのは、もちろんキリスト教文化である。オガム文字の使用が三世紀末から八世紀というのも、またその使用が墓碑銘にほぼ限られるというのも、まさにキリス

ト教文化の流入に対する抵抗として理解できる。オガム文字の石碑は、四〇〇点ほどが現存するが、そのうち三五〇点がアイルランドにあり、特にその西南部、ケリー州に多い。ここが当時のヒベルニア文化の中心地と考えられる。ラテン語とのバイリンガルの石碑も見つかっているが、これはほとんどがブリタニア島である。

ローマ支配下のアルモリカ

ローマ初代皇帝アウグストゥスは、属州統治を元首と元老院の管轄区域に二分した。カエサルによって征服されたガリア、いわゆるガリア・コマタ（長髪のガリア）は、元首管轄地域となり、前二七年頃には、ガリア三属州、すなわちアクィタニア、ケルティカ、ベルギカに分割統治された。アルモリカはケルティカの一地方をなしたが、州都ルグドゥヌム（現リヨン）から遠く隔たり、ローマ化はほとんど進行しなかった。

アルモリカはこうしてローマの属州のなかで完全に周縁化し、ローマの正史にはまったく登場しなくなる。五世紀にいたるまで、ローマ軍の野営地は存在したが、ガリア南部のナルボネンシス、中部のルグドネンシス、またライン川周辺の諸都市と異なり、ローマからの移住者たちのコロニーが形成されることはほとんどなかったようだ。

アルモリカで行政機構が整備されるのは後二世紀である。一三五年、リエドネス族の主都、現在のレンヌ市㉟に都市参事会（デクリオン）が設けられる。詳細はわかっていないが、おそらく一〇〇人ほどがこの会のメンバーとなり、毎年総会を開き、町の政務官を選出していた。政務官経験者が代表として、毎年八月にルグドゥヌムで開催されるガリア州議会(コンキリウム・ガリアルム)に参加した。ストラボンによれば、アウグストスの時代で六〇ほどの部族が参加したようだ(この時代にはアルモリカからは参加していないはずだが)。

三世紀後半、次に見る帝国の危機の時代以降、アルモリカの都市(ヴィラ)は、災害にあったり、焼き討ちにあったりして、その四分の三が破壊され、打ち棄てられた。四世紀後半から五世紀前半にかけて、現在のノルマンディーや英仏海峡地域の墓地では、フィビュール(衣服の留め金)、腕輪、玉といった装飾品が出土するが、アルモリカではこうした富の証がほとんどみられない。文化的にまったくマージナルな地域になっていたのである。こうした中でブリタニア島からアルモリカへの移住が開始される。移住が可能になる政治経済的文化的空隙《くうげき》が存在していたのである。

アルモリカの信仰生活

カエサルによれば、ローマに征服されたガリア人は神々の多くをその属性のよく似たローマの神々の名で呼んでいる(『ガリア戦記』第六巻第一七節など)。たとえばテウタテスはメルクリウスであり、芸術、交通、富の神としてもっとも崇拝された。この神は本来「部族の神」であり、固有の神というより多くの神々の総称だったらしい。ペレノスはアポロン(厄払い)、エススはマルス(豊穣、戦争)、タラニスはユピテル(天の支配)である。いわば習合的宗教観であり、ローマの権威を後ろ盾に民間信仰が強化されたのである。ちなみにケルトの諸部族が共有するような神はいなかった。その歴史的変遷は多様であり、政治的に統一されることがなかった証でもある。

リエドネス族の本拠レンヌでは、自族の守護神ムッロや、町の中心を流れるヴィレンヌ川の神ウィシヌス（ヴィレンヌという川の名の由来）が厚く信仰されていた。これに豊穣をつかさどるローマの神マルスが結びついて崇められた。後一三五年のレンヌの碑文では、リエドネスの元老院が町の著名人の彫像をマルス・ムッロ寺院の神殿に安置したという。ここではローマのマルス神とリエドネス族のムッロ神が同一視された。マルス・ムッロ神はほかにも数件事例がある。

一九世紀レンヌで行われたヴィレンヌ川の運河建設工事で、四世紀のウァレンティニアヌ

タラニス・ユピテル神　ケルトの神をローマ人はユピテルと同一視した。フランスのグルゾン村で出土

ス二世期を中心とする貨幣一万枚以上が発掘された。これはヴィレンヌ川安全通行祈願として川に奉納された貨幣だった。レンヌではマルス・ウィシヌス神への奉納という石板も出土しており、ここでは地元の川神ウィシヌスとローマの神が同一視されていることになる。日本の本地垂迹《ほんじすいじゃく》の考え方とも類似する、民間信仰が外来の神と対応する形と考えられる。

埋葬についていえば、ローマ時代のガリアでは火葬が主流である。ウェネティイ族では、石製の骨壺「オッサリア」が用いられたが、これはガリア中部、中西部と共通する。高さは最大でも一・三メートル、直径〇・五メートルの円筒形で、何度も繰り返し用いられたようだ。だが後二世紀以降、土葬が増えはじめ、キリスト教が火葬を駆逐する。以降、ブルターニュでは一九七〇年代までこれが続くことになる。

ローマ帝国の危機

二六〇年秋、時のローマ皇帝ウァレリアヌスがペルシャ軍との戦いの中で捕捉されると、下ゲルマニア総督ポストゥムスが皇帝を宣言する。ローマ西部属州全域を巻き込む、いわゆる「ガリア帝国」の形成である。これにはゲルマニアの二州とガリアの三州が加わったばかりか、翌二六一年にはブリタニアとスペインの諸州もこれに従った。以降一五年にわたってガリア帝国は分離国家として生き延びた。ローマ帝国最初の危機である。

二八七年、フランドル地方出身の軍人カラウシウスが帝国軍を裏切り、ブリタニア島でインペラトル（大将軍）を宣言する。彼はガリアの一部をも占領したので、ローマ帝国西半分の正帝マクシミアヌスが二八九年、派兵するが、カラウシウスは、出身地に近いフリジア族やバタヴィア族の応援を受け抵抗する。だが二九三年部下の裏切りによって殺害され、その一人アレクトゥスがインペラトルとなる。同年マクシミアヌス帝の副帝（カエサル）となったコンスタンティウス・クロルスがガリア平定の命を帯びて、二九六年にはブリタニア島に乗り出す。ロンドニウム（現ロンドン）でアレクトゥスを破り、同年末にガリアに凱旋する。

コンスタンティウスはブリタニア島におけるローマ支配を再建し、同時に大陸との交通を再開した。おそらくこの時期、二九六年から二九七年に、ローマ市民としてのブリトン人のアルモリカへの移住が開始されたのではないか。ローマ支配下アルモリカの専門家パップはこう指摘する。すでに見たように、帝国の危機以降、アルモリカは政治的経済的に荒廃し、ブリタニア島からの移住を受け入れる態勢ができあがっていたのである。

第五章　ブリタニア島とアルモリカ半島

民族大移動の時代

民族の実態

フランス語のナシオン（民族）はもともと「生まれる」、「出自」という意義であり、血族、親族集団がその語源である。だが大革命以降の近代フランスでは、集団に加わるか否かは個人の意思の問題で、血縁とは関連しない契約的集合体というニュアンスで使われている。一方、ドイツ語のフォルクは、ゲルマン系のウォルカエ族がもとになったという説もあるが、この民族大移動期の用語として、血縁とは関係しない「武装集団」、「軍隊」をさして一般的に使用されたという。ところが現在ではむしろ国家のまとまりに収まりきらない血縁的民族集団という捉え方があり、もともとの意味と現在での使用法が仏独でちょうど逆になっているような形で興味深い。いずれにしても、どちらの定義も民族の生成を考えるには重要である。民族とは親族集団の発展という側面があり、他方では血のつながりがない政治的な連合体という側面も持っているのである。

タキトゥス（『ゲルマニア』第七章）には、「彼ら［ゲルマン人］は王を立てるにその門地《もんち》をもってし、将領を選ぶにその勇気をもってする」（泉井久之助訳）とある。王は「貴種の門地」（泉井訳注）、すなわち家柄、出自こそ重要なのであり、将領は、「第一線に立って戦ってこそ、（中略）皆を率いることができる」（『ゲルマニア』の同章）のである。すでにここには政治的集団としての民族の二重の生成過程が包含されており、先に指摘した血縁と武装集団の二面性をみることができる。

民族大移動の時代は、民族が続々と新たに生成される時代であり、その名称の起源には、出自としての氏《うじ》、軍隊の長《おさ》の名の両方があることは、こうしたところからも推測可能である。

民族大移動の開始

ライン川の左岸にフランク人の出現が報告されるようになるのは三世紀半ばだが、ヴァンダル族、アラン族、ブルグンド族などのゲルマン人が、ライン川を渡ってローマ帝国領への侵入を開始したのは、五世紀初頭である。ゲルマン人大移動期の専門家ウォルフラムによれば、この時代にその多くの民族起源の生成が行われた。かつての居住地、民族名が失われ、ローマ帝国時代のわずかな記憶の中から民族の歴史が説き起こされるのである。

クロヴィス一世が即位して四八一年（ないし四八二年）に成立するとされるフランク王国は、フランスの国家的成立の起源とされることが多いが、その中心的民族フランク人の起源をローマ帝政期以前にまでさかのぼることはできない。クロヴィスの家系は、彼の祖父でメロヴィング朝の由来をなすメロヴェヒにまでしかさかのぼれない。最初の伝記をなす七世紀のフレデガリウス編とされる『フランク年代記』によれば、メロヴェヒの祖父がフランク人の一部族、サリ族のクロディオンであり、こちらはミノタウロス（牛頭人身の怪物）に似た怪獣の子とされる。つまり祖父から先が神話になってしまうのである。

これこそ新たに出自が生成された、新しい民族の証拠といっていいだろう。一方、ゴート族、ヴァンダル族、ロンバルド族など、ローマ帝政期以前の史料に登場する民族は、大移動の後、旧ローマ帝国の一部を占領する土地へ居住するようになっても、以前からのゲルマン的出自の記憶を失わなかった。

後述のように、移動の歴史は語られやすい。イベリア半島（ウィシゴート族）や、北アフリカ（ヴァンダル族）に達する民族もあったが、ブリタニア島に渡ったアングル族、サクソン族もゴート族などと同様、移動の後でもゲルマン的出自の記憶を保持し続けた。こうした記憶は一種の家系の継承であり、王族の家系は王国の権威づけの装置として伝承され、場合によっては捏造《ねつぞう》される。

ローマ帝国時代のケルト人のなかには、ウェネティイ族、ケノマニ族、セノネス族、ボイイ族など、アルプスの北のガリア（ガリア・トランサルピナ、フランス）と南のガリア（ガリア・キサルピナ、イタリア北部）に名前を共有する部族が登場したが、民族というより同一の家系に基づく（少なくともそれを意識する）「貴種の門地」と考えれば、その広がりを説明することがたやすくなる。もちろん王家の歴史には史実として立証されえないような移動の歴史も含まれうる。中世以降、西欧各地の王族が主張するトロイア起源や、アーサー王系図はまさにそうしたものだった。短いはずの民族的系譜がこうして拡張されるのである。

島のケルト語圏の名称

ここでブリテン諸島のケルト語圏にかかわる固有名詞についてまとめておこう。

すでに見たように、イエルネ（エール、アイルランド）、アルビオン（アルバ、スコットランド）、ブリタニアは前四世紀には用いられており、カエサルの時代には、ブリテン島を表すブリタニアと、アイルランドを指すヒベルニア（イエルネと同一語源）が使われた。ブルターニュ半島を指すアルモリカはローマ支配のガリアで用いられるようになったが、沿岸部という意味のケルト語がもとになっている。ウェールズのもとになったラテン語ワリア（ワリス）、ワル、フランス語での言い方、ペイ・ド・ガル（ガルの国）のガルもガリアと同一語源と言われるが、ドイツ語のヴェルシュ、すなわち異邦人と同一起源と考える説が有力だ。これらは自称ではなく、外部からの呼称である。アイルランドを示すゴイデル、ガエル、ゲールもともとはガル、ガリアと同一という主張もあり、これも外部的名称だろう。

三世紀になるとスコット人（アイルランド人）と、ピクト人が登場する。スコット人は三世紀以降、ピクト人の土地を征服し、後になってスコットランドという地名を獲得することになる。

ウェールズのもう一つの呼称カムリー（カンブリア）、キムリスは自称で同胞を意味する。

ちなみにアルモリカ（ブルターニュ）を指してブリタニアといったのは五世紀のシドニウス・アポリナリスがはじめである。この時期のアルモリカについてはさらにドゥムノニアとコルノウィイという名称がある。後で見るように、両者ともブルターニュとコーンウォールの両方を指した地名であり、ドゥムノニアはデヴォンになり、コルノウィイは島ではケルノウ（コーンウォール）、大陸ではケルネ（コルヌアイユ）になった。

固有名詞については、以上のように前四世紀と後三世紀が画期をなしているように思われる。前四世紀は、ギリシア・ローマでは本格的な歴史時代が到来する時代である。三世紀は、ポストゥムスの「ガリア帝国」やブリタニア島でのカラウシウスの反乱など、ローマ帝国の危機が表面化する時代であり、民族大移動の開始時期である。この頃、フン族の黒海北岸への侵略がもとになってゲルマン人の大移動がはじまる。西ゴート族がドナウ川を越えて大挙してローマ帝国内に侵入するのが、三七五年。ここにまた新たな時代がはじまる。

ブリトン語とガリア語

大陸のガリア語とブリタニア島のブリトン語とは、すでに指摘したように、同一の語派に属し、類似性を持っている。それは言語学者の客観的分析によるものだが、文化的交流関係の証拠でもある。前一千年紀、断続的な交流関係が続き、特に前一世紀はそれが緊密だったことはすでに述べたが、この関係はいつまで継続されたのだろうか。

前章の最後に述べたように、二九六年、ローマ帝国の危機をマクシミアヌス帝の副帝コンスタンティウスが乗り切り、ブリタニア島と大陸との交通が再開され、これにともなってブリトン人のアルモリカ移住が開始されたという説がある。この時代のアルモリカ地方は荒廃していて、移住をたやすく受け入れる状況にあった。

なおかつこの時代まで、ガリア語が用いられていた地域もあった。プリュヴェルガット村⑯出土のラテン文字ガリア語石碑に、三～四世紀のものと推定されるものがある。とすれば、ブリトン人の流入は同系の言語を話す人々の存在により促進されたとも考えられる。ブルターニュの方言学者フランソワ・ファルハンは、ブレイス語圏南東部グウェネト（ヴァンヌ）方言は、ほかの方言との違いが大きいので、ブリタニア島からの移住集団の内部的分岐ではなく、大陸ガリア語の以前からの残存集団との混合によって形成されたと主張した。

歴史言語学者レオン・フロリオはファルハンとは異なり、ローマ的影響力が希薄で都市的文化の流入していないアルモリカ北西部にガリア語が残存したと説いた。

民族の移動か、伝播・吸収か

形質人類学者による超長期的研究によると、この地域での人種的入れ替わりはここ一万年の間ほとんどない。一万年前からの二〇〇〇年間、中石器時代から新石器時代の移行期は、定住農耕生活の開始、また印欧語の流入など文化的な変遷期であり、新しい集団の移動が考えられてもおかしくない。だがそうではないらしい。ブルターニュ地方での調査でそれが実証されている。食物が改善されているので、体格は成人男子で一五九センチから一六五センチへとかなり大きくはなっているが、基本的な骨格の特徴は変わっていない。

形質人類学研究によると、新石器末期から青銅器前中期にかけて、人種的な重層化が多少はみられるようになる。つまりそれ以前から長頭系が支配的だが、特にパリ地域では短頭系が目立つようになる。ブルターニュ半島では鉄器中期から短頭系、中頭系が増えはじめる。しかしながらこうした人種的重層化が、新しい人種の流入によるというよりむしろ、土着的集団に新たな要素が加わったと考えるほうが有効だという。すなわち人種的には中石器、新石器の最初の定住化以来、大枠は変わっていないというのである。それ以降は大集団の移住というよりは、小集団の流入にともなう若干の変容と考えられる。

最新の遺伝子分析でもそれが確認される。父系遺伝を確認するY染色体関連の調査、また母系遺伝に関するミトコンドリアDNA調査のいずれにおいても、印欧語族のアルカイックなケルト系言語であるエール（アイルランド）語話者と、新石器以前からの土着言語といわれるエウスカル・エリア（バスク）語話者とは、遺伝子的に異なるところがないという。要するに、少なくとも西欧における文化の変容は、基本的には民族的集団の移動ではなく、伝《でん》播《ぱ》・吸収によってもたらされたということである。ごく少数のエリート的集団の外部からの流入はあったとしても、最後の氷河期を生き抜いた約一万年前の人々が、西欧北欧全域の現在の集団につながったのである。前七〇〇〇年から前六〇〇〇年頃とされる印欧語の流入ですら、集団の移動というより文化伝播による吸収・同化の結果ということになる。

民族の移動と言語

基本的に一万年間定住だとはいえ、地域内の小規模な移動は頻繁にあった。ひょっとしたらそれはごくわずかの家来をともなった首領だけだったかもしれないが、そうした移動が意味を持ったことも認識しておく必要がある。ゲルマン人の大移動の場合も、移動したのはローマ人の三パーセントに相当するにすぎなかったとされるが、それが重大な結果をもたらした。すでに指摘したように、民族名はこうした「貴種の門地」ないしは軍の将領に負う場合が多いと考えられる。

言語は民族と同一視されることが多く、民族とともに言語が移動し、征服されると民族の言語も滅びる。これまでは常識のようにこう言われてきた。長期的視野からいえば、言語と民族は一致しないが、言語と民族の移動が同一視されることは、短期的には大いにありえた。ガリア人がローマ人に征服され、ラテン語が生活言語となった。確かにそのとおりだが、ブリタニア島のケルト語はローマの征服によっても消えなかった。ガリアのラテン語もフランク人による支配によって消滅しはしなかった。

言語が存続するか消滅するかの境目を移住者の視点から考えると、家族をともなうか単身なのかが大きな分岐点となる。家族をともなえば、移住者の言語は家庭の言語として存続し、共同体の規模で移住者集団が集住生活を送るのであれば、共同体の言語として継承されることになる。さらに先住者より数が優れれば、同化による征服ということがありえただろう。数的に優位とはいえない、ないしはごく少数の場合でも、移住者の言語の権威が高ければ、徐々に取って代わっていくということが考えられる。おそらくガリアにおけるラテン語はこうした事例と考えられる。移住者がごく少数でも、文化的により進んでいることが集団的に実感できるのであれば、そうした文化に同化しようと考えるのがふつうだろう。もちろん反発の局面はあるだろうが、言語文化的な受容が進展していくのである。

ここまでいたらなかったのが、ブリタニア島のラテン語であり、ガリアのフランク語である。ブリタニア島のローマ征服、またフランク人のガリア侵入においては、一握りの軍隊による軍事的な支配体制の確立に、共同体をなすほどの家族を連れた移住者集団がともなわなかったのであり、なによりもまずフランク文化にはローマほどの権威が存在しなかったのである。数的にみても、フランク人軍隊は総勢三万人程度で、奴隷や家族をともなっていたとしても、一〇万人を超えることはなかったと推定されている。それゆえに、ローマ帝国崩壊期のガリア北部でガリア人がフランク語化することにならなかった。ブリタニア島におけるラテン語も同様である。

ブリタニア島では五世紀中頃からアングル人、サクソン人の侵略が本格的に始まるが、この場合も民族が入れ替わったと考えるのは早計である。これまでは侵略によって、ブリトン人が西方に追いやられたという見方が主流だったが、ガリアの場合と同様、かなりの数のブリトン人がアングロサクソン人に文化的に同化したと推定されている。

これとは逆に、イベリア半島に渡った西ゴート人などは、すでに移動の途上でロマンス語に同化し、ゲルマン語を消失していたようだ。イベリア半島でゲルマン語の痕跡を見つけることが困難だからである。

したがって、移動距離の短いところでは共同体レベルでの言語交替が起こるほど、密度の濃い移住が行われ、遠いところはそうはいかなかった。現在のフランス地域はその中間的地帯であり、フランク人の北フランスではそれが起こらなかったということになる。

ケルト人はブリタニア島に移住したか

古代研究はその時代状況を反映する。ケルト学は後でみるように一九世紀初頭以来の長い歴史を持っているが、一九六〇年代のケルト学研究においては、侵略・侵入によって新たな文化がもたらされるという議論が主流だった。これは当時の植民地主義の論議を反映するものだった。この当時、鉄器時代とケルト文化はほぼ同一視されていた。七〇年代に入ってこれが疑問視されるようになり、ケルト文化をハルシュタットやラテーヌともイコールで結ばない考え方が広まるようになった。

これ以降の新しい考古学では、文化の拡大・転移を単に人の移動だけでは説明せず、交易や戦利品、首領、職人、捕虜、奴隷などごく少数の人々の移動といったさまざまな可能性を考慮するようになった。こうした中で、紀元前一千年紀のケルト人のブリタニア諸島への移住が懐疑的にみられるようになった。

一九八〇年代末から九〇年代にかけて、東西冷戦構造の崩壊と民族問題の世界的噴出という時代状況のなかで、ケルト人の一体的精神性とか、民族性について疑念が表明されるようになる。それは民族性それ自体、さらには歴史概念としてのケルト人、ケルト文化に対する疑義につながる。古典古代におけるケルト人とは、外部からの呼称にすぎず、集団としての一体感はありえないという主張が生まれた。そうした概念を歴史的に用いるのは不適当という理解である。それはケルトという用語を歴史的文脈で用いることの全否定につながる。こうした考えを持つ研究者も少なからず存在するが、少なくとも鉄器時代のブリタニア島に関してはケルト文化として扱わない形が主流になりつつあることは確かなようだ。

民族起源の伝説

ある民族の政治的体制、国家としての機構が機能しはじめると、それを歴史的に権威づける氏族の歴史、家系図が作成される。西欧では中世盛期の一二世紀あたりから編まれるようになり、そこで箔《はく》づけとしてアーサー王が登場することになるが、これについては第七章に譲る。ここではまず、西欧全体に共通する民族起源伝説のパターンをかいつまんで紹介しておくことにする。

まずは聖書の創世記である。キリスト教の教義自体に疑義が向けられない限り、問われることのない記述であり、西欧では一八世紀まで継続される常套《じょうとう》手段である。ただ王家や民族の権威づけとしての歴史記述において、この世のはじまりから仰々しく開始されることは実は少なく、多くの場合、「ノアの大洪水（創世記）」から叙述がはじまる。もちろんこの背景としては、次章でみるようにキリスト教の普及による権威の高まりが大いに絡んでいる。

次に続くのがトロイア起源説である。トロイア戦争から逃れてローマの祖となったのがアイネイアスであり、ここにはローマの権威を後ろ盾にする意識が働いている。「七世紀以降、フランスの歴史家はもちろんのこと、ドイツ、スペイン、イタリア、ベルギー、ポーランド、スカンジナビアの歴史家が一驚に値するほど一致して繰り返し述べている」（ポミアン「フランク人とガリア人」ノラ編『記憶の場』第一巻日本語版二〇〇二年）のである。フランク人の起源としてのトロイアは、七世紀の『フランク年代記』が初出である。以降、一六世紀半ばにいたるまでこの系統史が語られ続けることになる。

ブリトン人の場合は、アイネイアスの孫がブルートゥスとされ、彼がブリタニア島にやってきて、この島にその名を冠したのだった。ブルターニュでは、このあとに続くのが、ブリタニア島からアルモリカ半島へのブリトン人の移住伝説であり、これが起源神話として一九世紀にいたるまで連綿と語り継がれることになる。

ブリトン人のアルモリカ移住起源伝説

前章で述べたように、四世紀のアルモリカは、ブリタニア島やネウストリア（ノルマンディー地方）といった隣接地域と比べても、政治経済的に周縁化されて、文化的にも荒廃していた。こうした事情を背景として、この時代に移住伝説が位置づけられることになった。これに関する最初の記述は、八〇〇年頃成立の書といわれるネンニウスの『ブリトン人史』である。ネンニウスの生い立ちは不明だが、北ウェールズ、バンゴールの司教、聖エルボドゥグスの弟子だと序文で記しているので、ワリア（ウェールズ）の聖職者だと思われる。この『ブリトン人史』に次のように移住が記述される。

「ブリタニアの七代目の王はマクシミアヌスだった。彼はブリトン人の全兵士を率いてブリテン島を後にし、ローマの皇帝グラティアヌスを殺害し、ヨーロッパ全域の主権を掌握した。（中略）海の向こうのアルモリカのブリトン人は、首領マクシミアヌスの戦に赴いた者たちであり、［島へ］戻ることを潔しとはしなかったので、ガリアの西部地方を徹底的に破壊し、男たちを帰郷させようとはしなかったのである」

マクシミアヌス（マクシムス）はブリトン人を率いてガリアに渡り、まずパリ付近で西方の正帝グラティアヌスを破り、西方正帝の座に即いたことが史実として確認されている。ただしこの時期の移住についての考古学的証拠はあまりない。

一〇世紀以降になると、最初の統治者としてコナンが設定される。現存はしないが一〇世紀後半の作と推定される『アルチュールの事績の書』で初登場する。一五世紀の宮廷歴史家ピエール・ルボー（『ブリトン人史年代記』一四八〇年）に次のように筆録される。

「マクシムス・メラはガリアの支配者になることを願った。友人であり一族であるコナヌス［コナン］がブリトン人の大軍を率いて遠征に同行した。（中略）レオニデスとも呼ばれるマクシムスはアルモリカを征服して、コナヌスに統治を任せた」。マクシムス・メラは、ネンニウスのいうマクシミアヌスであり、実在のローマ皇帝だが、コナンはそうではない。

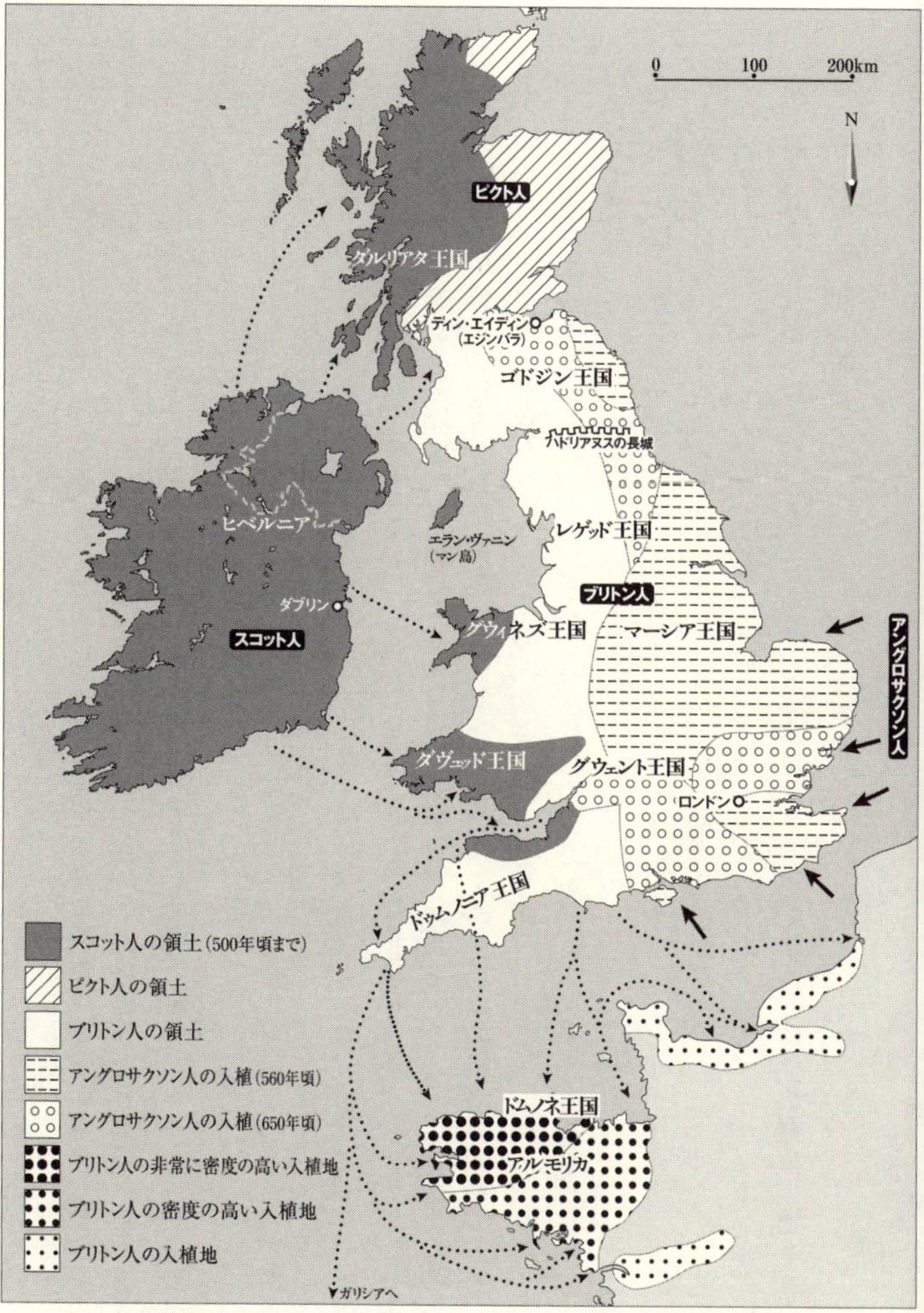

ケルト文化圏の大移動　４世紀、アングロサクソン人の到来から始まる

一〇世紀ワリアの書『プレダインの預言』（九三〇年頃）に英雄コナン（カナン）が登場する。ブルターニュ公のコナン一世が一〇世紀後半であり、このあたりとも関係がありそうだ。いずれにしても、一二世紀になると「アーサー王伝説」の中に組み入れられて体系化する。これについてはまた後述することにする。

アルモリカへの移住の本格化

四世紀については、マクシミアヌスとコナンの移住伝説があるものの、移住に関して史実として語るべき事項はほとんどない。五世紀になるとこれが本格化するといっていいだろう。六世紀ビザンチンの歴史家プロコピオス・カイサレウスによると、この引き金になったのは、四四〇年頃とされるアングル人、サクソン人のブリタニア島への侵略の開始である。八世紀のベーダでは、サクソン人の到来の開始は、四五〇年頃、ピクト人討伐のためのブリトン人の王によるサクソン人傭兵の要請がきっかけだとされる。このあたりの状況についてに次章で詳述する。

七世紀の歴史家フレデガリウスによれば、クロヴィス一世やその子ヒルデベルト（シルデベール）一世は、ブリトン人の移住を容認した。それゆえに移動が大規模になった。さらにフランク王ダゴベルト（ダゴベール）一世と、ブリトン人のドムノネ王ジュディカエルが協定を結び、この状況が継続された。そうすると六世紀と七世紀初めが移住の最盛期であり、これが移住第二期を構成することになる。

移住の証拠となる史料は実はこの程度で、ほかにはほとんどないのだが、ブリタニア島のケルト語、特に南西端コルノウィイ（現コーンウォール）地方の言語とたいへん類似する言語であるブレイス語が、その後アルモリカ半島西部に定着した点、また地名における証拠、またあとに述べる大量の聖人伝を考えると、六世紀から七世紀にかけてかなりの規模の移住があったと考えざるをえない。

地名の共有

地名における証拠は、ランニリス、ランデヴェネックなどの「ラン」、トレブルデン、トレゴールなどの「トレ」、ロコルン、ロクテュディなどの「ロク」が語頭につく地名の存在である。いずれもブリトン語派、すなわちカムリー語、ケルノウ語、ブレイス語に共通し、「ラン」はブリトン語で、「聖地」「修道所」、「トレ」は「居住地」、「ロク」は「場所」である。どの場合も移住聖人に関係する地名であり、キリスト教の流入と重なっていたことを示すものだ。これらの地名は、アルモリカでは、北西部のレオン地方㉙、トレゴール地方㉒、南西部のケルネ（コルヌアイユ）地方㉙に多く、こうした地域が移住の拠点をなしたことがこれからわかるのである。

ケルネという地名はブリタニア島のコルノウィイにもとづいており、これも移住の証拠になる。コルノウィイ族はもともとワリア（ウェールズ）に居住していたが、南下してドゥムノニア（デヴォン）に移ったのがその地名の由来とされる。この地名のアルモリカでの成立は、五世紀末、クロヴィス一世の時代と推定され、この時代が最初の移住の時代と考えられる。レオン地方のプルゲルネも、一三三〇年頃と思われる初出地名ではプロエ・ケルネウであり、また九世紀のヴィレンヌ川左岸にあったプレブス・コルノウもともにコルノウィイに関係する。

この当時のアルモリカのケルネ地方は、半島の南半分を覆う広域地名だったと推定され、北半分はドムノネと呼ばれた。これもブリタニア島のドゥムノニアと共通し、まさに英仏海峡を挟んで、コーンウォール半島とブルターニュ半島でこの時代、広域地名の二重化が起こっていたことになる。

さらにいえば、ブリテン島とブルターニュである。これもともにブリタニアであり、起源を共有する。村落単位からはじまり、広域さらにはその全体も地名を共有する。この時代それほど関係が深かったことが実証されるのである。

なぜ移住したのか

ブリタニア島の側についてみると、現在でもケルト系言語が息づくウェールズと、コーンウォールを含むデヴォン地方が移住者を送り出した地域と考えられる。アングロサクソン人の侵略が移住の原因とするのは、六世紀ワリアのブリトン人修道士ギルダス『ブリタニアの破壊と征服』（五六〇年頃）に、「蛮人が我々を海へと追いやり、海は我々を蛮人の側へと押し戻す。こうして二様の死にかたが我々を待ち受ける。切り殺されるか溺死かだ」（第二〇節）と描写されるからである。ということは、侵略の始まったブリタニア島の東南部から大陸への移住が起こってもよさそうだ。だがそうした記録はない。またアングロサクソン人の侵略によってまずブリタニア島の西側に追いやられ、それからさらに追いやられて移住ということになったというのも実はそれほど説得力がない。

というのもブリタニア島には、三世紀後半からサクソン人やフリジア人といったゲルマン系民族の大陸からの襲来があったばかりでなく、ヒベルニア（アイルランド）島からのスコット人、ブリテン島北部からのピクト人が襲撃を繰り返していたからである。スコット人は、四〜五世紀には「ダルリアタ王国」を形成して、六世紀末には、ヒベルニア北部とアルバ（スコットランド）西部からなる大王国をなすにいたったが、四一〇年頃と四二五年頃にワリア北部グウィネズ地方などに攻め入っており、四三七年頃には南部ダヴェッド地方を領有するにいたった（ダヴェッド王国）。しかしだからといって、ワリアのブリトン人がスコット人に押されて東側に移ったわけではない。侵略があれば避難して移動するというのはよほどの場合で、抵抗できなければ、むしろその支配に甘んずるほうが多かったのではないだろうか。

そうなると移住の最大の原因は何かと問い直す必要が生まれる。現存する証拠がキリスト教にかかわるのであれば、キリスト教との関係を吟味することがまず求められるだろう。次にみるように、移住が聖人の布教とかかわるのだから、聖人に付き従った人々が共同体を形成するにいたったと考えるのが無難だろう。ブルターニュの東側やノルマンディーではガリア人共同体が数多く残存しており、ブルターニュの西側は三世紀以降荒廃が進んで、移住者たちが新たに入る余地が十分にあった。そう考えると比較的わかりやすい。

聖人渡来伝説にみる「移住」

多神教と一神教

一般的にいって、民間信仰は多神教的であり、多神教は寛容である。すでにみたように、前一世紀ローマでは東方から伝播した太陽神ミトラが広く信仰され、三世紀末のディオクレティアヌス帝の頃にはローマの国教的な扱いを受けていた。キリスト教改宗前のコンスタンティヌス一世もミトラ神信仰者だったという。

カエサルの時代のガリアでは、土着の民間信仰的な神々、富や技術の神テウタテス、厄払いの神ペレノス、豊穣や戦争の神エスス、天の神タラニスなどが、その属性の似たローマの神々、すなわちメルクリウス、アポロン、マルス、ユピテルとそれぞれ同一の神として信仰されていた。またアルモリカのリエドネス族では、守護神ムッロや川の神ウィシヌスがローマの軍神マルスと一緒にされて、マルス・ムッロ神、マルス・ウィシヌス神として崇《あが》められていた。まさに日本の神仏習合的な宗教観がそこにあった。民間信仰はどこでも排他的ではなく包含的である。多神教とはそうしたものだ。

これに対して、一神教は非寛容であり、しばしば狂信的である。熱狂的ゆえに殉教もいとわず、それが英雄扱いされる。キリスト自身も殉教で生涯を閉じており、キリスト教は「殉教教」でもある。初期聖人伝のなかでは殉教が語られる場合がかなりある。

キリスト教化の開始

二九六年、ローマの副帝コンスタンティヌスが、ブリタニア島の反乱大将軍アレクトゥスを破った時、島は四つの司教区に組織化され、布教が進みつつあったという。ローマ帝国では、コンスタンティヌス帝時代の三一三年、キリスト教は帝国の国教として公認された。次の年、南仏アルルで開かれた公会議に、ブリタニア島から三人の司教が代表として出席したと記録される。

ガリアでは、三二五年で二四の司教区があった。王国レベルでは、フランスの直接的起源とされるフランク王国の祖、クロヴィス一世が四九六（四九五、四九八とも）年の降誕祭の夜、ランスで聖レミギウス（レミ）の手で洗礼を受けることによって、キリスト教がフランスで公的認知を受けたということになっている。

アルモリカ地方へいつキリスト教が到来したか、その開始時期についてはよくわかっていない。

アルモリカの最初の殉教聖人伝承は、ディオクレティアヌス帝の時代の三〇四年、ナント㊹の二人の兄弟、聖ドナトゥス（ドナシアン）と聖ロガティス（ロガシアン）だった。聖人伝によれば、シミリオという名の司祭がナント地方にキリスト教を伝道し、この地の最初のキリスト教徒となったのが、領主の息子ドナトゥスだった。その兄のロガティスが弟に誘われて入信した。ただ洗礼を受ける前に当局に捕まってしまった。その処刑が洗礼の場になったという。

殉教聖人は時代を古く見せる場合が多く、四世紀初めのアルモリカにキリスト教が入っていたかどうかは疑問が残る。ブルターニュの中世史家シェドヴィルによれば、五世紀後半、ガリア西部で四回宗教会議が開かれている。すなわち四五三年にアンジェ、四五三年と四六一年にトゥール、四六三年頃にグウェネト（ヴァンヌ）においてであり、この出席者からアルモリカの司教が確認できるのは、ナントでは四五三年以降、レンヌでは四六一年以降、グウェネトでも同時期以降である。四六一年から四九一年にかけてグウェネトで、この地の最初の司教とされるパテルヌスの聖別式にともなう司教区会議が開かれている。

こうした事情を考慮すると、キリスト教の流入は五世紀後半ということになろう。とはいえすでに五世紀初めにガリアの国境地帯のローマ支配は崩壊しており、フン族の王アッティラがパンノニア（現ハンガリー）に本拠を置き、ライン川からカスピ海にいたる大帝国を築き上げた後、ガリアのカタラウヌム（パリ東北）で、西ローマ帝国の将軍アエティウス指揮下の西ローマ、西ゴート連合軍と戦って敗れるのが、四五一年六月である。ゲルマン人、主としてフランク人の侵略はすでにはじまっていた。こうした中でブリトン人のアルモリカへの移住が本格化する。まさに民族大移動の時代が開始を告げるのである。

ブルターニュのカトリック司教区と司教所在地　19世紀以前

移住を明かす聖人伝説

キリスト教で聖人というのは、九九三年に教皇庁によって認知が行われたアウグスブルクの聖ウルリヒが公的には最初のようだ。一一七〇年にアレクサンデル三世が列《れっ》聖《せい》（聖人と認定する）の権利を教皇庁に限定し、一二三四年にはインノケンティウス三世が聖人名簿作成の独占権を持つことを宣言、さらには一六三四年、ウルバヌス八世が列《れっ》福《ふく》（福者と認定する）と列聖の手続きを明確にするにいたるが、それ以前においては尊称として重要な活動を行った聖職者に対して用いられた。ブルターニュでは、八世紀から九世紀にかけて数多くの聖人伝が作成され、この時代に起源を持つと推定される六〇を超える聖人伝が現存する。

ブルターニュにはフランス革命期にいた

るまで、行政上の基本単位をなした九つの司教区があったが、これが整備されるのは一〇〇〇年頃である。このうち二つは、レンヌとナントというガリアの内側からキリスト教化された地域だが、それ以外は、ブリタニア島からの渡来聖人によるものである。ブルターニュでは、こうした渡来聖人がそれぞれの司教区を作った聖人として、創始七聖人と呼ばれている。ここにも海を渡って到来する、その意味の重要性を計り知ることができる。

彼らの生涯を見ていくなかでこのあたりを考察することにする。ブルターニュには場所を示す接頭辞「プル」「トレ（ヴ）」「ラン」「ロク」に聖人名がつく地名が非常に多い。ほかに例のない特異な地方ともいわれる。地域の形成に重要な貢献をしたことはまちがいない。サクソン人やヴァイキングの侵入と異なり、地元民との衝突の報告もほとんどない。これも聖人が移住に果たした役割の証拠と考えられている。

聖サムソン伝

執筆年代が七世紀初め（ないし八世紀末）ともいわれ、アルモリカへの渡来聖人伝の中で最古でもっとも興味深いのが、聖サムソン伝である。サムソンはブルターニュ北東部ドル司教区の初代司教であり、五五七年、フランク王カリベルト一世がパリで開いた第三回宗教会議に出席したことが史実として確認されている。実在がはっきりしていて、なおかつ創始七聖人の中ではその生涯がもっとも詳しくわかっている人物である。

ワリア（ウェールズ）南西部で両親ともにすでにキリスト教徒の高貴な家系に生まれ、若くして聖イルチッドの修道院に預けられた。ブリトン人の上流階層では、五世紀末にはすでに一部はキリスト教化していたことがここからうかがえる。

修道僧となったサムソンは、五一〇年頃からしばらくワリア南部のカルディー島で隠遁《いんとん》修業を行い、その後ヒベルニア（アイルランド）の修道院で聖パトリックの布教方式を学び、ドゥムノニア（コーンウォール）の洞窟でもう一度隠遁修業した後、五四八年、アルモリカ北東部ドルの町にいたる。ここで土地の領主の妻と娘の病気を治すという奇跡治癒を演じ、この町に修道院を与えられることになった。この逸話から、聖サムソンは、病気治癒、とりわけリューマチと眼病（さらには狂気）を癒《いや》す聖人として慕われることになる。

その生涯についてみると、勉学においてはおそらくヒベルニアを本拠とするキリスト教を身につけたうえで、ブリトン語圏をなすドゥムノニアとアルモリカで活動したことになる。

聖サムソン像　ランデュンヴェス村㉙の聖サムソン礼拝堂蔵

アルモリカのキリスト教受容では、ヒベルニアで培われたキリスト教が重要だったのであり、やはりブリトン語圏の文化的一体性も彼の活動範囲から実証される。

創始七聖人伝

アルモリカ半島の北西端カステル・ポール（サンポールドレオン）司教区の初代司

教であるパウリヌス（ポール・オーレリアン）の伝記は、後述のランデヴェネック修道院の修道僧によって八八四年に執筆されたことが判明している。聖サムソンに次いで詳しい伝記が残存する創始七聖人の一人ということになる。ただその生涯についてはサムソン伝に倣《なら》って書かれたようであり、類似する点がいくつかある。

パウリヌスはワリア南部の貴族で軍人の息子だったが、軍人にはならず、親を説得してカルディー島の聖イルチッドの修道院に入った。一六歳で隠遁修業の許可を得て、郷里に修道院を作り、その六年後には司祭になった。当時のドゥムノニア王マルク（アーサー王伝説のなかでは、トリスタンのおじ）が領地を申し出たが、それを断ってアルモリカに布教に乗り出す。到着したのが半島北西沖合いのウサ（ウエサン）島である。アルモリカに渡って隠遁所を作り、その近くには修道院を建設した。その後、フランク王ヒルデベルトの許可の下、五三〇年、バス（バ）島を本拠としてカステル・ポール司教区初代司教となった。

アルモリカ半島南西部ケルネ（コルヌアイユ）司教区の創始聖人カウリンティン（コランタン）は、一二世紀に伝記が書かれているが、もっとも存在が疑わしい聖人である。五世紀後半から六世紀前半に活躍した。渡来したのはその父親であり、自身はアルモリカ生まれである。

トレギエ司教区創設者とされるテュデュアルの伝記の最古のものは九世紀後半にランドレゲール（トレギエ）で執筆された。テュデュアルはブリタニア島南西部デヴォン生まれだが、母親ポンパヤ（クパイヤとも）はアルモリカの伝説的王オエル一世の王妃である。ポンパヤは五〇九年、フランク人と同盟したフリジア人の侵略から逃れて、ブリタニア島に渡ったとされる。テュデュアルは、五一五年頃、ポンパヤなど七二人を引き連れてアルモリカに渡る。

病人の足を治すという奇跡治癒によって、土地の領主から最初の修業の地が与えられたという伝承があり、ケルネ司教区のロコルン（ロクマリア）修道院は彼によって建立されたとされる。修道院を建てるたびに病気の治癒を請う病人たちが列をなしたという。

サンブリエク司教区の創始者聖ブリエクの伝記は、やはり一一世紀頃アンジェ（フランス中西部）で見つかった聖人の遺物を顕彰するために編まれたという。ワリア南西部アベルテイヴィ出身で、父親は異教徒だったが、母親がキリスト教に理解があり、ペラギウス派異端との論争のため、当時ブリタニア島に来ていた聖ゲルマヌスが連れ帰ってパリで教育したとされる。天使の啓示を受け、一六八人の弟子とともにアルモリカに渡る。最初は半島北西端アベール・ブラッハ、続いてサンブリエクに近いグエット川河口に修道院を建てる。こうしてブリエクはサンブリエク司教区を創始することになる。

聖パウリヌス像　グイリミオ村㉙の石像。16世紀末にできた

サンマロ司教区創設者聖マロの伝記は、九世紀後半か一〇世紀のものである。ワリア南部、クラモーガン出身であり、サムソンやパウリヌスと共通するが、時代的には一世紀ほど後代になる。アルモリカに渡って、最初にいたったのがアレット川河口にあるアーロン島であり、ここの修道僧の助言により、アレットの住民への布教に乗り出した。だが地元の領主の相続争いなどにも巻き込まれ、布教は順調には進まず、追い立てられる形で、半島南隣のサントンジュに移って布教を続ける。その間、アレットでは疫病が蔓延《まんえん》し、病気治癒などに積極的だったマロを連れ戻すことになった。マロはアレットの住民たちを救済し、創始聖人として崇められることになった。

グウェネト（ヴァンヌ）司教区の創始聖人とされる聖パテルンについては、アルモリカ出身とされる場合が多いが、六世紀ワリアの聖人パダルン（ダヴェッド地方ランバダルン・ヴァウールの創始聖人）と同一視されることもある。父親が聖職者でヒベルニアへ修業に渡り、ブリタニア島で修道院を建てた。聖サムソンはその弟子の一人だという。

以上のように、創始七聖人は、存在の疑わしいカウリンティン、ブリエク、パテルンを含め、すべて六世紀前後にアルモリカに渡来した、ないしその背景を持つことになる。もちろん渡来年代は伝説であり、史実として考えないほうがいい。六世紀が移住のもっとも活発な時代だったということが、九〜一〇世紀以降のアルモリカの知識人たちには認識されていたことが重要な点なのである。そしてこれが自分たちの祖先だと意識されていたのである。

聖人伝の執筆年代は、早いものでは七世紀というものがあるが、これは例外で、大半は九世紀末以降一一世紀にかけてである。北方の民の侵入によってキリスト教が崩壊の危機に直面する時代である。ブルターニュが九つの司教区によって全体的に整えられるのが一〇〇〇年頃だと書いたが、キリスト教のこうした危機的状況を背景としつつ、機構的な整備の一環として創始七聖人伝が編まれたのだった。

ブルターニュの守護聖人

守護聖人とは、もともと信徒それぞれを守護するために洗礼名（霊名）として授けられる聖人たちを指すが、それが家族や職業団体、村や国にまで範囲が拡張されるようになった。ロシア以外の東方正教会やプロテスタントではそうした広がりはないが、カトリックではあらゆる集団を網羅する形で体系化されている。

聖エルワンの守護聖人祭　アルヴィニヒ村㉒にて。*Histoire littéraire et culturelle de la Bretagne*より

もっとも教皇庁認定以前の聖人同様、文書をもって正式に認可されるようなものではなく、大衆的支持があってはじめてそれが実体化するのである。その意味ではキリスト教における民間信仰的要素であり、異教的あるいは前キリスト教的な要素が入り込みやすい部分ともいえる。

ブルターニュの守護聖人は、聖母マリアの母アンナとされる。その信仰の起源はよくわかっ

聖エルワン像　左右にいるのは貧者と富者。16世紀の木像。ランドレヴァルゼック村㉙の礼拝堂

ていないのだが、十字軍によって東方からもたらされた聖アンナ信仰がもとになったのだという。中世盛期以降であり、その信仰はそれほど古くはない。後で見るように、一六世紀、ブルターニュ最後の女公アンナ（アンヌ）の名声と重なってその信仰が広がり、一七世紀、聖アンナを祀るサンテスアンナ・ウェネト村（56）での聖アンナの出現事件によって、ブルターニュ全域がかかわる聖人信仰になっていく。一九世紀後半には聖アンナを祀るいくつかの教会がそれこそ大衆的支持を集めて、その祭りが巨大な規模となる。

ブルターニュには実はもう一人の守護聖人がいる。聖エルワン（イヴ）である。こちらは一三世紀に実在した聖人であり、数多くの伝記が書かれている。とりわけ貧者救済に熱心で「ベーレック・サンテル（聖なる司祭）」と呼ばれた。また法学を学んで貧者のための弁護を行ったので、弁護士の守護聖人ともなった。

死後まもなく弟子たちによって列聖の手続きが開始され、一三四七年、ローマ教皇クレメンス六世によって、公認聖人となった。一九二四年、ブルターニュの司教たちの要望によって、教皇ピウス（ピオ）一一世がブルターニュの守護聖人と宣言した。したがって、教皇庁からみれば、聖エルワンがブルターニュの正式の守護聖人なのである。大衆的人気も高く、命日の五月一九日には聖遺物の現存するランドレゲール（トレギエ）大聖堂ばかりでなく、ブルターニュ全域で聖エルワン祭が挙行される。トレゴール地方では司教区聖人である聖テュデュアルよりはるかに知名度も人気も高い。

三つの乳房を持つ聖女

聖パウリヌスの伝記と同様、八七〇年頃にランデヴェネック修道院で執筆されたのが、この修道院の創始聖人、聖グウェンノレの伝記である。聖カウリンティンと同様、両親がワリアからの渡来人であり、まったくの同時代人である。

父親の聖フラカンは特に名声はないが、母親聖グウェンは「三つの乳房を持つ」聖女としてたいへん有名である。グウェンノレには二人の兄姉があり、三人の子に授乳するために三つの乳房を持ったのだが、この特異な聖女像がブリエク㉙などブルターニュの数ヵ所にある。

実はこれとまったく同じ「三つの乳房を持つ」聖女がワリアの伝説にもある。夫はアエネアスといい異なるが、母親の聖女グウェンという名前は同一だ。その息子は聖カドヴァンという。かれはアルモリカからブリタニア島に渡った聖人であり、おそらく同一の伝説が分岐したものだ。

グウェンノレはアルモリカ北岸のラヴレ島の修道院で、ヒベルニア系統の聖ビュドックのもとで修業した。修業中、夢にアイルランドの守護聖人パトリックが現れ、新たに修道院の建設を勧められる。こうしてケルネ地方の海岸に建てたのがランデヴェネック修道院なのだった。時は四八五年。海中に沈んだイスの町伝説（後述）で有名なグラドロン王と同時代であり、王は罪深い娘を町とともに水没させた後、この修道院で臨終を迎えたという。グウェンノレは病気治癒の伝説がとりわけ多く、父親の脚を祈りだけで治癒し、雁《がん》にさらわれた娘の目を取り戻し、修道僧の母親を死から蘇生させ、村から災いの蛇を追い払った。眼病、腹痛などで霊験あらたかとされる。

水没した町、イスの伝説

古代ギリシアのピュテアスやローマのストラボンなどが記す、コルビオ（サンナゼール㊹近郊）、また沼地帯ゲランド㊹にあったというクリスの町など、ブルターニュには水没した町の伝説がいくつかあるが、もっとも有名なのがイスの町である。主要登場人物がケルネの王グラドロン、その娘ダユット（ダユ）、そして聖グウェンノレである。

グラドロン王は、九世紀中頃の『聖チュリオ伝』では「ブリトン人の王子」であり、『聖グウェンノレ伝』（八八〇年頃）では「ケルネ王」として登場する。

王には大船隊があり、その指揮も見事で戦勝を続けていた。だがある時、寒冷な海での戦いで兵士たちのあるものは戦死し、あるものは疲弊して家族が待つブルターニュに戻ってしまった。悲嘆にくれるグラドロン王はこうして海上にただ一人残される。月明かりのなか、ここに長い赤毛の美女が現れた。北国を治める王妃マルグヴェンである。王妃の誘いの下、年老いた北国王を殺害し、財宝を奪って帰途に着いた。その際に利用したのが「モールヴァルフ（海の馬）」という海上を疾駆する漆黒の馬だった。馬は帰還途中の船隊には追いついたが、嵐に遭遇して海上にさらに一年間滞在を余儀なくされた。ここで誕生したのが娘のダユットである。王妃は間もなくして亡くなり、王は娘を連れて帰還する。

グラドロン王の逃走　聖グウェンノレが王女を放すように呼びかける場面。1884年頃、リュミネ作

海が大好きな娘は、成長すると、父に海の入り口に町を造ることを提案する。父はこれを受け入れ、何千人もの人夫を使って町を造り上げた。高波や嵐から町を守るため高い壁を設け、入り口を一つ作った。鍵は王が持った。町はイスと名づけられた。町では毎夜、船乗りたちを集めて宴会が催された。王女ダユットのパートナーとなる男は黒の仮面をつけたが、朝になって宴が終わると、その仮面が男の首を絞め、その遺体は海に捧げられた。

ある春の日、赤い服をまとった騎士がイスの町に到着した。手は細長く、爪はとがっていた。その夜、王女のパートナーとなったが、嵐で大波が押し寄せ、町が今にも沈みそうになった。町から脱出するためのドアの鍵は王が保持している。騎士は王が眠っているので、いま取りにいけば大丈夫だと告げる。王女が王の寝室に入り、首にかかっていた鍵を取ろうとした瞬間、山のような大波が押し寄せて、王が目覚めた。モールヴァルフに乗って早く逃げるようにと、王女は王を誘う。漆黒の馬に乗った二人に「グラドロンよ、王女を放せ」という声がかかった。聖グウェンノレである。王女には「お前はイスの町の鍵を奪おうとした。災いあれ」と言い放つ。王は手を放し、王女は町の人々とともに海中に消えた。王は野を越え山を越え、七つの丘と二つの川の合流点に至り、ここを住居とした。これが今のケンペール（カンペール）の町㉙なのだった。

ダユットは海中で人魚に姿を変えた。海が静かな時には、ダユットの歌声が聞こえるともいう。ドゥアルネネス（ドゥアルヌネ）の東方にプルダヴィッドという場所があるが、これはブレイス語で「ダユットの穴」、すなわちダユットが波に飲み込まれた所だという。

イスの町の話は、海に対して警戒を怠るなという教訓話として読める。だが渡来聖人が絡むことで、一挙にキリスト教化とそれ以前の文化との関係を暗示するものともなる。すなわち海に消えて人魚になったダユットは、アイルランド神話の「シードの人々（地下の妖精）」であり、柳田のいう「前代の神々の零落した姿」である。キリスト教の到来によって滅ぼされた異教徒の文化を象徴するのである。しかも執筆された時代の九世紀は北方の民の襲来の最盛期である。グラドロン王が北国の王妃の誘いに乗るという設定も、教訓話の色彩を濃くしている。

今日、イスの町伝説のダユットに対して必ずしも否定的イメージがないのは、そうした前代の文化に対する憐憫ないしは懐古の情があるためだろう。ワリアの「セイセン・ヒン」（一二世紀）にも断片的ながら同類の話があり、汎ブリトン的な話でもある。

ブリトン人とフランク人のつながり

すでにみたように、四世紀のブリタニア島からの到来に際しては、ガリア人とのローマ的な友好関係が語られ、フランク人とはむしろ敵対的だった。これが五世紀になると変わり、ローマに対しては距離を置いて、フランク人に対して好意的になる。おそらくそれは支配関係によるもので、五世紀にはガリアでローマ人の権力が相当弱体化していたことが背景にある。

フランク王クロヴィス一世は五一一年一一月に死去するが、その死の直前の七月、オルレアンに宗教会議を招集した。この会議には五世紀後半には司教区が成立していたレンヌ、ナント、グウェネトからは司教がやってきたが、それ以外のアルモリカの司教区については参加がみられない。これは創始七聖人の布教の記述とも一致する。

六世紀西フランク（フランス）のトゥールの歴史家グレゴリウスの『フランク人史』（六世紀末）には、ブリタニアという地名が一一度登場するが、すべてアルモリカ半島を指して用いられている。すなわちブリトン人の移住が進み、ガリア・フランクの側からみると、ブリタニアとはもはやブリテン島ではなく、ブリトン人の居住するアルモリカ半島ということになった、少なくともそう受け取る人たちがガリアにいたことを示す。六世紀末の時点で、アルモリカはブリトン人の土地、ブリタニアに変わったということができるのである。

聖人伝に何度か登場したドゥムノニア王国は、名称からすればローマ帝国時代のアルモリカのガリア人、ドゥムノニイ族の系統と考えられるが、ブリタニア島とアルモリカ半島にまたがるブリトン人の共有王国として五世紀から六世紀に存在したことは、以上のような状況からも十分考えられる。王国としてのまとまりはもたなくても、こうした交流の緊密な状態を表現するものだったと考えていいかもしれない。前述グレゴリウスの『フランク人史』には、ドゥムノニア王国の王クノモルスが登場するが、この王国の存在を前提としている。

ついでにいえば、ドゥムノニアの王、マルクは後でみるようにアーサー王伝説にも登場する。ブリトン語では「馬（マルフ）」であり、馬が王なのである。ヒベルニアの来寇《らいこう》伝説にも共通する事例がある。馬の王は実は異教の神の成り変わりの姿であり、ここにもキリスト教以前の記憶が生きていることになる。

第六章　ヒベルニアと北方の民

ヒベルニアとキリスト教

ヒベルニア文化圏とは

前章の創始七聖人などの渡来伝説は、アルモリカがブルターニュに変わる契機となった移住の実際を、直接証拠とはいえないまでも生き生きと描写してくれるものだが、これは同時にこの時代のブリタニア島とアルモリカ半島、そしてヒベルニア（エール、アイルランド）島との人的文化的交流関係を示すものでもある。こうした聖人たちの存在によって、この地域のいわば文化的一体性を語ることが可能になるのである。言語的類似性を考慮すれば、ケルト諸語圏、ケルト文化圏といってもいい。しかしここでは当時の言い方を尊重してヒベルニア文化圏と呼ぶことにする。ブルターニュでこの文化圏に関係深い聖人の事例をあと二例だけ挙げておこう。

ブルターニュで聖エルワンの次に人気のあるのが聖マウデス（マンデ）であり、六世紀ヒベルニアからの渡来聖人である。当地の領主の息子で、幼少からワリア（ウェールズ）南部の修道院に入って修業した。布教の道に入り、はじめにコルノウィイ（コーンウォール）に渡り、続いてアルモリカにやってきた。北東部海岸、ドルに到着したのが五二八年だった。怪我や病気の治癒聖人としてたいへん人気が高く、回虫、子供の高熱、眼病、皮膚病、脚の病気、蛇にかまれたときなどにお祈りする。聖マウデスを祀る礼拝所はブルターニュで六〇ヵ所にものぼるという。

ウェールズの守護聖人はデウィ（英語でデヴィッド、ブレイス語ではディウィ）だが、特に北ウェールズで人気が高い聖人である。アルモリカに渡来したわけではないが、ブルターニュでも信仰があった。なぜかといえば、デウィの母、聖ノナ（ノン）がアルモリカに関係するからである。ノナはヒベルニアの貴族の出身で、ワリア南部で教育を受けた。美貌の持ち主で、地元のサント（クサントス）という名の領主に誘惑されてもうけたのがデウィだった。ノナはこの後アルモリカに渡り布教を続け、サンヌガ村㉙に修道院を建てた。コルノウィイでも布教を行った。『聖女ノナ伝』はブレイス語で現存する最古の聖人伝の演劇用脚本であり、一五世紀の写本が現存する。ブルターニュでは聖人劇としてばかりでなく、祀られる教会も多い。病気治癒としては、安産と子供の下痢を治すことで有名である。

このように、聖人たちはブリタニア島から渡来するばかりでなく、ヒベルニアとも行き来があり、島嶼《とうしょ》ケルト語圏での交流が顕著だということがわかる。重要なことは、こうした地域以外、たとえば北欧とかドイツとか、あるいはスペインやイタリアからやってきて名声を残した聖人がこの時期についてはほとんどいないことである。ブリタニア諸島は、キリスト教化以前から言語文化的に類似性を持つ地域圏であり、キリスト教化という時代のなかで新たな意味づけを与えられることになったのである。

文化圏外への布教

おそらくこの当時、ブリタニア島のワリア、コルノウィイ、そしてアルモリカの、今でいうブリトン語圏はこの言語を用いて相互理解が可能だったはずである。それゆえに緊密な交流があったことは十分に納得できる。特に聖イルチッドの修道院など、ワリアが拠点となって修道僧が育成されていたことにも注目すべきだろう。

ここで一つ大きな疑問がある。ブリトン人の伝道者たちが、ブリタニア島のサクソン人の地域に布教したという記録がないのである。なぜだろうか。

次にみるヒベルニアの聖職者の場合は、ピクト人やサクソン人への伝道の形跡があるが、ワリアのブリトン人聖職者ではそれがない。大陸ゲルマン人への伝道が、後で少しみるように七王国のサクソン人聖職者によって担われたように、言語文化的に類似する同系統の域内で通常行われるのだとすれば、それで説明がつく。民間信仰のように、土着宗教はその土地においてこそ意味があるわけで、ほかの地に持ち込むという発想は本来ない。ローマ時代にローマの土着信仰がガリアの地にまで伝来したのは、ローマの支配地だからであり、積極的な布教の結果とはいえない。使命感を持って異国の地に乗り出すには、それなりの覚悟がいる。

それを可能にするのが、自文化に対する自負心、文化的権威を背景にした「文明開化」の思想のように思える。これこそキリスト教が本来持つ普遍性（カトリシテ）の思想にもつながる。これがローマやヒベルニアのキリスト教には存在した。だがワリアのキリスト教には、そこまでの覚悟を可能にする文化的背景がなかったのではなかろうか。したがって異文化の地に乗り出すことはなく、同一文化圏で言語的に類似するアルモリカへの伝道にとどまったのである。

これが一つの解釈だが、可能性はもう一つある。布教ではなく移民が第一目的だったということである。だとすれば、戦いの続くサクソン人の地域には行かない。あまり人の住んでいない、開発の進んでいない地域ということになる。その意味でアルモリカはブリタニア島の住人にとっては格好の場所だった。その証拠に、ごく一部は、ノルマンディー半島やセーヌ川河口地域にも渡った形跡があり、アルモリカからさらに南のイベリア半島北岸、現在のガリシア地方からアストゥリアス地方にかけて移住しているのである。

ガリシアのブリトン人

ガリシアという地名は、ローマ時代イベリア半島のカライキイ族に由来する。ケルト系ともいわれる。五六九年、ガリシア中北部のルーゴで開かれた宗教会議には「ブリトン人の教区（セデース・ブリトノールム）」が記された。五七二年のブラーガでの宗教会議では、マイロックという人物が、「ブリトン人の教会の司教（ブリトネンシス・エクレシアエ・エピスコプス）」として署名した。こうした記述は、移住してきたブリトン人が集団で居住し、そこに教会なり修道院があったことを想像させる。ブリトン人の司教の名は、六三三年のトレドの宗教会議から六七五年のブラーガの第三回宗教会議まで見られる。以降まったく見られなくなるが、ブリトン語は次の世紀まで使われ続け、九世紀のノルマン人の襲来によって壊滅してしまったというのが研究者の見解である。

第二次世界大戦後、ブルターニュ中南部アン・ノリアン（ロリアン）の町で開催され続けている「インターケルティック・フェスティヴァル（ケルト文化交流祭）」には、伝統的なケルト文化圏六地域（ブルターニュ、コーンウォール、ウェールズ、スコットランド、マン島、アイルランド）のほかに、ガリシアとアストゥリアスが参加しているが、この歴史的経緯がもとになって、加わっているのである。ただし現代のガリシア語はれっきとしたロマンス系言語で、そこにケルトの痕跡はほとんどない。

ヒベルニアの先史時代

同じ島嶼ケルト文化圏でもブリトン諸語間の場合と異なり、アルモリカとヒベルニア間では言語的親近性だけで交流を説明するわけにはいかない。すでに紀元前一千年紀以前に言語的分岐がはじまり、中世初期のこの時代に相互理解が不可能だったことがほぼ確実だからである。つまりアルモリカからヒベルニアに渡って修業を積む聖職者たちは、エール（アイルランド）語を身につける必要があった。そこまでしてヒベルニアに渡る理由は、この当時のキリスト教文化の中心地だったからに他ならない。

同じケルト語圏に属しながら、本書ではこれまであまり論じてこなかったヒベルニア島について、ここでまとめておきたい。

ブリタニア島が大陸と地続きでなくなったのは前七〇〇〇年頃のようだが、ヒベルニア島は前八〇〇〇年には大陸と分離していた。新石器時代にはニューグレンジなど巨石文化でも有名な遺跡があり、青銅器時代から鉄器時代にかけて、島嶼ケルト語のゴイデル語派を形成する独自性を持っていた。また前三世紀から前二世紀については、大陸のラテーヌ期文化と共有する出土品も見つかっている。おそらく大陸との交渉が古くから断続的にあったのである。ただし、これまではこうした出土品を根拠に、大陸からのケルト人の移住が語られたが、前一千年紀の大規模な移住については、今では否定的見解が主流になりつつある。

一二世紀の聖職者によって書かれた『エール来寇の書（レボル・ガバーラ・エールン）』という、この島に渡来した神々の来歴の記録がある。これによれば、島の最初の住人は、大洪水時代、ノアの孫娘ケスィルとその従者たちである。「海の巨人」フォモレスが到来した後、数千年を経るなかで五回にわたる征服者を迎える。第一はパルトローン、第二はネメド、第三はフィル・ヴォルグ、第四はトゥアタ・デー・ダナン、そして最後に人間集団「ミールの息子たち」のイベリア半島からの渡来である。彼らが「ガエル人」すなわちエールのすべての人々の祖先になった。

この五回にわたる征服の伝説はもちろん史実として認めることはできないが、中世における歴史意識を読み取ることができるのであり、そこにはキリスト教化以前の神々や聖性についての推測を可能にする題材がある。

たとえばネメドは「聖なるもの」を意味し、古代ケルトの聖域ネメトンとの関連も考えられ、そこには異教の神々が含意されている。第四の征服者は、すでに第一章で記したように、女神ダーナを中心とする神々の一団（「トゥアタ・デー・ダナン」）だが、ミールの息子たちに追われて「シードの人々」すなわち「前代の神々の零落した姿」になるのである。

ローマ文明の外側で

ヒベルニア（イエルン）については、前六世紀マッサリア（現マルセイユ）の一航海者による「イエルネ」が最古の記述だが、ローマ征服を免れたため、文化的にはブリタニアと比べると、ローマの影響がはるかに希薄だったと考えられる。またローマの著作家による記述は、後八〇年代のタキトゥスによるものが若干あるくらいなので、ガリアやブリタニアの場合のように、どういう民族が暮らしていたかもよくわからない。

歴史に登場するのは、まさにこのローマ帝国との関係であり、三世紀末、ローマ領ブリタニアに襲来するスコット人の土地としてである。こうしてローマ文明の域内に入らなかったことが、ヒベルニアの独自性を形成することになった。ヒベルニアにとってローマ文化とはローマ的キリスト教と合致することになるのである。

社会的独自性についていえば、たとえばガリアのオッピドゥムのような大きな町が造られず、親族集団であるクラン（大家族）が社会機構の中心であり続けた。エール語で「トゥアフ（トゥアス、トゥアト）」というが、これは家族であり、田舎を意味する。このことばがまさにその実態を明示しているのだが、リー（王）が支配する部族連合体であり、三〇〇人ほどで一つの集団を成していた。キリスト教化前の時代で、約一五〇のトゥアフがヒベルニアにはあったという。

伝承によれば五世紀頃には、トゥアフのなかで有力な家が五つあったが、この体制を「コーゲド（コーキド）」という。これは五分の一、五分割を意味するが、有力五地方を指しており、この一つが「アルド・リー（大王）」として君臨した。古くからの聖なる丘の名を取って「タラの王」と呼ばれていたが、三世紀の伝説の王コルマック・マックアートの子孫とされるウイ・ネール（イ・ニール、オニール）家が有力となる。この家を出自とするのが後述の聖コルムキル（コルンバ）である。

コーゲドに関する伝承群には、ウラド（ウラー）族すなわち今日のアルスター地方（北アイルランド）の一族に関するものがあるが、これによれば、一七七年から二一二年にコナレ・モールがアルド・リーとなり、その息子の一人カルプレ・リアタが、三世紀中頃、ダルリアタ王国を建国する。アイルランドとスコットランドにまたがる王国である。ローマによるスコット人のブリタニア島への侵入の記録と一致する伝承でもある。言語文化的にスコットランドはアイルランドとの交流が一七世紀まで堅持されるといっていいが、その起源をなすのがこの時代なのである。

トゥアフが社会基盤だったことで、ヒベルニアでは、キリスト教化に際して、教会を中心とした町が基本単位になるのではなく、修道院という聖職者の自活組織がそれに代わることになったといわれている。

キリスト教の到来

三一四年のアルルの公会議にヨークの司教などが出席しており、四世紀初頭にはブリタニアにキリスト教が定着しはじめていた。ブリタニア諸島出身の最初のキリスト教伝道者がペラギウスである。ペラギウスは、三五〇年頃にマン島に生まれたという説が根強い。人間は神が善なるものとして創造したのであり、原罪はなく、人間の自由意志によって功徳を積むことで救いが可能になるという説を展開して、同時代ローマのアウグスティヌスやヒエロニムスと論争したが、四一六年に異端として排斥された。二〇〇四年に公開された映画「キング・アーサー」のなかではアーサーがペラギウス派として描かれる。

次に来るのが聖ニニアンであろうか。ブリタニア島北部の首領の息子で、父がキリスト教への改宗者だった。ローマで一五年間研鑽を積み、ガリアへの伝道者聖マルチヌスの友人でもあったが、ブリタニア北部アルバ（現スコットランド）へのキリスト教導入者として知られている。ただし彼の死後、アルバにおいては、聖コルムキルによる布教の開始（五六三年）まで一三〇年間、空白期間がある。

その次に登場するのが聖パトリック（パトリキウス）である。伝記は七世紀後半から九世紀末にかけて作成され、パトリック伝説が形成されることになった。出身はワリアとアルバの両説があるが、ブリタニア島だったことは確かなようだ。母はフランク人で、幼少時にブリタニアの賊に奴隷としてヒベルニア島に連れられ、そこで六年間過ごした経験を持つ。神のお告げに従い脱出、ブリタニアに帰還。聖ゲルマヌスの弟子となり、その後トゥールの聖マルチヌスの修道院で修業。六〇歳になって、天使の啓示を受けてヒベルニアに布教に入ることになった。

異教の聖地タラでは、すでに述べたウイ・ネール家のリーレ王、さらには「智者で魔術に長けたドルイドたち」と対決する。パトリックがドルイドを打ち負かし、異教に対するキリスト教の勝利が宣言される。こうしてリーレ王はパトリックの布教を認めるのである。パトリックは以降六〇年間にわたって布教を続け、七〇〇の聖堂・修道院を建て、五〇〇〇人を司祭にして一二〇歳でなくなったという(あまりに非現実的なので、現在では二人のパトリックが想定されるようだ)。

偽ドルイドとの対決

ドルイドとの対決を描くパトリックの伝記からもわかるように、五世紀における布教が容易なものでなかったことが、少なくとも三、四世紀後に意識されていたことは重要である。これはアルモリカの場合と大きく異なる。アルモリカでは、ドルイドの権威はローマ支配のなかですでに消滅していた。したがってキリスト教はさしたる抵抗もなく地元民に迎えられた。ところがヒベルニアではローマ支配を経験しなかったので、ドルイドのシャーマンとしての権威が持続され、厳しい対峙を余儀なくされることになったのである。

ドルイドといっても大陸ガリアの正統的ドルイドとまったく異なることは、既述の通りである。ヒベルニアでは呪術を行う祭祀者であるにすぎず、それはキリスト教布教以前の民間信仰としては普遍的な形である。文献的にも八世紀以前の写本は残存せず、マゴスすなわち魔法使いの同義語としてドルイドと表現される場合もある。マゴスが東方ペルシャの賢人の比喩《ひゆ》であり、だとすると、ドルイドが古代ガリアの卜者《ぼくしゃ》の系統として、あるいは語彙として借用されたともいえる。

いずれにしても、ガリアのドルイドとヒベルニアのドルイドとは、五〇〇年以上の空白期間が存在する。第四章ですでにみたように、大陸ケルトの正統的ドルイドはギリシア的体系的知識を備えた賢人集団であり、前一世紀はじめには集団としては機能しなくなっていた。さらに紀元前後の段階で、こうした系統とはまったく別の、巫女《ふじょ》を含むシャーマン的集団があり、これもドルイドと呼ばれた。

ヒベルニアで祭祀者をドルイドの名で呼ぶこともあったので、大陸からの伝統がこの島に生き残ったかのごとくこれまでいわれてきたが、実はそうではない。まったくの別物にたいして、その異教性ゆえに同一視されて呼ばれたにすぎないのであって、ヒベルニアについてはドルイドの名称を避けた方がいいくらいなのだ。実際、ガリアの場合と異なり、彼ら自身がドルイドを名乗ったことは文献的に確認されていない。

三大守護聖人

パトリックの後継者といえるのが、聖ブリジッド（ブリード）である。レンスター地方（ヒベルニア島南東部）のスコット人の異教の王の娘であり、母はピクト人の奴隷だった。成人してしばらく王に仕えたが、聖パトリックの弟子の司祭のところで学び、女子修道院の設立にいたるのである。女性聖職者の草分けであり、乳幼児、メイド、修道女、さらには船乗り、旅行者、家畜などの守護聖人となった。パトリックに比べるとそれほどめざましい業績があったわけではないのに人気が高いのは、異教の女神ブリギッドと混同されるためともいわれている。ブリギッドは、来寇伝説四番目のトゥアタ・デー・ダナン族の首領ダグダの娘で、詩歌、医術、工芸に秀で、こうした面での守り神ということになっている。

この二人に並んでエールの三大守護聖人とされるのが、聖コルムキル（コルンバ）である。二人と異なり、彼は生粋のエール人である。北西部ドネゴール地方の王族ウイ・ネールの家系に生まれ、島内での修業研鑽の後、二五歳の時から布教に乗り出した。二七の修道院と四〇以上の教会を建設したが、出身の王族内外での権力闘争から逃れるため、四二歳の時、一二人の弟子を連れてヘブリデス諸島のアイオナ島に渡って修道院を創建した。ここを拠点にブリタニア島北部に布教を行い、その弟子たちは北部イングランドや西ヨーロッパ各地にまで、ヒベルニア系修道院を広めることになった。このためコルムキルはヒベルニア系修道院の父ともされている。この弟子の一人が聖コルンバヌスである。

絶頂期のヒベルニア系教会

六世紀後半から七世紀にかけての、コルムキルからコルンバヌスの時代、ヒベルニア島で培われた修道院を中心とするキリスト教、すなわちヒベルニア系教会が最盛期を迎える。それを象徴するのがコルンバヌスの布教活動である。ヒベルニアで修業の後、一二人の弟子を連れてアルバ（スコットランド）、続いてイングランドで布教を行う。郷里を離れての布教は「エグザイル（贖罪《しょくざい》巡礼）」といわれる。「エグザイル」は今では追放や放浪を意味するが、本来はキリスト教におけるユダヤ人のバビロン捕囚《ほしゅう》時代の追放期間であり、それにもとづく贖罪巡礼を指している。

コルンバヌスは五八五年、海を越えてフランク王国に渡り、フランク人にキリスト教を伝える。さらに六一二年、アルプスを越えイタリアに赴き、北部のボッビオで最期を迎える。二〇年間にわたる彼のエグザイルは、まさに贖罪を体現する厳しい旅だったと、伝記は記している。

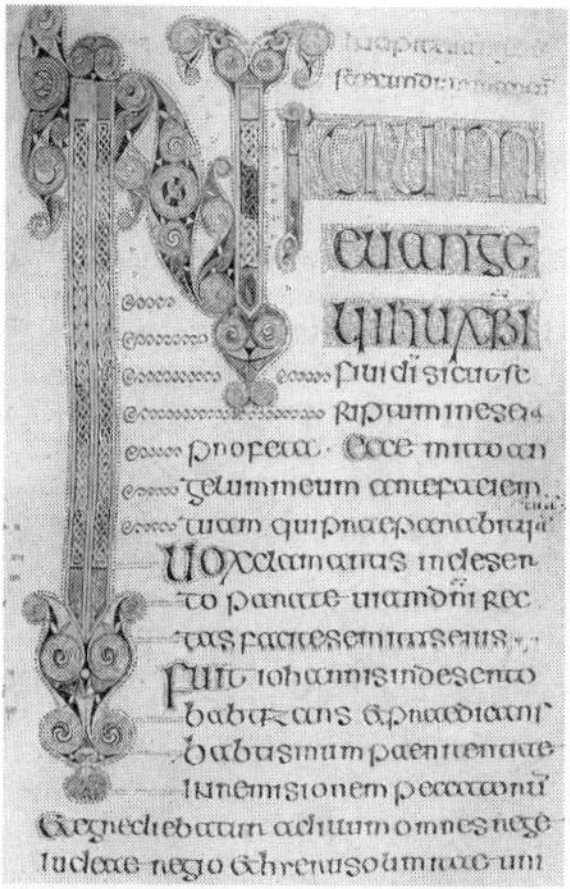

ダロウの書　7世紀後半の装飾写本の代表作。ダブリン、トリニティー・カレッジ図書館蔵

絶頂期のヒベルニア系教会を表現するもう一つが美術分野であり、その代表が装飾写本である。聖コルムキルの

創建したダロウ修道院における作品『ダロウの書』(六八〇年頃)。コルムキルの弟子、聖エイダン(六五一年没)の建立になるリンディスファーン修道院において、エアデフリース(七二一年没)という修道僧によって制作されたことが判明している『リンディスファーン福音書』(六九八年頃)。コルムキルの拠点アイオナ修道院で制作されはじめたが、北方の民の襲撃にあい、ヒベルニアのケルズ(ダブリン近郊)に移って完成された『ケルズの書』(八〇〇年頃)。この三書が後世になって三大装飾写本と称されるようになった。

渦巻き、組み紐、動物などをモチーフとした文様は、一八五〇年発見の「タラ・ブローチ」(七〇〇年頃)などの工芸品にも共通し、一九世紀後半、オーガスタス・フランクスによって晩期ケルト美術と命名された。二〇世紀には晩期島嶼ラテーヌ文化に位置づけられ、可憐で優美なケルトの全盛時代の文化であるラテーヌの延長線上に考えられてきた。もちろん、ラテーヌ的な曲線模様はあるとはいえ、一〇〇〇年も時代的に離れているものを一緒にくるのは歴史的に問題であり、現在では直結した文化とみなさず、こうした名称は用いない傾向にある。

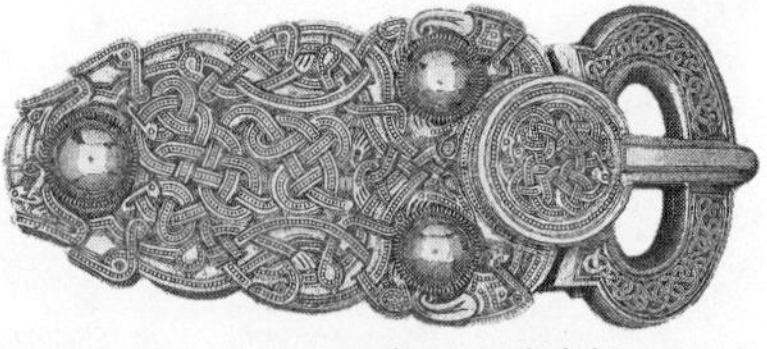
金製のバックル　イングランド南東部のサットン・フー出土。長さ13.2㎝。大英博物館蔵

八世紀以降のアングロサクソンの文書にも、同種の装飾が見られる。たとえば八世紀末の『バルベリーニ福音書』(マーシアないしヨークでの制作)、九世紀前半、ベーダによる『教

ケルズの書　800年頃の代表的な装飾写本。33×25㎝。ダブリン、トリニティー・カレッジ図書館蔵

会史』、『ヌンナミンスター書』（マーシアでの制作）である。注目すべきは、デベン川河口のサットン・フーの遺跡である。これは七世紀前半、後述のイースト・アングリア王レドワルドの墓所と推定されているが、ここから出土した金製のバックルは、組み紐と動物をモチーフとしたデザインであり、『ダロウの書』との類似は明白である。この遺跡からはスカンジナビアと共通する兜や留め金も出土しており、その交易の緊密さがうかがえる。こうした事象を考慮すれば、七〜九世紀の島嶼キリスト教文化は、政治的な敵対関係にあるものをも含め、「ヒベルニア・ゲルマン共有キリスト教文化」という言い方をするのがもっともふさわしいようだ。

俗語書記文化の誕生

ケルト諸語の文学の成立

ケルト語圏について、こうした修道院文化の生み出したものの中で、美術面に劣らず重要なのは俗語（ヴァーナキュラー）による文学の誕生だろう。

たとえばフランス語の最初の文学は一一世紀末の武勲詩《ぶくんし》『ローランの歌』（一〇九八年頃）であり、ドイツ語の『ニーベルンゲンの歌』は一三世紀になる。英語についてはやや早く、古英語（アングロサクソン語）の英雄伝『ベオウルフ』は八世紀初めに成立したとされる。

ヒベルニアのエール（ゲール）語についてみると、現存する最古の文書こそ『ナ・ヌイドレ（ドゥンコウ）書』（一一〇六年頃）、『ラグネッヘ（レンスター）書』（一一六〇年頃）など一二世紀となるが、その起源をたどると六世紀まで行き着く。もっとも有名なのは六世紀のダラーン・フォルギルによる「コルムキル（聖コルンバ）頌歌《しょうか》」である。ワリアのカムリー語の場合も、現存する文書は一三世紀以降のものだが、『アネイリンの書』『タリエシンの書』などのカムリー語詩歌の創作年代が、その歴史状況からみて六世紀にまでさかのぼることは、研究者間のほぼ一致した見解である。

西欧の主要言語における文学の成立が一一～一二世紀以降になり、もっとも早い英語でもせいぜい八世紀なのに、ゲール語やカムリー語などどうひいき目にみてもメジャーとはいえない言語において、六世紀という早い段階で書きことばによる文学がなぜ誕生したか。

この答えはまさにその文化的周縁性にあるといっていいだろう。フランスの社会言語学者バッジオーニの提唱していることだが、ローマ帝国の周縁部（リメース）とその隣接地帯、すなわちブリタニア諸島、ドイツ北東部、スカンジナビア、ボヘミアなどでは、ラテン語は教養人にとっても外国語でしかなく、その使われ方も古風なままであった。権威ある言語が自由に日常的に用いられないというなかで、地元のことばをそれに代用するという考え方が生まれ、ラテン語に似せた書きことばでの使用がはじまったというわけである。

したがってヨーロッパでは、ローマ帝国の周縁部、その内外で最初に、日常的に用いられる俗語による書きことばが誕生した。こうした俗語が現代の国語・民族語の形成につながるのである。ブリタニア諸島での言語についてみれば、ローマ帝国のはっきりとした外部であるヒベルニアでは、六世紀には詩歌ばかりでなく、年代記や法的文書までゲール語で書かれるようになった。カムリー語の法的文書は一〇世紀、聖人伝はラテン語からの翻訳で一一世紀末になって登場するので、ゲール語と比べるとその使用頻度は低い。ワリアが一部はローマ帝国領内だったということも関係しているだろう。

文化的周縁性と独自の文字の成立

スカンジナビアでは、ローマ帝国がまだ活力を保っていた後二世紀にルーン（ルーネ）文字が誕生し、北ドイツでは四世紀にウルフィラなる僧侶によって、ゴート文字を用いるゴート語新約聖書の翻訳が試みられた。文字の作成は文学の誕生以前の独自の書記文化創出であり、まさにローマ帝国周縁部での言語的権威創出の試みということができる。この点ではケルト語のオガム文字もそうした試みの一つだといえるが、三世紀末から八世紀の墓碑銘などの碑文に用いられたにすぎなかった。その意味ではこちらは失敗事例といったほうがいい。

これに対して、ラテン語が教養人のことばとしてふつうに用いられた地中海地域では、いつまでもラテン語の書きことばとしての権威が失われず、地元の言語の文字使用が結果として遅れた。さらにいえば、ローマ帝国期の俗ラテン語の時期を経て、古典ラテン語の権威が九世紀には確立し、一六世紀という近代はじめにまで持続したフランスでは、国家を超えるその権威をフランス語が引き継ごうとした。そこでフランス語のヨーロッパ全域にわたる普遍性が、まさにラテン語の生まれ変わりとして主張されることになる。

アルモリカの場合はガリアというさらにローマ文化の影響力の強い地域の一部をなしていたわけで、ラテン語の権威はほかのケルト語地域以上に強力に残存したと考えられる。この時代のブレイス語文学の書きことばの証拠がないのはこうした事情が関係しているだろう。

書体の共有

ラテン文字が採用されて、独自の書体が誕生し、そこに地域的な文化の独自性が意識されていたことにも注目しておきたい。ブリタニアにキリスト教とともに伝わったラテン文字は、少なくとも六世紀末のカンタベリーの聖アウグスティヌスにおいては、アンシャル体だったことが知られている（八世紀前半の『ヴェスパジアン詩篇』）。古代ローマの正統的な「スクウェア・キャピタル」体の流れをくむ書体である。だがこれはヒベルニアには伝わらなかった。

こちらで使われたのは、「インシュラー・ハーフ・アンシャル（島の半アンシャル）」体だった。現存するヒベルニア最古の写本、『ウッセリアヌス写本』（六〇〇年頃、ダブリン、トリニティー・カレッジ図

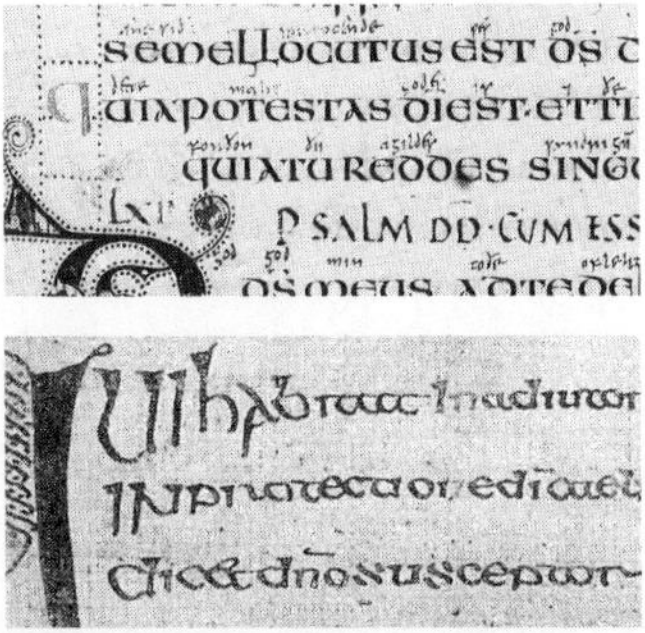

書体の例　上はブリタニアのラテン・アンシャル体。８世紀前半の『ヴェスパジアン詩篇』より。下はヒベルニアのインシュラー・ハーフ・アンシャル体。７世紀初頭の聖コルンバの『カタク（カハハ、戦士）』より

書館蔵）は、イタリアのハーフ・アンシャル体と島のものとの中間の書体なので、文字使用については、ブリタニアを経由することなく、イタリアから直接もたらされたと推定される。『リンディスファーン福音書』でもこの書体が用いられているので、この面でも、この当時のブリタニア北部の修道院文化がローマからガリア経由でブリタニアに入ったのではなく、ヒベルニア系統のものだったことが実証される。

少し後の時代になるが、ブルターニュで現存する最古の、九世紀の四〇点ほどの文書をみても、大半がインシュラー・ハーフ・アンシャル体である。これは同時期のカムリー語の文献と書体面では区別できないほど類似するという。しかも同時代のフランス、カロリング朝で主流のカロリング・ミニュスキュル体、またブリタニア島アングロサクソン系のインシュラー・ミニュスキュル体（八世紀後半以降）とは明らかに異なる集団を構成した。したがって、七世紀から九世紀にかけては、書きことばに関しても、ヒベルニア文化圏といえる構成体をなしていたといえるのである。

現代のエール（アイルランド）共和国では、このインシュラー・ハーフ・アンシャル体の使用を国を挙げて推進している。それはまさに六世紀以来、あるいはアングロサクソンに汚染される以前の太古の伝統の継承という、民族的自負を象徴するものである。

北方の民の侵入

ローマン・ブリテンの終焉

アルバ、すなわち現在のスコットランドは、古くから幻の民ピクト人の土地だった。ピクトとはラテン語で「彩色人・刺青の民」という意味であり、自称ではもちろんなく、ローマ人がそう呼んだにすぎない。その由来は不詳だが、言語的にはケルト人に近いという見方がある。

またブリトン人の一部は、ハドリアヌスの長城の北側、現在のスコットランド南部ボーダー地方に居住していた。二世紀プトレマイオスの『地誌』によるウォタディーニ族は、ブリトン語でグオトディン族、五世紀の「ゴドジン王国」を形成する民族として知られることになる。カムリー語最初期の武勲詩、前述の『アネイリンの書』などはこの王国が舞台となった。

ピクトの石碑　スコットランド南部のダンファランディにある。8～9世紀の石碑。記号的な絵は解読されていないが、中央の十字架からキリスト教化がテーマと考えられている

前章で述べたように、すでに

三世紀後半には大陸からサクソン人やフリジア人といったゲルマン系諸民族がブリタニア島に襲来していた。ヒベルニアからはほぼ同時代にスコット人が進出しており、伝承では三世紀半ばには、ヒベルニア北部からアルバ（ブリタニア北部）を覆うダルリアタ（ダルリアダ）王国が成立する。ローマの歴史家による記述として、四世紀半ばにスコット人やピクト人による、ローマ帝国の北の境界ハドリアヌスの長城の襲撃が起こる。

こうした蛮族の侵入に対処するため、皇帝ウァレンティニアヌスが、ヒスパニア出身の将軍テオドシウスをブリタニアに派遣して、当面の危機を救った。このテオドシウス軍の武将がマグヌス・マクシムスである。三八三年、ガリアに渡って西方正帝の座に即く人物だが、この一族とされるのがコナン・メリアデクであり、前章で述べたアルモリカ・ブルターニュ建国起源を担う伝説上の人物である。

マクシムスは軍の精鋭を率いてガリアに渡ったため、ブリタニアの防衛はまったく手薄になった。こうしてハドリアヌスの長城はピクト人に奪取され、ワリア各地の砦も放棄された。五世紀になると、大陸ではゲルマン人のガリアへの侵略がはじまるが、ブリタニア島では、ブリトン下層民出身の一兵士がコンスタンティヌス三世を称して軍隊を掌握し、四〇七年、帝国制覇をめざして大陸に渡った。ローマの高官も大陸に去り、統治組織も解体する。こうして四一〇年、時のホノリウス帝が、島の諸都市に向けて、自らの手で安全を守るべしと命じた。ブリタニアのローマ支配に終わりを告げるのである。

アングロサクソン人の侵入

ローマ軍が撤退し、その統治機構が崩壊するなかで、ブリタニア島中南部では、ブリトン人の「復興」とも呼ばれる情勢が生じた。これまでローマの同盟者として防衛に当たっていた諸族が完全に自立して、小王国を形成したのである。アルバとの境界地帯では、東部のウォタディーニ王国と西部のストラトクライド王国、その南にはレゲッド（リージッド）王国が登場する。

ワリアでは、四〇〇年頃、西北部にウォタディーニから移住した首長キネザの創始したグウィネズ、中部のポウィス、南部のグウェント、モルガヌグなどの小王国が分立し、コルノウィイにはドゥムノニア王国が成立した。

八世紀の修道士ベーダの『アングル人教会史』（七三一年頃）によれば、「サクソン人の到来（アドウェントゥム・サクソヌム）」は、五九七年に渡来した、アウグスティヌスらの先達の一五〇年ほど前、すなわち四五〇年頃である。ブリトン人の首領ヴォルティゲルン（ウェルティゲルヌス）が、ピクト人を制圧するために、傭兵として、サクソン人、アングル人、ジュート人、その首領ヘンゲスト（ヘンギスト）とその弟ホルサを招いた。

ヴォルティゲルンがサクソン人を傭兵として招いたという記述は、六世紀、ギルダスの『ブリタニアの破壊と征服』にも登場する。王や首領の名前は不確かだとしても、ブリトン人がアングロサクソン人を招いた、これが彼らによる征服につながったのだということがブリタニアの知識人のあいだで早い時期から意識されていたことになる。

従来、アングロサクソン人の侵入は、比較的短期間での大規模な組織的移住と考えられてきたが、現実はそうではなく、かなり長期にわたる、自立した小戦士団による来寇だった。五～六世紀の墳墓や葬制に関する考古学調査でうかがえるのは、小戦士団による主要なローマ街道沿いの、戦略的要地での点在的な定住地の形成であり、ついで河川に沿った内陸への広い拡大である。地名学の研究成果でも、たとえば「ハエスティンガス（ヘイスティングズ）」は、従来考えられてきたように「ハエストの一族、子孫たち」ではなく、「ハエストに従う人々」であり、「レアディンガス（レディング）」も「レアダに従う人々」である。つまり、アングロサクソンの初期集落に特徴的な「インガス語尾」の地名は、部族集団に由来するのではなく、小戦士団にもとづいているのである。

これも移住と伝播という歴史の基本的問題となるが、ローマに比べるとアングロサクソンの文化的権威は決して高くはなかった。したがってサクソン人の文化、その後の英語がブリテン島の支配的言語となっていくことについては、権威が拮抗的だとすれば、支配関係がキーポイントになる。つまり、サクソン人が支配権を握ることで、文化的にも覇権を獲得していくことになるのである。これはその後の歴史史料、物語でも確認される。

アーサー王のモデル

四七六年、西ローマ帝国がついに崩壊し、四八一年（ないし四八二年）、ガリアではフランク王国が成立する。サクソン人は大陸への進出が困難になり、ブリテン島への指向が強まる。ベーダによればヘンゲストはピクト人制圧後、ゲルマニアからさらに同胞を呼び寄せ、ヴォルティゲルンに反旗を翻《ひるがえ》し、島の南東部ケント地方の領主として地歩を固めていく。古英語の叙事詩『ベオウルフ』にもデーン人の騎士としてヘンゲストが登場する。

後述する一二世紀のジェフリー・オヴ・モンマス著『ブリタニア列王史』によれば、ヴォルティゲルンは、ライバル関係にあった王コンスタンチンの息子を謀って殺害するが、その二人の弟がアンブロシウスとウーサーである。この二人はヴォルティゲルンが権勢を誇るあいだブルターニュに避難し、帰還後、ヴォルティゲルンを殺して兄の仇を討ち、預言者マーリン（マリヌス）の信任を得る。こうしてアンブロシウスはブリタニアの大王となり、ヴォルティゲルンの息子たちも含めブリトン人をまとめ、ヘンゲストを頭とするサクソン人に戦いを挑むことになる。これが、四九〇年から五〇〇年頃だといわれるバドニクス（ベイドン）丘の包囲戦である。ここでアンブロシウスの指示のもと、戦争指揮者としてサクソン人を破るのがアーサー（アルトゥス）である（アンブロシウス自身がアーサーだとする説もある）。

ギルダスは、バドニクス丘の戦いの四〇年後にこれについて記しているが、その勝利をアンブロシウスに帰しており、アーサーの名は出てこない。この戦いの勝利者としてアーサーの名が語られるのは、ネンニウスの『ブリトン人史』がはじめてである。そして一二世紀の『ブリタニア列王史』で、物語として完成し、あとでみるようにこの記述をもとにして、欧州各地へアーサー王伝説が流布していく。

七王国の形成

アングロサクソン人は、以上のように、五世紀後半にブリタニア島の東部、南部、沿岸部にまず地歩を固め、徐々に内陸部に攻め込んだ。六世紀末までには、現在のロンドン周辺域をはじめ、イングランド東南部中部はアングロサクソン人の支配地に代わっていた。七世紀には、約二〇の小王国が競合したが、八〜九世紀には「ヘプターキ」すなわち七王国に収斂されていく。

この場合も支配が取って代わったのであり、民族が入れ替わったというわけではない。イングランドでも中部のエルメット王国などブリトン人の王国やウォルトン（ケント、エセックスなど）、ウォルコット（リンカンシャ、ノーサンプトンシャなど）の地名（「ウォル」はワリア人の居住地）から、それを類推することが可能である。

聖ゲルマヌスの来訪以降、五世紀前半から進んでいたローマ教会によるアングロサクソン人に対する布教活動も、七世紀はじめから一時停滞する。ベーダによれば、七王国の一つケント王国のエゼルベルフト（エセルベルト）王を改宗に導いたベネディクト派修道士、アウグスティヌスが七世紀初頭に亡くなってから、ロンドンを含む東南部は異教に戻った。エゼルベルフトから改宗を勧められたイースト・アングリア王レドワルドは、キリスト教の教会と異教の神殿とを並存させた。彼の舟塚ともされる前述のサットン・フーの遺跡は二つの宗教があい混ざるものであり、共存を感じさせる。

アングロサクソン人は、ゲルマンの伝統的な自然崇拝の多神教を奉じ、主神ウォードゥン（軍神、商業神）のほか、ズーノル（雷神）、ティウ（軍神）、フリッグ（家庭神）の諸神や自然物を神格化した偶像を作り、木造の祠に祀って信仰した。その信仰のあり方はケルト人の場合と大差はなく、すでに指摘したように、多神教的な普遍性を持つものだろう。こうした不完全なキリスト教化状況は、後述のようにその後も継続されることになる。

ついでながら、布教する側でもすでにこの時期から、異教的な習俗・崇拝に対して警戒心を持っていたことも指摘しておきたい。五六七年のトゥール（フランス）教会会議教会法第二三条では、一月一日の祝祭を異教的だとして禁止するとともに、木、泉、湖、岩の崇拝をも戒めた。禁令を出すということは、それが現実に行われていたことを証するのであり、この慣行は部分的には現在にまで継続される。第一章でも述べたとおり、継続する習俗はすべての分野にわたるわけではなく、それなりの要因があり、地方ごとに異なる場合もあった。

ヒベルニア系キリスト教とアングロサクソン人

ブリタニア島でのブリトン人の支配地は、六世紀末にはドゥムノニア（コーンウォール）がワリア（ウェールズ）から切り離され、七世紀はじめには、イングランド北部、アルバとの境界地帯でもサクソン人が優勢になっていく。とりわけエドウィンのもとで樹立されるノーサンブリア王国は、中部イングランドからワリア北部まで支配をおよぼし、七世紀末から八世紀前半にかけて隆盛を誇ることになる。エドウィンはケント王エゼルベルフトの娘と結婚し、王国はいったんキリスト教化されたが、マーシア王に敗れ、長続きはしなかった。

だが、六二三年頃にノーサンブリアの再統一を果たした後継のオズワルドが、北方に亡命中、アイオナの修道士に伝道師の派遣を求めた。六三五年、求めに応じた修道士エイダンの一行が、アイオナにならって北東岸の小島リンディスファーンに修道院を建立した。こうしてノーサンブリアはヒベルニア系キリスト教の傘下に入ることになり、『リンディスファーン福音書』が作成されるにいたるのである。

七世紀には、「七王国」のマーシア、エセックス、ウェセックスなどでも、エイダンの弟子筋によってヒベルニア系キリスト教の布教が進み、ヒベルニア、アルバ、ワリアばかりでなく、イングランドでも優勢になる。ただしキリスト教は絶対的権威を獲得しておらず、首領レベルでもこの当時は異教の残存がみられた。それは七世紀のアングロサクソン人における文字の導入についても影響を及ぼした。

大陸に分立建国したゲルマン諸族もこの頃法的文書が誕生していたが、それはラテン語によっていた。ところが、七王国のアングロサクソン人においては古英語だったのである。口《く》伝《でん》の慣習法はすべてアングロサクソン語であり、この成文化という側面はあったが、ラテン語が絶対的権威を保持していなかったので、こうしたことが可能になったことは、大陸との比較において明白である。この場合も、周縁的文化地域での、俗語という新たな形での書きことばの誕生ということができる。

ローマ教会の征服

七世紀後半、ヒベルニアのキリスト教会は、ノーサンブリアを拠点として、ブリタニア島南部への布教を進めつつあった。一方、ローマ教会は、カンタベリーから北上して勢力を拡大しつつあった。ともに異民族に対する伝道であり、文化的自負心が背景にあったと思われるが、両者のキリスト教には、剃髪《ていはつ》の様式、復活祭の算定方法、修道生活の規律などいろいろと相違点があった。特にローマ教会では組織の中心は司教が管轄する教区であり、ヒベルニア教会では修道院長が管理する修道院だという大きな違いがあった。ヒベルニア教会には地域的に分割する教区はなく、また司教職はあったが、すべて修道士で大修道院長に従属した。

こうした対立は世俗の王にとっても好ましくないという考えから、六六四年、ノーサンブリア王オズウィが招集して、イングランド中東部沿岸のウィトビで教会会議が開かれた。直接の争点は復活祭の算定方法だったが、結局は主宰者のオズウィの意向がものをいって、ローマ方式が採用されることになった。これによってブリテン島の教会はローマの権威に服従することに決まったが、すぐに広まったわけではなく、アイオナ修道院がローマの管轄に入ったのが七一六年、ワリアでは七六八年、アルモリカでは、ランデヴェネック修道院で八一八年、ルドン修道院では八五一年までヒベルニア方式が存続した。つまり、ローマ教会が完全に勝利するにはなお二世紀もの時を要するのである。

イングランドでは六七三年にハートフォードで宗教会議が開催され、司教区の整備と司教の叙任が行われた。政治的には小国分立状態にあったイングランドが、信仰面で統一的組織に編成されたのである。八世紀イングランドでは、王族・貴族層が大いに教会に協力し、修道院の設立と土地財産の寄進が拡大した。そればかりでなく、貴族出身の修道僧も増加し、修道院の初期黄金時代をなした。カンタベリーには早くも七世紀に学問所が設けられていたようだが、修道院が学問の中心として学者を輩出していくことになる。

その代表が聖ベネディクト・ビスコプであり、その弟子のベーダである。キリスト教編年暦すなわち西暦による歴史記述を行った最初の人物とされ、したがって彼の手になる『アングル人教会史』は歴史書として画期をなす書だった。これはまたブリタニア島に渡来したゲルマン系諸部族を「アングル人」として把握し、イングランド教会への統合発展を描いたものであり、民族史的にも特筆されるのである。

また、七世紀から八世紀にかけて、大陸のゲルマン人、とりわけライン川以東のドイツ人をキリスト教化したのは、このノーサンブリアの修道院で修業した伝道師たちだった。アングル人による大陸ゲルマン人への布教は、ブリトン人の場合と同様、言語文化的同族性にもとづく連帯意識が背景にあったためと考えられる。

デーン人の襲来

八世紀末のブリタニア諸島は、異教的民間信仰の存続はもちろんあったとしても、ヒベルニア教会がローマに屈して、キリスト教が比較的均質な形でいきわたりはじめていた。ここに再度異教徒の波が押し寄せることになった。北方からのデーン人、ヴァイキングの民である。

九世紀末にウェセックスのアルフレッド大王が編纂させた『アングロサクソン年代記』などによると、七八九年（七八七年説もある）、三艘の船が英国南部ポートランド島に上陸したのが最初のようだ。七九三年にはリンディスファーン島の修道院が襲われる。八〇二年、ヒベルニア教会の拠点アイオナ島が焼き討ちされ、八〇六年には同島で六八人もの修道士が殺害された。これによって、修道院は移転を余儀なくされ、ここで制作されていた装飾写本は、すでに見たようにヒベルニア中部ケルズの地で『ケルズの書』として完成されることになる。

ヘブリデス諸島などカレドニア北西部では、九世紀前半にスカンジナビアからの植民が進み、なおかつ地元のゲール人との混血が進んだ。その支配は一三世紀半ばまで続く。同時に誕生した「ガル・ガエイル（異邦人のゲール語／異邦のゲール人）」という言い方は、一七世紀まで残存した。聖職者レベルでは移動があったようだが、一般民衆階層では征服者が受け入れられたということだろう。ローマのガリアへの進出の場合と異なり、スカンジナビアの文化的権威は高くなかったので、むしろ地元民に同化した。それが「異邦人のゲール語」なのだった。ここでも言語の同化について興味深い事例にぶつかる。

ちなみに「異邦のゲール人」は、スコット人とともに、アイスランド植民にも積極的だった。一〇世紀末、アイスランドにキリスト教をもたらした民とされるが、間もなくノルス人、つづいてデーン人に同化する。

マン島とヒベルニア

ここでマン島についてもまとめて触れておくことにしよう。島には新石器時代の紀元前五千年紀から居住の証拠がある。ローマ時代にブリタニア島に来訪したカエサルが記す「モナ島」はここだという説と、ウェールズ北方のモン（英語ではアングルシー）島とする説がある。

いずれにしても、マンの語源は不明でケルト語以前にさかのぼると推定されるが、この語自体が「島」を意味するともいわれる。ヒベルニアの伝説に登場するマナナン・マク・リルは海のかなたの異界の支配者だが、その名はマン島の支配者にちなんだと推定される。このことからわかるように、ヒベルニアとは古くから密接な関係にあったと思われ、オガム文字の使用例からみても、ヒベルニアからの文化的影響が色濃い。マン島に現存する五件のオガム文字石碑のうち一件はラテン語とのバイリンガルであり、これはブリタニア島との交流も示唆する。

こうした言語的証拠、またそのほかの考古学的出土品から推定すると、マン島にはもともとブリトン人が居住していて、その後ヒベルニアに征服された。ウェールズやコーンウォールでは結局は先住者であるブリトン人に同化したが、マン島では征服者のヒベルニア人に吸収された。言語文化的にはこうして現在にいたるまで、マン島はゲール語（Qケルト語）文化圏に属することになるのである。おそらくそれは次にみるように、北方の民による支配を経たことにも原因がある。

マン島と北方の民

マン島のキリスト教化は、聖パトリックの時代すなわち五世紀に開始された。パトリックに由来する地名、教会名が数ヵ所あり、また同時代のブリジッドなどを祀る教会もある。伝承ではカスワロンの息子マエルグウィンがマン島の最初の王とされ、六世紀以降、モン（アングルシー）島などワリア北部の領主の支配を受けたようだ。その支配は一〇世紀初めまで続いた。

七九五年、アルバのスカイ島や北ヒベルニアのラスリン島が襲撃にあった頃、マン島にも北方の民が押し寄せた。ブリタニア島東部ではデーン人が主流だったが、こちらではもっぱらノルス（ノルウェー）人だった。九世紀後半から本格的な侵略がはじまり、特にスカイ島とルイス島、またダブリンなどのヒベルニア島東部については、ノルス人王による支配が一〇世紀にははじまる。

マン島を支配した最初のノルス王は、九三八年に来島したオリー（ゴリー、ゴッドフリーとも）王とされる。オリー王は同時にアルバ西南部のイスレー諸島、キンタイアー半島、アラン島なども支配下に治め、「マンおよび諸島王国」を形成した。さらに各地区の自由民の代表からなる議会「ティンウァルド（議会場）」を招集した。これが現在にも続くマン島議会の起源とされる。ただオリー王は伝説上の人物にすぎず、史実として確認される最初の王は、一一世紀のゴドレッド・クロヴァンであり、ゴドレッドがゲール語でゴッドフリー、さらにゴリー、オリーと簡略化したとも考えられるので、オリー王と同一人物とする説がある。ノルス人による「マンおよび諸島王国」は一三世紀半ばのマグヌス王まで続いた。この後は英国王エドワード一世が支配権を握る。

本格的襲来

八四一年以降、ノルス人のヒベルニアへの進出が本格化する。ただしノルス人とやや遅れて渡来するデーン人とは友好的ではなく、マン島のように全体を統一的に支配するにはいたらず、ヒベルニアの代表的な王族ウイ・ニール家とデーン人との覇権争いが一一世紀はじめまで続く。

このなかで伝説的な王ブリアン・ボルマ・マク・ケネティク（英語でブライアン・ボルー）が登場し、英雄伝説が形成される。一二世紀に制作されるオブリアン家伝書『コガド・ガエイル・レ・ガライヴ（ゲール人防戦記）』によれば、ブリアンは、一〇〇二年にヒベルニアの大王となり、一〇一一年には全島を統一したが、一〇一四年にクロンタルフの戦いに敗れ、その栄光は短期間に終わった。だが後世においては、侵入者を打ち破り、統一を打ち立てた英雄として祀り上げられることになる。この英雄像は二〇世紀まで継続される。

ここにも、移動と伝播に関する興味深い事例がある。マン島の場合と同様、侵入者の文化的権威が高くなかったので、被征服者の文化に同化されることになった。北方の民の文化的影響はブリテン島に比べるとはるかに小さかったようだ。少なくともブリタニア島の場合のように、キリスト教文化が中断することはまったくなかった。

『アングロサクソン年代記』によれば、ブリタニア島への本格的植民は八六五年、イースト・アングリアにデーン人の大船団が到着することではじまった。この時デーン人は入植を希望したが地元の王に反対され、軍馬の提供の見返りにより矛先を北に向ける。八六七年、ノーサンブリア王国の内紛に乗じて、デーン人による初の王国、ヨーク王国の建設にいたる。続いてマーシア、イースト・アングリアなどを征服、ブリタニア島東部一帯に、デーン人の支配地であるいわゆる「デーンロウ」地域が形成されるのである。

この間、アングロサクソン人のウェセックス王国にアルフレッド大王が現れ、軍制を改革し、法典や年代記の編纂を行った。またデーン人の侵攻によって修道院がまったく破壊されてしまったが、知的文化の衰退を憂えた王は、大陸のシャルルマーニュ（カルル大帝）に倣《なら》い、宮廷学校や修道院学校を開いた。それればかりか、ベーダの『教会史』などラテン語古典を自ら英訳したと言われる。こうして彼はアングロサクソンの文化的優位性を示し、イースト・アングリアのデーン人の王グスルム（アセルスタン）をキリスト教に改宗させた。彼が最初に受洗《じゅせん》したデーン人の首長であり、以降、デーン人の間にもキリスト教が普及していくこととなる。

大王の孫アセルスタン（アゼルスタン）は、九二七年、ヨークのデーン人を破り、スコット人やブリトン人と和平を結び、統一的イングランドの最初の王となった。だが彼の死後、ヨークは再びデーン人の支配するところとなる。イングランド統一が最終的に完成するのは、一〇世紀後半、平和王エドガの時代であり、時のスコット王キナエド（ケネス）二世と協定を結び、トゥイード川がイングランドとアルバの境界となったのである。

アルバ王国の誕生

ヒベルニアからアルバにかけてのスコット人の王国、ダルリアタ王国は、ヒベルニア島東部沿岸部を拠点とするノルス人、また異邦のゲール人（ゲール文化に同化したノルス人）とも友好関係にあり、こうした人々と連合することで、ピクト人やブリトン人との対抗関係を維持していた。だが九世紀になると、ヒベルニア島における北方の民とスコット（ゲール）人の関係が悪化し、一方でアルバにおいてはスコット人とピクト人が連携を結ぶようになる。

一一世紀のラテン語史料『アルバ王年代記』によれば、アルバ（アルビオン、スコットランド）王国初代の王は、九世紀のキナエド（ケネス）・マクアルピンである。キナエドはダルリアタ王の系統だが、ピクト人の母を持つことによって、征服者ではあったが、ピクト王国を正当な理由によって相続することになったのだという。だがキナエドがピクト人を征服したというのは一三世紀になって語られるようになったのであり、彼はピクト人の（第五代で最後の）王にすぎなかったともいわれる。

いずれにしても、北方の民の植民の影響のもと、九世紀にはヒベルニア島との親密な関係が断ち切られて、アルバ、現在のスコットランドが統一的な形で出現した。この際、ピクト人やスコット人といった民族的出自は意義が減じ、むしろ南北対立が意味を持つようになった。これが今日のハイランド（北部）とロウランド（南部）の関係のもとになっている。ハイランドではスコット人の文化が支配的になり、ロウランドではアングロサクソン人が優勢となる。この場合にも、民族の数的な優劣ではなく、言語文化のプレステージの高低が重要なのだった。こうしてスコットランドではヒベルニアやイングランドと異なり、言語文化的に一体化することなく、地域的なアイデンティティが確立したのである。後で見るように、フランスのブルターニュ地方の言語文化的状況ときわめて類似する。

キナエドは、アイオナ島の聖遺物の一部をアルバ中東部のダンケルドに移した。アイオナは北方の民の襲撃ののち、異邦のゲール人の聖地となっていたが、彼らは一〇世紀末にはキリスト教化する。イングランドの場合と同様、多くの地ではキリスト教は一時断絶したのであり、本格的なキリスト教化はこの時代以降といっていいだろう。

スコットランドという地名の成立も一〇世紀と推定され、文献での登場は『アングロサクソン年代記』（九世紀末）でのゲール人の土地「スコシア」が最初とされる。ゲール語を話すスコット人の王は、通説では一一世紀のマックベハッド（マクベス、シェークスピアの「マクベス」のモデル）が最後のようで、父の仇をとる形で即位したマエルコルム（マルコム三世）は、幼少時をイングランド王エアドウェアド（エドワード懺悔《ざんげ》王）の宮廷で過ごしており、アングロサクソン文化を体得していた。一〇七二年には英王に臣下礼をとるようになり、英王室に従属することになった。さらに北方の民出身のインゲビオルグと結ばれ、ノルマン人のイングランド征服に際しては、アングロサクソン人の避難先ともなった。したがってスコットランドの宮廷は、文化的には一一世紀にアングロサクソン化すると考えていいだろう。

カムリーの成立

九世紀後半のブリタニア島への北方の民の本格的な進出によって、ブリタニア島中東部はデーン人を中心とした北方の民が支配した。北部にはスコット人とノルス人（一一世紀にはスコット人とアングロサクソン人）、南部にウェセックス、中部にマーシアという二つのアングロサクソン人の王国、西部にはワリア（現ウェールズ）とコルノウィイ（現コーンウォール）の二つのブリトン人の居住地が分布することになった。

ブリトン人の居住地としてのワリアは、六世紀末から七世紀にかけてのアングロサクソン人との戦いのなかで言語文化的な独自性を強め、八世紀後半、イングランドのマーシア王国のオファ王の防塁《ぼうるい》によって地域的に画定された。だがここまではいわば外から強いられた地域的限定化であり、内部の政治的統一性が存在するわけではなかった。

これをはじめて実現したのが九世紀の王ロドリ・マウル（ロドリ大王）である。彼はワリア北部グウィネズ王国の系統を引く王だったが、八五六年、デーン人との戦いに勝利することで、ワリア全域の支配権を握るにいたった。だが彼の死後、王国は分裂、特に北部はアングロサクソン人の大王アルフレッドが君臨するウェセックス王国の庇護下に入る。

一〇世紀、再度統一的カムリーを現出するのが、ロドリの孫で、南部デハイバルス王国の王ハウェル・ザー（善王ハウェル）である。彼はデハイバルスの王になってから、九二八年、ローマへの巡礼を行い、キリスト教の権威を背景に支配権を強めた。注目すべきはカムリー語による法律集の制作である。現存するのは一二世紀の写本だが、この当時の統治機構や民衆の生活についても多くの情報を持つ史料である。

ハウェル王の後、デハイバルスとグウィネズとの確執を中心として、カムリーは再び分裂状態となる。グウィネズの王グリフィズ・アプ・リウエリンが再度統一するが、これもまた一代限りで終わり、三度カムリーはアングロサクソン人の保護を受ける。といっても九世紀から一一世紀にかけて三度、統一王国を経験することで、カムリー（ウェールズ）は政治的にも一体的地域をなす歴史的条件を整えていくことになる。

ケルノウの歴史的一体性

ケルノウはワリアに居住していたコルノウィイ族の、五世紀のスコット人の襲来によって南下し成立したとされる地名である。ブレイス語でケルネヴァール、すなわち大ケルネといい、ブルターニュのフィニステール県南部のケルネ（コルヌアイユ）地方と同一語源である。九世紀から一一世紀にかけて、ブリテン島とブルターニュ地方がともにブリタニアと呼ばれ、あえて区別する時には大ブリタニアと小ブリタニアという言い方をした、そのこととよく似ている。

ケルノウの聖人伝群は、ヒベルニアやアルモリカ同様、ケルト文化圏の交流の緊密さを伝える。四世紀の聖人とされる聖メリアセク（ブレイス語でメリアデク）には、『ビューナンス・メリアセク（メリアセク伝）』（一五〇四年）という数少ないケルノウ語の伝記が現存する。彼はアルモリカの伝説的ブリトン人王国建設者コナン・メリアデクの一族であり、アルモリカ生まれである。コナンが政略結婚をアレンジしたところ、これを断り、聖職者となって、海峡を渡り、ケルノウのカンボーンの礼拝堂を作った。それゆえのちにこの地の守護聖人となる。礼拝堂の泉は狂気を治す力があると言い伝えられてきた。

五世紀後半にならないとアルモリカのブリトン人地域に司教区はできないので、まったくの捏造聖人伝というしかないが、ケルノウとアルモリカの一体性を明かす伝説としては意味がある。

同時代のもう一人の有名人が聖ウルスラである。ケルンの聖ウルスラ教会、一五三五年設立の女子修道会「ウルスラ会」、またハンス・メムリンクの絵画「聖女ウルスラの聖遺物箱」、英ヴァージン諸島の紋章にもなった伝説上の人物である。

伝説が二種類あるが、その一つが四世紀ケルノウの王ディオノトゥス（ドナウト）の娘とするものである。コナン・メリアデクがアルモリカ征服後、ディオノトゥスに対し、自らの妃候補と戦士たちの伴侶となるべき女性たちの派遣を依頼した。王はこれに応じ、ウルスラをコナンの王妃として、さらに一万一〇〇〇人の乙女と六万人の平民女性を送った。船は一日でアルモリカに到着したが、ウルスラは三年間の猶予を請い、大陸巡礼に旅立った。ところがケルンでフン族に遭遇し、ウルスラをはじめ全員が虐殺されたというのである。

歴史記述のなかでコナンが登場するのは一〇世紀であり、一二世紀の『列王史』では、ブリタニア島から大陸へコナンが引き連れたのが、平民一〇万人と兵士三万人。アルモリカ平定後、ガリア人との混血を避けるため、ブリタニア島から女性たちを呼び寄せたとあるので、一万一〇〇〇人の乙女と六万人の平民女性というのは、事実とは言えないにしても辻褄《つじつま》のあう記述である。ここにおいてもケルノウとアルモリカとの同族意識を見て取ることができる。

島嶼ケルト文化圏のなかのケルノウ

多少とも史実の可能性があるのは五世紀以降の聖人だが、この場合も聖人伝の完成は九世紀以降であり、ヒベルニア文化圏の一体性が強調される。

聖ペラン（ピラン、パイラン）は、錫《すず》坑夫の守護聖人であり、ケルノウの守護聖人でもある。黒地に白抜き十字架は、聖ペラン十字架といわれるが、ケルノウの現在の民族旗である。したがってケルノウを代表する聖人ということができる。ヒベルニアの有名な修道院クロンマクノイス（クルマイネテノ）の創設者であり、錫鉱の発見者である。

ヒベルニアでは聖キエラン（キラン、ケランとも）がエール一二使徒の一人として、クロンマクノイス創設聖人として知られているが、ゲール語（Qケルト語）で「ケ」はブリトン語（Pケルト語）の「ペ」に相当するので、ペランとキエランは、時代に異同があるが同一聖人だろう。錫精錬はおそらくローマ人到来以前から行われていたが、その技術がいったん失われた。ケルノウに布教に訪れたこの聖ペランによって再発見されたのだという。

七世紀後半のドゥムノニア王ゲレン（ゲライント、ゲロンティウス）はさらに史実性が増す。ウェセックス王国マームズベリーの司教聖アルドヘルムの、彼に宛てた手紙が現存するからである。七〇〇年頃の手紙で、復活祭の算定方法と剃髪の様式について、ヒベルニア教会の方式を改めるよう求めたものである。

こうしてドゥムノニアでは比較的早く、ローマ教会の側に立つことになった。すでに指摘したように、アイオナではこの十数年後、ワリアでは五〇年後、アルモリカではさらに一世紀後、ヒベルニア方式が改められる。

ゲレン王は七一〇年、ウェセックスのイネ王に殺害され、ドゥムノニア最後の王となった。ウェセックスの大アルフレッド王の時代（九世紀後半）には、ケルノウはアングロサクソンの支配下に入る。ノルマン・コンクウェストの後、ブリトン人系の領主が退けられ、コーンウォール伯領となった。

一三三七年、エドワード三世の長男エドワード黒太子がコーンウォール公となり、この称号が英国王の長男に代々受け継がれることになった。こうして領域的一体性が保持されることで、ケルノウ語の存続も可能になったと考えられる。この時点でフランス語に代わって英語が流入し、ケルノウ語の衰退を早めたという見解もある。

ちなみにウェールズ大公の称号は王の第一継承者に与えられるもので、一三〇一年、後のエドワード二世にはじめて与えられた。両者とも、英国王室の安定化を図るための、近隣地域懐柔政策の一環と考えられる。コーンウォールとウェールズ、二つのケルト語文化圏はイングランドにとって最重点地域だったのであり、一四世紀になって、王国の国王相続権に関する機構的整備が完了するのである。

コーンウォール公について、もう一つの逸話を挙げておこう。一二世紀の『列王史』では、国王ウーサー（ウーゼル）・ペンドラゴンに反旗を翻《ひるがえ》したのが、コーンウォール公ゴルロイスであり、公はウーサー軍に殺害されるが、その妻イグレイン（イグライネ）に魅了されていたウーサーは、魔術師マーリンの力を借りてゴルロイスに化け、イグレインと床をともにする。そこで誕生したのがアーサーなのである。アーサー王伝説が五世紀のブリタニア島を舞台とするものの、一〇世紀以降の社会的背景のなかでこそ意味を持ったというのは、こうしたところからもいえるのである。

第七章　ノルマン王朝とアーサー王伝説

カロリング朝とアルモリカ

カルル大帝の戴冠

ブリタニア島のブリトン人は、五世紀後半から六世紀末にかけてのアングロサクソン人の伸張によって、今のノーサンブリア、ランカシャーといった地方の主導権を失い、ワリアすなわち現在のウェールズがその多数派を形成する唯一の地域となる。アルモリカへの第二の移住の波は、ブリタニア島内のこうした民族間の主導権の移動を背景に、六世紀後半から七世紀前半に続くことになった。もちろんその移住は大規模とはいえなかっただろう。戦士や聖職者を中心とした小規模集団の継続的移住が一般的だったと考えられる。

七五一年、フランク王国では短軀《たんく》王ピピン（三世、小ピピン）が即位し、カロリング朝が成立する。その子カルル大帝（シャルルマーニュ）は、八〇〇年のクリスマスに、ローマ教皇レオ三世からローマ皇帝として戴冠《たいかん》を受け、ローマ帝国（西ローマ）の皇帝となった。ここにいたって、アルモリカは完全にフランク王国の勢力下に入る。

ワリアにおける政治的統一は、前章で述べたように、九世紀半ばのロドリ・マウル王が最初で、その後は断続的に、一〇世紀前半のハウェル・ザー、一一世紀後半のグリフィズ・アプ・リウェリンに引き継がれる。アルモリカにおける情勢はワリアの場合とたいへんよく似ている。

自立するアルモリカのブリトン人

実在の人物で政治的に名をはせる最初の王がノミノエ（ヌメノイオ、ネヴェノエとも）で

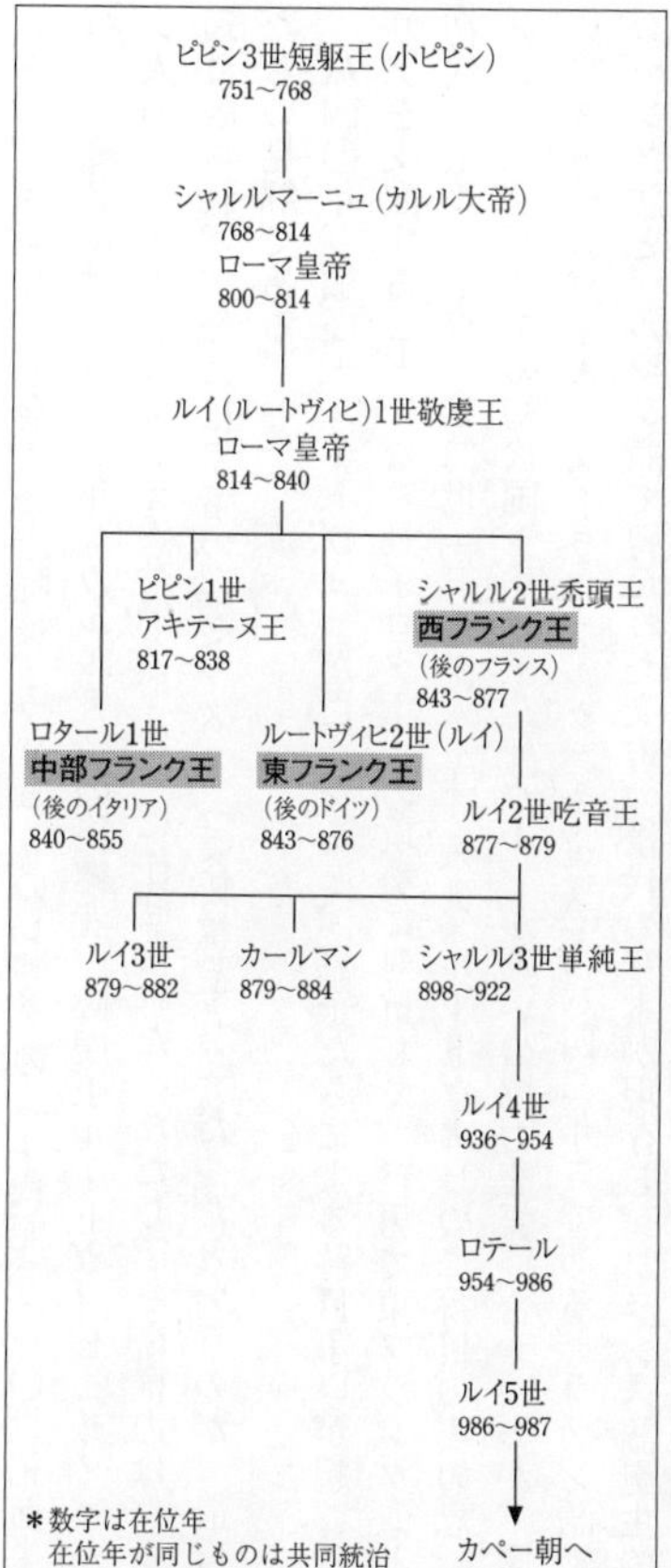

カロリング朝系図

ある。ベネディクト会大修道院長、プリュムのレギノの『年代記』（一〇世紀前半）によれば、ノミノエは、八三七年、カルル大帝の後継者、敬虔王ルートヴィヒ（ルイ）からブリトン人の「ドゥカトゥス」（デュック、公）に任ぜられた。ただし、その権力はグウェネト周辺に限られ、実際には皇帝の「ミッスス（委任統治者）」だったというのが、最近の研究者たちの見解である。

八四〇年、敬虔王ルートヴィヒが亡くなると、息子たちによる跡目争いが起こる。北イタリアを支配することになる長子ロタールの攻勢に対抗して、三男で東フランク（ドイツ）の初代国王ルートヴィヒ二世「ドイツ人王」と、父ルートヴィヒの二番目の妻の息子、西フランク（フランス）の初代国王禿頭王《とくとう》シャルルとが互いの協力を誓い合ったのが、歴史上名高い「ストラスブール（ストラスブルク）の宣誓」（八四二年）である。ラテン語ではなく、ロマンス語とゲルマン語で書かれた文書の後代の写本が現存し、フランス語誕生の画期をなすということになっているが、この宣誓にノミノエは西フランク王の忠臣として立ち会っている。

ノミノエは間もなく主君に反旗を翻《ひるがえ》し、八四五年、「バロンの戦い」でシャルル禿頭王を破る。これは一時的勝利にすぎなかったが、一九世紀ブルターニュのロマン主義的民族派においては、フランス王にはじめて勝利した戦いとして顕彰されることになる。八五一年、ノミノエの跡を継いで「ブリトン人の王」となった息子エリスポエも、「ジェングランドの戦い」でシャルルを破る。しかし、彼の場合も栄光は短期間だった。

エリスポエを暗殺してアルモリカの王権を握った、そのいとこサロモンは、八六三年に西アンジュー地方を手にいれ、八六七年には今のノルマンディー全域を領地とする。アルモリカのブリトン人の王がフランス西部地方一帯を支配下に置いたことになり、一四世紀以降のブルターニュ独立王国の王国史では、栄光の時代の到来として記憶されることになる。アーサー王伝説で有名になる一二世紀の『ブリタニア列王史』には、ノミノエやエリスポエの名は見られないが、サロモン王は何度か登場する。この当時から王の重要性が認識されていた証拠である。

サロモン王　アルモリカの王権を握ったブリトン人の王。ランヴェラン村㊻の教会にある17世紀後半の木像

九世紀半ば以降、こうしてアルモリカのブリトン人においては、フランク王国との関係が政治の中心に来る。と同時に、文化的にはそのカロリング・ルネサンスの影響がアルモリカにもおよぶことになる。これ以降ブルターニュで「マギステール（教師）」、「グラマチクス（師匠）」の数が増加することでもそれがわかる。宮廷や貴族の館での教師であり、助言者であり、聖職者を兼ねる場合もあった。アルモリカではこうした知識人層の増加と、第五章でみたランデヴェネックなどの修道院でのラテン語による聖人伝の量産とが一致する。第六章でみたように、剃髪《ていはつ》の様式

などヒベルニア文化圏のキリスト教的色彩が弱まり、代わってローマ教会の影響が拡大するのもこの頃である。つまり、渡来聖人の伝記が大量に作成され、その島嶼起源の記憶が自覚はされるが、自らの文化はラテン化し、ケルト諸語の文化圏からは遠ざかりはじめていたことになる。こうした知識人層は、次にみるヴァイキングの後の時代、一一世紀にはさらに増加することになる。

ノルマンディーの形成

ノルマンディー半島は、ローマ帝国時代はガリア人のウネリ族の居住地（古い地名ネウストリアの語源）であり、三世紀のコンスタンティウス帝の時「コンスタンティウスの土地（パグス・コンスタンティヌス）」になる。ノルマンディー半島の別名コタンタン半島という地名はこれがもとになっている。ノルマンディーの語源はもちろんノルマン人の土地という意味であり、「北の民（ノルマン）」侵入以降の新しい地名である。

五世紀末にはフランク人とサクソン人が進出し、その覇を競ったが、フランク人が覇権を握り、その支配するところとなった。だがほかのガリア・フランス諸地方と同様、フランク語の痕跡は残らなかった。ラテン語化していたガリア人に同化したのである。

アルモリカでは、八四三年にナントにヴァイキングが出現したという記録が初出で、ノミノエ王の時代にすでに北方の民の襲来を経験していたが、サロモンの治世ではそれが収まり、九世紀末のブリトン人の王・大アラン以降、ノルマン人の活動が再活発化した。

九〇七年にはランデヴェネック修道院が破壊され、九一一年にロロ（フロルフ、ロロンとも）が一族を率いてシャルトルを包囲した。西フランク王シャルル三世（単純王）は和約を結び、ロロにコタンタン半島を与え、公に叙した。ここに「ノルマン人の土地」ノルマンディーが誕生したのである。

ロロはロベールとフランス語風に改名し、キリスト教の洗礼を受ける。一〇世紀初頭の段階で、社会階層のトップに立ちながらキリスト教徒ではなかったのである。さらにキリスト

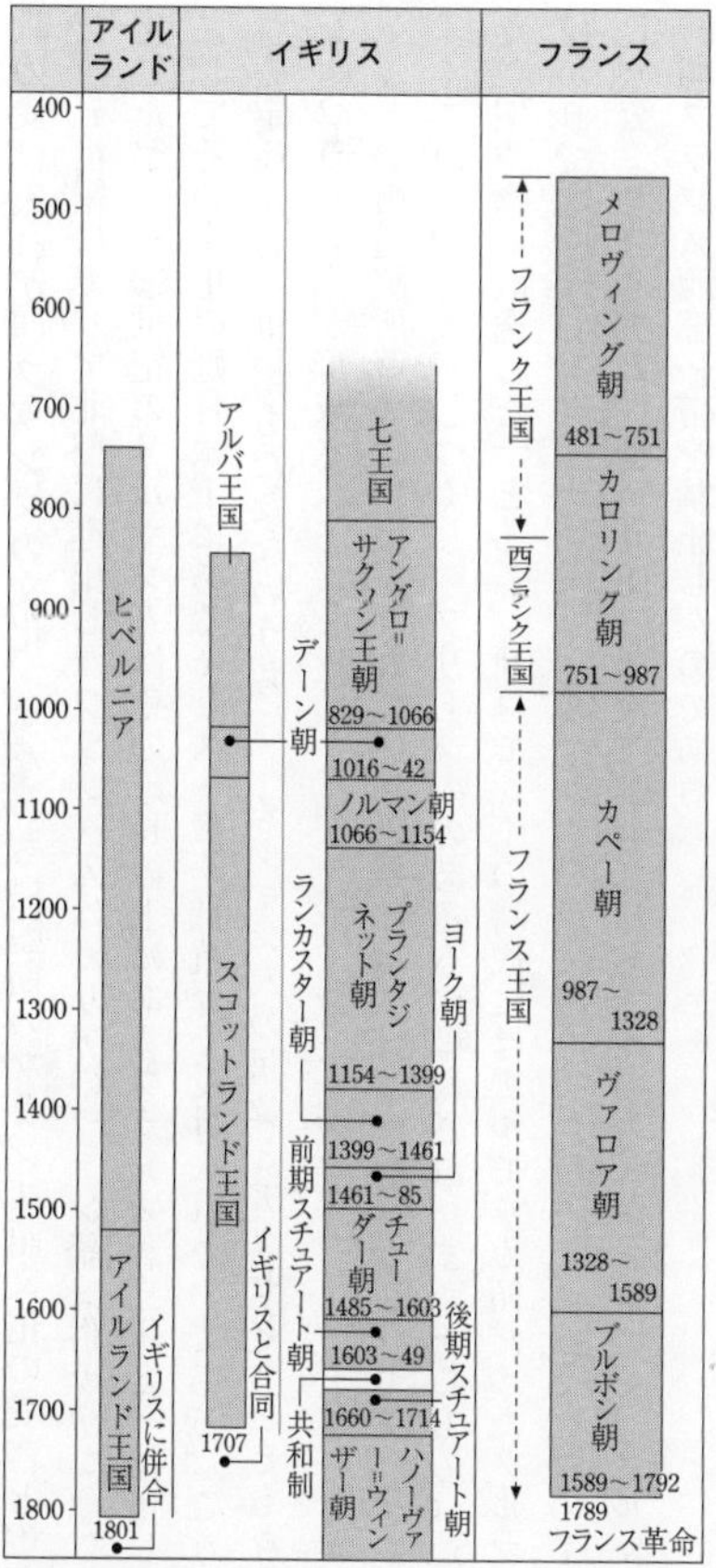

英仏のおもな王朝の興亡

教の受け入れが西フランクの文化、すなわち揺籃《ようらん》期のフランス語文化の受容と重なっていた。五世紀にガリア北部に進出したフランク人はガリアのラテン語（俗ラテン語）文化に同化したが、一〇世紀のノルマン人はその延長線上にあるフランス語文化と一体化した。同様にしてその文化の延長線上にあるキリスト教を抵抗なく受け入れたのである。こうして、ロロの定住から一世紀もたたないうちに、ノルマン人の語彙《ごい》とアクセントをともなうノルマン・フランス語が形成される。

ルドン修道院所蔵の『年代記』九二〇年の条には「ノルマン人が小ブリタニア（ブルターニュ）の全域を破壊しつくし、ブリトン人のあるものは殺され、またあるものは追い出された。聖遺物は散逸した」とある。サロモン王の時代にはアルモリカ領だったノルマンディーばかりでなく、レンヌやナントもノルマン人の手に渡り、九三三年には、ロロの子ウィレム長剣公（ウィリアム一世、九四二年没）が「ブリトン人の公」を名乗った。ノルマン人は一時期フランス西部一帯を制圧したのである。

ノルマンディーの司教区は、八六〇年に機能不全に陥ったが、九一一年には再興された。九四二年には、ルーアンの修道院が再建される。一〇世紀末には、モンサンミシェルなどの修道院も活動を再開し、ノルマンディーは、キリスト教布教の面でも中心的役割を担いはじめる。

ブルターニュの二つの特徴

九三六年、ブリトン人の王・大アランの孫で、ブリタニア島に避難していたアラン・バルブトルト（二世、「髭曲《ひげま》がりのアラン」ブルターニュ公）がノルマン人を破って凱旋する。といってもブルターニュ全域の支配を取り戻したわけではない。ナント伯としてブルターニュ東南部の支配権を獲得するのがせいぜいだった。

一〇世紀半ばから一一世紀はじめにかけて、支配の基盤としての伯領が画定されはじめる。アラン二世のナント伯領が最初らしいが、ほぼ同時期にレンヌ伯領も成立する。八世紀後半以来、カロリング朝の支配地域としてすでにこの二つの伯領は存在していたが、その実質的な支配者が明確化するのはこの時期になってからのようだ。地域としてのブルターニュも、現在にまでいたるその領域が画定するのがこの時期である。ブルターニュ公の称号も、一〇世紀後半には西部地域のケルネ（コルヌアイユ）伯領を合わせ、地域全体を覆うまでになった。

こうして歴史上に出現するブルターニュには二つの特徴があった。一つはすでに述べてきた島嶼文化圏との関係である。九世紀半ば以降、ブルターニュの知識人層では、大量の渡来聖人伝の編纂に見られるように、ブリタニア島からの渡来、ヒベルニア文化圏とのつながりは意識しつつ、自らはローマ的キリスト教と一体化したラテン語文化圏の一員となっていた。

一〇世紀前半のノルマン人の侵入による混乱の時代、ブルターニュ公アラン二世はブリタニア島に一時期避難していたが、それはイングランド王エアドウェアド（エドワード一世）

のもとではなかった。九三六年の凱旋に際しても、助力を得たのはエアドウェアドの息子アセルスタンだった。歴史的には不倶戴天《ふぐたいてん》の敵だったはずのアングロサクソンの王のもとに庇護されていたことになる。ブリタニア島からの移住は七世紀前半には一段落していたはずだが、それから三〇〇年経過して、島と半島のブリトン人の間の絆は弱まる場合があった、そのことを象徴するものだろう。

もう一つの特徴は、スコットランドと類似して、歴史的一体性を確立する時点で、内部の言語文化が二分されていたことである。スコットランドでは、ハイランド（北部）のケルト・ゲール語系とロウランド（南部）のスコッツ・英語系だが、ブルターニュでは、西部のケルト・ブリトン語系と東部のラテン・フランス語系である。スコットランドでは九世紀にヒベルニア島との関係が希薄になり、それが内部的な独自性形成につながった。時期的にもまたその二分する形についても非常によく似ている。

言語文化の盛衰

さらに宮廷の言語文化についても、スコットランドでは一一世紀前半のマエルコルム（マルコム三世）の時代にアングロサクソン化が顕著に進行したが、ブルターニュでも一〇世紀末にはその宮廷はほぼフランス語化したと考えられる。つまり、ナント、レンヌの両伯領の貴族たちは、一〇世紀にはカロリング化していたのである。カロリング化とは、ゲルマン系のフランク語化ではなく、九世紀には誕生していたフランス語にもとづくフランス化だった。

レンヌ伯領の領主でその人物像が文献的に確認できる最古の公は、コナン一世だが、フランク人貴族の家系といわれている。したがって一〇世紀末にはブルターニュの主要な宮廷はフランス語化していたと考えられるのである。もちろん中小貴族、農民は別であり、こうした民衆階層でのブレイス語使用は一九世紀まで続くことになる。

一〇世紀、こうした高位貴族のフランス語化によって、「ブリタニア」のフランス語形である「ブルターニュ」という地名の使用が一般化しはじめる。アルモリカでもブリタニアでもなく、ブルターニュという地名が一〇世紀に誕生したのである。ちなみに「西フランク」ではなく、「フランス」という呼称も使われだすのは一〇世紀である。

フランス北西部は、カエサルの征服によるローマ帝国のガリアの時代から考えると、一〇〇〇年の間に幾重もの言語文化の盛衰を経験した。ケルト系のガリア語は、カエサルに率いられたローマ軍によって押しつぶされ、民衆ラテン語が支配権を握る。四世紀に北東部から侵入するフランク人によって、コタンタン半島など一部はフランク語化する。五世紀から七世紀にかけて、ブリタニア島から到来したブリトン人は、アルモリカ半島北西部をブリトン語化する。八世紀に成立するカロリング朝フランク王国で形成されはじめるフランス語は、その傘下にあるコタンタン半島、アルモリカ半島の支配階層にも急速に波及する。九世紀に襲来したノルマン人は文化的にはフランス化し、キリスト教化するが、ノルマン・フランス語という言語的独自性を刻印する。ケルト系のガリア語とブリトン語、ラテン系の民衆ラテン語とフランス語、ゲルマン系のフランク語とノルマン語、少なくとも六言語が覇権を競ったのである。

この言語の盛衰には民族の移住がともなっていた。ただこれまで言われてきたように大規模なものではなかった。多くは小規模な戦闘集団・聖職者集団の定住化にすぎなかった。ガリアに移住したローマ人の場合でも大規模とはいえなかった。それでも文化的な権威の高さによって言語的同化が起こったのである。

ノルマン・コンクウェストとブルターニュ

デーン人の「北海帝国」

前章でみたように、一〇世紀にはアルバ（スコットランド）、イングランド、ワリア、ケルノウといったブリテン島の主要地域の現在にいたる境界が画定し、こうしたなかで、七〜八世紀に果たしたヒベルニアのキリスト教会の島嶼文化圏への影響力が減退する。一〇世紀にはもはや「ヒベルニア文化圏」として機能しなくなるといっていいだろう。大陸とブリテン島は一一世紀に新たな文化圏を構成することになるが、皮肉にもこのように、言語的に親縁性は持っていても文化的な交流関係が希薄になる段階で、後述するもう一つの島嶼文化といっていいアーサー王伝説が新たな展開を見せることになる。

この一方でローマのキリスト教は普及を続け、一〇世紀には少なくとも王族レベルの北方の民をもカバーして、欧州全域にいきわたりつつあった。島嶼文化圏の聖人伝がこの頃盛んに制作されたということも、その文化的権威づけとして重要である。もちろんキリスト教化の課題は民衆レベルであり、ここにおいてはさらに時を要する。

さて一〇世紀のイングランドである。九世紀末、ウェセックスのアルフレッド大王のもと、アングロサクソン人の文化的優位が確立し、キリスト教が指導者の間にいきわたるようになる。九二七年、大王の孫、アセルスタンがイングランドの最初の統一的支配者となり、一〇世紀後半の平和王エドガによって、イングランド統一が成就する。

だが九七五年エドガが亡くなり、国内は再び混乱に陥る。九八〇年から九八八年にかけて、デンマークを拠点とするヴァイキング、デーン人の侵攻が頻繁になる。この際、デーン人はノルマンディー半島の港を戦利品の売買や食糧調達に利用した。ノルマンディー公リシャール一世（リチャード無敵公）は祖父ロロがノルウェー出身であり、デーン人とは友好関係にあった。ところが、九九一年、教皇庁の主導によって、アングロサクソン人とノルマン人との友好協定が結ばれ、その一一年後には、イングランドのエセルレッド二世（無分別王）と、ノルマンディー公リシャール二世の妹エマが結婚し、その関係を緊密化した。

今や土着化して異郷の地の支配者となった、イングランドとノルマンディーの両方の「北方の民」は、いまだ襲撃を続ける大本の北方の民ヴァイキングに対して、同盟して抵抗しはじめたのである。それでもデーン人はブリテン島に侵攻を続けた。アングロサクソン人は「デーンゲルト（デーン人の金）」という補償金を支払って、デーン人の撤退を金であがなうようになる。九九一年に一万ポンド支払ったのが最初で、一〇四〇年までに合計二五万ポンドに達したという。

一〇一三年、デンマーク王スウェイン（スヴェン）・ハラルドソンがイングランド征服を企図して、クヌート（クヌーズ、カヌート）王子をともなって侵攻する。翌年、スウェインが亡くなるが、一〇一六年、息子のクヌートが二三歳でイングランド王に即位し、三〇歳の前王妃エマと結婚する。こうしてクヌートは北海を囲んで、イングランド、デンマーク、現在のスウェーデンを含むノルウェーと、大帝国を築くにいたった。とはいえこの権力は個人のレベルにとどまり、一〇三五年、クヌート王の死とともにたちまち瓦解する。

混乱が続くなか、一〇四二年、エアドウェアド三世（エドワード懺悔《ざんげ》王）がノルマンディーから帰国して即位する。彼はアングロサクソン系のイングランド王エセルレッド二世の息子であり、母親エマがノルマンディー公の娘だったので、ずっとノルマンディーで暮らしていた。こうしたなかから、ノルマンディー公ギヨームがウィリアム一世（征服王）として登場することになるのである。

ノルマン朝の成立

ウェセックス王家出身のエアドウェアド三世は、実子を持たなかったため、一〇六六年一月、甥のハロルド（二世）をイングランド王に指名して死去する。その地位を狙っていたハロルドの兄のトスティは、デンマーク王の支援のもと、ハロルドに戦いを挑むが、九月のスタンフォード・ブリッジ（ヨーク東方）の戦いに敗れ、戦死する。この直後に起こるのが、ウィリアム（ギヨーム）征服王との有名なヘイスティングズの戦いである。

通称のウィリアムは英語読みだが、彼自身はノルマン・フランス語が常用語で、征服後の宮廷でもこの言語が用いられることになるので、むしろフランス語読みのギヨームのほうが彼にはふさわしい。彼は父ロベール一世を継いでノルマンディー公になった後、一〇五〇年、ウェセックスのアルフレッド大王の系統のフランドル伯ボドワン五世の娘マティルダと結婚して、イングランド王家との縁戚を得ていた。エアドウエアドの死去によって、ギヨームも王位継承に名乗りを上げたのである。

ギヨームは一〇六六年一〇月、ヘイスティングズでハロルド軍を打ち破り、一二月、ウエストミンスター寺院でイングランド王として戴冠する。こうしてノルマン朝イングランドが成立する。ノルマン朝以降、イングランドは現在にいたるまで外国からの征服をこうむることはなく、爾来《じらい》イングランド王家はすべてギヨームの系統を受け継ぐことになる。

カエサルによるローマ軍の侵略から一〇〇〇年間、アングロサクソン人、スコット人、デ

王朝と歴代国王	在位年
ノルマン朝	
ウィリアム（ギヨーム）1世	1066～　87
ウィリアム（ギヨーム）2世	1087～1100
ヘンリー1世	1100～　35
スティーヴン	1135～　54
プランタジネット朝	
ヘンリー2世	1154～　89
リチャード1世（獅子心王）	1189～　99
ジョン	1199～1216
ヘンリー3世	1216～　72
エドワード1世	1272～1307
エドワード2世	1307～　27
エドワード3世	1327～　77
リチャード2世	1377～　99

ノルマン朝とプランタジネット朝の国王在位年

ーン人、ノルマン人と数々の侵入を許し、出ていったのはブリトン人だけだったが、次の一〇〇〇年間は逆に外国への進出が潮流になり、最終的には大英帝国という全世界にまたがる大帝国の構築にいたるのである。

さて、ブリテン島とアルモリカ半島の間のブリトン人の絆は、九世紀以降の聖人伝で見られるように、意識としては継続されたが、領主レベルでは、政治的駆け引きのなかで敵対的となることもあった。ギヨーム公のヘイスティングズの戦いでは、レンヌ伯に敵対的な北東部の領主たちが数多く参戦し、その褒賞としてイングランド各地に領地を与えられた。征服の一〇〇年後でも、イングランド王国全体の約五〇〇〇の騎士領の五パーセント（二五〇の領地）がブルターニュ出身の騎士たちのものだった。ちなみに、ギヨーム一族はブリテン島の半分の領地を、そのほかのノルマン出身貴族が四分の一を取得し、以前の支配者であるサクソン人はわずか五パーセントを保持するに過ぎなかったという。

このことは、島嶼系のアーサー王伝説が、フランスその他大陸ヨーロッパに流布する背景として重要である。

ノルマンディー公ギヨームに敵対して敗走したレンヌ伯コナン二世に続くブルターニュ公は、ケルネ（コルヌアイユ）伯のアラン四世である。ブレイス語地域の伯とはいえ、フランス語宮廷文化の浸透の速度は速く、彼がブレイス語を操ることができた最後の領主といわれている。彼はギヨーム征服王の娘と結婚し、王との接近を図るが、かえって従属的立場が強まる。その孫、コナン四世の時代になると、さらに政治的緊張度が深まる。英仏両国にまたがる、いわゆるアンジュー帝国が形成されるためである。アーサー王伝説の形成と流布については、この帝国がいわばその基地をなしていたと考えられるので、この帝国の成立経緯についても触れておこう。

英仏にまたがるアンジュー帝国

ギヨーム征服王の息子、イングランド王ヘンリー一世（アンリ）の娘マティルダ（マティルデ）と、アンジュー伯ジョフロワ四世の子が、一一五四年、ヘンリー二世として、プランタジネット朝を興す。ヘンリー二世は、父からはアンジュー伯領を、母からはイングランドとノルマンディー公領を継承し、さらに一一五二年にはアキテーヌ公国女性相続人アリエノールと結婚して、フランス南西部アキテーヌ公領をも手中に収めた。

海峡国家・アンジュー帝国　1190年頃

現在の英仏両国の相当部分を領地とする、広大なアンジュー帝国はこうして誕生したのである。もちろんこれで実効的な支配は期待できない。王は有力諸侯のひしめく大陸の領土を巡回するため、フランスに滞在することが多く、ノルマンディーのルーアンが実質的な首都だったようだ。これはノルマン・コンクウェスト以来、ノルマン朝歴代イングランド王に共通することであり、したがって英語を操る能力はなく、もっぱらノルマン・フランス語を用いていたことになる。

ヘンリー二世はまた、一一六五年、ワリア（ウェールズ）の支配を復活させ、一一七一年、ヒベルニア（アイルランド）を攻略する。ブルターニュも例外ではなく、一一六六年、コナン四世の公位を譲位させ、一一六九年、ブルターニュの自身の支配権をフランス王ルイ七世に認めさせた。ヘンリー二世の子リチャード一世（リシャール）は、一一八九年から一一九二年の第三回十字軍など、生涯の大半を戦いのなかで過ごし、その勇猛さから獅子心《ししん》王と称され、中世騎士道精神を体現する王と後代絶賛された。幼少時代はフランス南西部アキテーヌ地方で育ち、王位についてからのイングランド滞在は通算してもわずか六ヵ月で、彼もまた英語がほとんど話せなかった。

プランタジネット家によるブルターニュの支配権は、ヘンリー二世の孫、アーサー一世（アルチュール）まで続く。アーサー一世はイングランド王リチャード一世の事実上の世継ぎだったが、その地位はヘンリー二世の末子ジョン（欠地王）に奪われ、さらにはわずか一六歳でジョン支持派に暗殺される。この短命のブルターニュ公アーサーは象徴的である。中世騎士道精神を体現する叔父リチャード一世から嘱望され、その名もアーサーである。そしてまさにこの時代が、アーサー王伝説の全ヨーロッパ的に流布される時代なのである。

詩歌と口伝・書きことば

島嶼文化圏の吟唱詩人

アーサー王伝説の流布についてみる前に、こうした伝説がどのように伝えられたものか、その背景について触れておきたい。

口伝の詩歌は、文字化されていない社会に共通するものであり、ケルト文化のみを特権化することはできない。ヨーロッパでも、スカンジナビアのスカルド、アングロサクソンのスコップ、南仏のトルバドゥールなど伝承詩歌の歌い手たちは数多い。ケルト文化圏では、「バルド」という詩歌の吟唱《ぎんしょう》を生業とする一団があり、これがドルイドに関連づけられる場合もあった。

一二世紀ワリアのギラルドゥス・カンブレンシスによれば、「カンブリア（カムリー、ワリア）のバルド、歌唱者、吟唱者たちは、こうした王様たちの系図を、カンブリア語で書かれた、古い神聖なる書物に保持し、これを暗誦する」（『カンブリア素描』一一八八年）。

ヒベルニアの吟遊《ぎんゆう》詩人「フィリー」（賢者、預言者の意）もこの系統に属し、キリスト教の流入によって呪術者たちがキリスト教聖職者たちに取って代わってしまったあとも、世俗の伎芸として継承された。これがブリトン人では後述のようにアネイリンやタリエシンなどの宮廷詩人の系統と同一と考えられる。カムリー語では「カヴァルイジアド（専門家、語り部）」と呼ぶのが普通だが、「ケルゾラン（小詩人、芸人）」という呼び名もある。古ブレイス語では「ウルウエールト」（透視する者、預言者『ルドンの文書集』）、「ヴェレダ」（巫女の意、一九世紀ブルターニュの作家シャトーブリアンの作品に登場）というが、ヒベルニアのフィリーと語源は同一である。こうした詩人たちは、ブリテン島やヒベルニアでは一一～一二世紀になっても存続した。

ブルターニュでは一一～一二世紀に成立した『カルチュレール（文書集）』に、「キタリスタ（キタール演奏家）」、「カントール（歌手）」といった職業が記される人名が登場する。「バルドの息子」（一一三〇年代、『カンペルレ文書集』）という言い方も現れるので、吟遊詩人が職業として存続していたことがうかがわれる。

アンジュー帝国の吟遊詩人

一二世紀末から一三世紀前半に成立した作者不詳のフランス語寓話集『狐物語（ロマン・ド・ルナール）』には、主人公の狐が多言語を操る吟遊伎芸者に化ける箇所がある（一四世紀はじめの写本が現存）。

あまりうまくないフランス語で語りはじめると、相手は「どの国から来たのかね。どうやらフランス生まれじゃないようだし」という。答えて「ぶるたーにゅカラ来タヨ。〈中略〉

ふらんす語ハナセルヨウニナリタイアルネ」。「何か身につけた職はあるのかね」。「ハイ、大道芸トッテモ旨《うま》イアルヨ。〈中略〉めるらんノ話ヤ鷹ノ話ヤ、あーさー王ノ話デゴザレ、とりすたんノ話デゴザレ、聖ぶらんだん様ノ忍冬《すいかずら》ノ話デゴザレ、ぶるたーにゅノ楽シイ小詩、ナンデモ聞カセテヤルヨ」。「イズーの小詩は知ってるかい」。「いぇす、いぇす」（鈴木覺ほか訳。一部著者改訳）と続く。ここにはブレイス語の話をフランス語に翻訳して語り、経回《へめぐ》る芸人の姿を垣間見ることができる。

フランス語に「ラティニエ」という古語がある。「ラテン語話者」というのが本来の意味だろうが、フュルチエールの『大辞典』（一六九〇年）によれば、オート・ブルターニュの方言で「通訳」を意味した。つまりラテン語を話す人が通訳だったことを物語るわけだが、ケルト学者フロリオによれば、この「ラティニエ」は、英語、カムリー語、ブレイス語、ノルマン語の四言語を操る人、という用法があったようだ。これこそアンジュー帝国における言語状況を体現する人たちだったただろう。

ちなみにカムリー語とブレイス語との分岐は、言語史では一二〇〇年頃に設定されるので、この記述はこの前後ないし以降のものかもしれない。後で見る『ブリトン人武勲詩《ぶくんし》（ブリュ物語）』（一一五五年）には、ケレディックという人物がうまい「ラティミエ」（ラティニエと同義）で、サイソン（サクソン）人の言語を話せた最初の人物だという記述がある。カムリー語では通訳を「ラドメール」というが、これは明らかにラティミエと関連する。こうした「通訳」たちがアンジュー帝国の宮廷で、ブリトン系物語の翻訳に活躍したことは想像に難くない。

一二世紀後半では、アンジュー帝国の恩恵を受けて、南仏のトルバドゥールがブリテン島やブルターニュを訪れ、その影響を受けた痕跡がある。そこではブリトン人風の吟じ方、楽器の使用法が学ばれた。後で見る「ブルターニュもの」への言及は、北仏の吟遊詩人トルベールより、南仏のトルバドゥールの方がはるかに頻繁だといわれるのは、まさにこのアンジュー帝国宮廷の影響力によるものだろう。

書きことばと口伝

吟遊詩人のところで紹介したギラルドゥス・カンブレンシスの引用では、詩人が暗誦する場合でも、それを書きとめておく文書の存在が記されている。西欧では口伝が早い時期から書きことばに支えられる側面があったのである。口伝と文書の関係を研究したクランチーなどの研究者によると、これとは逆に、一二世紀までは文書を携帯する場合でも口頭での伝達が重視されたという。

たとえば、イングランドの州法廷への招集では、令状があってもわざわざ口頭で通知された。一二世紀後半、ヘンリー二世が皇帝フリードリヒ一世に宛てた書簡が残っているが、用件は使者自身から口頭で申し述べるべきことが書かれている。声を発することが重要だったのである。こうした口伝と文書との密接な関係は、文書の作成年代の確定にも影響をおよぼすことがある。

アーサー王関連のカムリー語文献には、『カエルヴィルジン（カマーゼン）黒書』（一三世紀中葉）、『タリエシンの書』（一四世紀はじめ）などがあるが、いずれも内容的には六〜七世紀に遡及可能な記述をもっている。重要なのは一二世紀以降、それ以前の文書を再構築したものとして作成されたことである。古くからの口伝を書きとめたという意識があった。カムリー語は貴族層が用い続けたので、その権威づけのために歴史を掘り起こす必要があったのである。

ところがブルターニュでは、すでに一〇世紀に貴族層のフランス語化の兆候が現れ、一一世紀には全面化する。したがって一二世紀以降、上流階層の権威づけのための史料的整備の必要性がなくなってしまった。ブレイス語の一三世紀以前の文献、少なくともその存在を推定させる文献がほとんどないのはこのためである。

ヒベルニアにはさらに「イムラウ（イムラマ）」と呼ばれる航海譚（旅行記）が書記伝統としてあった。八世紀の成立といわれる『マエル・ドゥーン』は、有名な『聖ブレーニン（ブレンダン）の航海』（九世紀）のもとになったものとも言われるが、すでに触れたようにブルターニュの『聖マロ伝』などに取り入れられ、一二世紀以降には、フランス語や英語などさまざまな言語に翻訳された。まさにアーサー王物語のように欧州全域に伝播したのである。こうした翻訳には書きことばの介在が不可欠だった。

韻文詩の伝統

韻文は口伝の伝統を明かすものだが、ケルト語の内部韻のような巧妙な伎芸は、系統立てて学習されてはじめて獲得されるものであり、学習機関の存在と書きことばの介在が不可欠だと主張される場合がある。

ブレイス語には一三世紀以前の文献は存在しないと言っていいのだが、八〜九世紀のラテン語に対する注釈語彙、固有名詞がラテン語史料に残っていて、古い語形の類推が可能になる。書かれた詩歌としては、一三三〇年頃と推定される、イヴォネット・オムネスなる書写生の「レー」（八音綴短詩《おんていたんし》）がブレイス語では初出である。おそらく一一世紀頃にさかのぼる語形で書かれ、古詩の一部をラテン語写本の余白に書きとめたものらしいが、ここに内部韻が登場する。事例としてその一部を見ておくことにしよう。

「アン・ウエン・ヘウェン・アン・ロウェンナス」（無垢《むく》の微笑みが私を魅了する）

「アン・ヘガーラット・アン・ラーガット・グラス」（碧眼《へきがん》はほほえましい）

「マル・ハム・グオラント・ヴァ・ハランティス」（私の愛情を認めてくれるというのか）

「ダー・ヴット・イン・ノス・オッホ・エ・ホスティス」（夜の添い寝によって）

後述の宮廷風恋愛を彷彿《ほうふつ》とさせる内容だが、各行末の韻（ナス、ラスの「アス」と二つのティス）の直前の音節、一行目の三回の「ウェン」、二行目のラットとガットの「アット」、三行目の二度のラント（グオラントとハランティスに含まれる）、四行目、ノスとホスの

「オス」が内部韻である。この構成はカムリー語では三種類の「カンハネズ（内部韻）」として、さらに仔細に定式化されていた。エール語にもあり、ケルト語古詩歌の特徴ともいえるのだが、晩期ラテン語でもこうした形で詩歌が作成される場合があり、ケルト語圏固有の文化ともいえないようだ。いずれにしても、その作成にはかなりの学識が要求され、書きことばの介在が主張されるのである。

アーサー王伝説の広がり

伝説誕生の背景

アーサー王伝説は西欧全域で親しまれている。おそらくその広がりは、東洋における『三国志』とよく似ている。次にみるように、物語として確立する一二世紀前半からまもなくして、フランス語やドイツ語に翻案されて、大陸の宮廷に一挙に広まり、理想の騎士団像として流布することになった。しかもそれは、単なる王様の武勇伝としてではなく、その家臣たる「円卓の騎士たち」による、それぞれ個性豊かな伝説が個別に形成され、その全体がアーサー王物語群として語り継がれたのである。

湖の貴婦人に育てられ、王の妃と恋に落ちることで、円卓の騎士団の崩壊の原因にもなる「湖の騎士ランスロット」、コルノウィイの騎士トリストラム（トリスタン）とヒベルニアの王女イソルト（イズー）との悲恋物語、父の代から聖杯探求をつづけるペルスヴァル（パーシヴァル）と、ランスロットの息子ガラハドによる聖杯探索物語など、円卓の騎士たちの話は幾重にも広がる。

一九世紀ドイツでは、ワグナーが徳高き理想的社会として騎士の世界を歌い上げた。現代でも、ディズニー映画「王様の剣」（一九六三年）から、最近の「キング・アーサー」（二〇〇四年）にいたるまで、映画での描写が繰り返される。

一九九八年八月七日付「ガーディアン」紙は、一面トップに「これらの文字からアーサー王伝説は今や事実となるか」という見出しで、「アルトグノウ（アルトゥス、アーサー）」と刻まれたスレートの発見を報じた。発見場所がアーサー王の城のあったコーンウォールのティンタジェルであり、しかも書体や付属品の様式から時代が六世紀と特定されたことから、まさにアーサー実在の証拠と取られたのである。

前章で述べたように、アーサー王のモデルは五世紀末の武人として存在するが、史実として実在が確定しているとはいえない。少なくともローマ軍を打ち破ってヨーロッパ全体を支配した王という存在は否定されている。だがこの発掘からもわかるように、五世紀末、ブリテン島南部にアルトゥスという名の武将がいて、これがアーサー王のモデルになったのだろうという見解はもはや歴史学の主流である。

ウェールズ南部のカエルディス（カージフ）中央図書館に所蔵される『アネイリンの書』は、一三世紀末の古カムリー語の文書だが、その作成年代は六世紀にまでさかのぼる。作者はアネイリンという詩人であり、タリエシンとともに、ブリトン人の「ゴドジン王国」の領地、レゲッド（リージッド）王国の六世紀の伝説の王ユリアンに仕えた頌歌詩人である。この頌歌のなかに一言だけだが「アルチル（アーサー）」王が固有名詞として登場する。もちろんこの語は後の時代の挿入とも考えられる。

アーサー王が書物の中ではじめて言及されるのが、ネンニウスなる聖職者が執筆したとされる『ブリトン人史』（八〇〇年頃）である。この書の中世の写本は四〇点にのぼり、しかも異同が激しい。現存する最も古い写本はアルモリカで作成されたものであり、九世紀後半のものである。重要なのは九世紀にアーサー王伝説が確立して、それが関連地域、すなわちアルモリカ、コルノウィイ、ワリアにいきわたっていたと想像されることである。

五世紀から六世紀、アルモリカとコルノウィイにまたがるドゥムノニア王国の存在を第五章の末尾でほのめかしておいたが、伝説の舞台の中心がこの王国だと考えられる。

www.cricket98.co.uk

Friday Review

45p

The Gu

Do these markings mean that the legend of King Arthur is now fact?

アーサー王実在の証拠発見　1面トップで報じる1998年８月７日付のガーディアン紙

成立が一一〇〇年以前と推定されるカムリー語の物語『プレイゼイ・アンヌン（冥府《めいふ》の略奪物）』と『キルフッフとオルウェン』、『マビノギの四枝』にアーサー王関連の物語が展開され、なおかつネンニウスの『ブリトン人史』と共通する点が数多くみられる。それもこの三書がネンニウスを引き写しにしたということではなくて、相互的影響であり、それは『ブリトン人史』が一人の手による作品ではなく、多くの手が加わった、集団的、すなわち口伝をもとにしたものということの証明でもある。

「アーサー王の帰還」信仰

一二世紀初頭、アルモリカ、コルノウィイ、ワリアのブリトン人民衆の間で、アーサー王がいずれは戻ってくるのだとまことしやかに語られていた。この時点ですでにアーサー王伝説がケルト語ブリトン語派文化圏で広まっていたのである。英雄を待望する民衆的心情が流布の背後にある。

ウェールズの民間信仰では、アーサーと騎士たちが来るべき時を待ち望んで、眠っているのだと伝えられる洞穴が何ヵ所かある。イングランドでもマンチェスター付近やサマーセットなどで報告されている。すでに一二世紀後半に、アーサーは地下に眠っているという信仰が報告されているが(エティエンヌ・ド・ルーアン『ドラコ・ノルマニクス』一一六九年頃)、王が新たな侵入者に追いやられて地下にもぐったというヒベルニアの伝説を想起させる。この点は、後述の通り、アーサーがキリスト教以前の神の成り変わりと一般民衆には意識されていたことの証左になる。

一一九〇年か翌年に、ブリテン島西南部グラストンベリ修道院の墓地の一角から、アーサー王と王妃グィネヴィアの遺骨が発掘された(もちろん捏造《ねつぞう》だが)。伝説が全欧州的規模で広がりはじめていた時代である。帰還伝説を信じていたブリトン人にとっては、アーサーはやはり実在したのだという安堵の念と、もう戻っては来ないというあきらめの思いの二律背反した感情に襲われたかもしれない。とはいえウェールズでは一九世紀にいたるまで「帰還」信仰が継続される。

『ブリタニア列王史』

アーサー王伝説が宮廷で普及するもとになったのが、一一三八年頃書かれたとされる『ブリタニア列王史』である。研究者の見解は一致を見ているというわけではないが、著者ジェフリー・オヴ・モンマスは、一一〇〇年頃、ワリア南部のモンマスに生まれ、その家系はノルマン・コンクウェストの後のアルモリカからの移住者である。ジェフリー自身は人生の大半をオックスフォードで過ごしたようだ。

アーサー王　王に臣従したという30の王国名（下段の王冠）と、王をあわせて描いた14世紀の写本。大英図書館蔵

『列王史』で展開されるアーサー王の物語をここでかいつまんで紹介しておこう。

コルノウィイ公ゴルロイス王

のティンタジェル城には、美貌の公妃インゲルンが暮らしていた。ブリテン島の王ウーサー・ペンドラゴンがほれ込んで、魔術師マーリンの薬によって留守中の公に扮し、それとは知られずに妃を犯す。この時にできたのがアーサーだったが、ゴルロイス王が戦死し、ウーサーがインゲルンを娶《めと》り、アーサーの誕生は正当化される。だが王は毒を盛られ死ぬ。アーサーは一五歳で即位する。そしてブリテン島一の美女と讃えられた、ローマ貴族の家系のグアンフマラ(グエンフワラ、グエンフエラ、グイネヴィアとも)と結婚する。しばらくして大陸ではローマ人との戦いがはじまり、治世を甥のモルドレッドに託して、大陸への戦いに旅立つ。だが甥の裏切りを知り、戦いの指揮をオエルに任せて島に戻る。コルノウィイのカムランが甥との最後の戦いの場となり、モルドレッドは死に、アーサーは瀕死の重傷を負って、アヴァロン島に旅立つ。

全体的にみれば、この書の意図はブリテン島のブリトン人再興であり、ワリアの復興である。一三世紀にはカムリー語に翻訳され(二種の訳書)、一四世紀にさらに二種、一八世紀までの訳本は、以前の版の再構成だけのものを含め全部で六〇種にものぼる。ブレイス語版が知られていない状況からすると、驚異的反響といっていいのであり、おそらく大陸ヨーロッパでの流布に匹敵するといっても過言ではない。

騎士道精神を体現する円卓の騎士

一一四〇年頃、ジェフレイ・ガイマール（ジェフリー・ガイマー）なる人物がノルマン・フランス語で書いた『アングル人史』が、俗語によるアーサー王伝説の最初の文献と言われている。著者の素性は不明だが、おそらくブリテン島で書かれた書だろう。

一一五五年に編まれたのが、『ブリトン人武《ぶ》勲《くん》詩（ブリュ物語）』である。これもノルマン・フランス語で、著者は英仏海峡のジャージー島生まれ、ロベール・ワースという。この書は、当時のアンジュー帝国の王ヘンリー二世の王妃アリエノールに献呈されており、ヨーロッパ各地に広まるもとになった。「円卓」それからアヴァロン島での生存と、ブリトン人による帰還願望が登場するのはこの書が最初である。ブリトン人の再興のためではもはやなく、騎士道精神が基調となる、アーサー王伝説の転換点となる書物といっていい。ちなみにブロセリアンドの森にバラントンの泉があり、これが奇跡を起こしたという記述もワースにもとづく。ワースはこれを確かめるために実際にブロセリアンドに足を運んだという。

アーサー王の円卓　南イングランドのウィンチェスター城に掲げられている。12世紀の作

ノルマン・フランス語ではさらに、トー

マなる人物がヘンリー二世の宮廷で、一一五五年から一一六〇年の間に制作したと思われる『トリスタン物語』がある。ただこの現物は失われた。だがドイツ人のアイルハート・フォン・オベルクが一一七〇年頃、このフランス語を筆写しており、また一二世紀末、ノルマン人詩人ベルールが悲恋物語『トリスタン』を書き、その大半が現存している。さらに後述一三世紀ドイツのゴートフリート、同時代ノルウェーの翻訳が、トーマの作品を伝えるものだという。この当時はこのノルマン・フランス語が宮廷の言語であり、もっとも権威ある俗語だったのである。

これに続くのが、一二世紀末のクレティアン・ド・トロワによる一連の散文作品である。アーサーの円卓の騎士の物語『エレックとエニード』『イヴァン、獅子の騎士』(一一七四年頃)、『ランスロまたは荷車の騎士』『ペルスヴァルまたは聖杯物語』(一一九一年以前)などが知られているが、『ランスロ』は、ルイ七世とアリエノールの娘(したがってヘンリー二世との結婚以前の子)マリ・ド・シャンパーニュに献呈されており、まさにアンジュー帝国の宮廷のためにしたためられたことになる。その意味ではアーサー王伝説が欧州大陸に拡大する真の立て役者といえる。クレティアンでは、『エレック』のもとが口伝だと語られ、『ペルスヴァル』はフランドル伯提供の書物がもとだと書かれている。口伝と書物のはざまに生まれた物語群だということを本人も自覚していたのである。

こうしたフランス語によるアーサー王関連の物語は「マチエール・ド・ブルターニュ(ブルターニュもの)」とフランス語で総称された。

天使に出会うパーシヴァルと騎士ボールズ　エドワード・バーン＝ジョーンズの「聖杯伝説」シリーズより。19世紀。バーミンガム博物館蔵

一一六〇年以降一一八九年以前に作成されたというマリー・ド・フランスの一二編の『レー』（八音綴短詩）は、日本語で『一二の恋の物語』と訳されているように、フランス最初の女性による恋愛詩とされるものである。アーサー王とのかかわりはクレティアンの書に比べると少ないが、こちらもアンジュー帝国の宮廷がその活躍場所であった。

聖杯伝説から全欧的展開

一四世紀にはいると、聖杯伝説への関心が高まるが、このもとになったのが、一二〇〇年頃に執筆されたロベール・ド・ボロンの『アリマタヤのヨセフ』であり、

アリマタヤのヨセフがいかにしてキリストの磔刑の際の血を聖杯に入れてブリテン島まで運んだかを解説したのである。彼は『マーリン』と『パーシヴァル』も書いていて、これにより、キリスト、聖杯、ヨセフ、マーリン、アーサー、円卓、パーシヴァル、ガラハドと、本来は異教的な物語がキリスト教で一貫する形になったのである。一二三〇年頃、これを集大成する形で、五部からなる『聖杯のランスロット』が完成する。

英語では、一三〇〇年頃の『サー・トリストレム』、さらに一五世紀のトーマス・マロリによる『アーサーの死』が有名である（一四七〇年執筆、一四八五年出版）。

ドイツでは、一一九〇年代、ウルリッヒ・フォン・ツァツィクホーヘンがドイツ語で『ランツェレット（ランスロット）』を書いた。クレティアンのランスロとは異なるので、それ以前の（失われた）書の翻訳といわれている。また、一二〇五年頃、ウォルフラム・フォン・エシェンバッハによる『ペルツィファル（パーシヴァル）』、同じくこの頃の、ハルトマン・フォン・アウエによる『エーレク』と『イーヴァイン』がある。

トリスタンものでは、すでに紹介した一二世紀末のアイルハルト・フォン・オベルク（フランス語）と一三世紀のゴートフリート・フォン・シュトラスブルクによるものがある。トリスタンがブレイス語、カムリー語、ラテン語、フランス語の四言語で物語ることができたと記したのが彼である。『狐物語』でも語られていたように、宮廷の語り部が多言語を操り、それによって情報を収集し、活躍の場が与えられたことがここからもうかがえる。

北イタリアには、すでに一二世紀はじめに伝説が伝播していた証拠がある。『列王史』以前なので、口伝によるものと考えられるが、一一一〇年代から二〇年代にかけて、パドワ、モデナなどポー川周辺地域で、アルトゥシウス（アーサー）、ワルワヌス（ガウェイン）といった名前が貴族に登場する。決定的なのは、一〇九九年から一一二〇年にかけて制作されたモデナ大聖堂北側アーチ型門上部に見られるレリーフである。ここにはウィンロゲー（グイネヴィア）、アルトゥス（アーサー）、ケー（ケイ）などが記され、伝説が展開されているのである。一〇九六年から九七年にかけての冬、第一回十字軍がバリの町（イタリア南東部）に駐在したが、おそらくこのなかに、ブルターニュ公（この時はケルネ伯アラン四世）とその取り巻きがいて、アーサー王の話が語られ、この地の人々に広まったのではないかといわれている。

アーサー王伝説の異教的世界

ケルト学者フロリオによれば、もっとも古風な形態をとどめる詩『妖精のレー』の一群は、キリスト教以前、すなわちアルモリカばかりでなく、ヒベルニアやワリアの島嶼的民間信仰の世界を映し出すものである。登場人物は、ケルネ（コルヌアイユ）、レオン、グウェネト（ヴァンヌ）など身近な領主、ないしその一族となる場合が多いが、もとはといえば「異教的」な神だったのだと推定される。おそらくそれはアーサー王伝説の場合と同様なのだろう。異界を行き来する妖精もまた神的存在であり、まさに「前代の神々の零落した姿」である。

アンの『エレックとエニード』）などは「ブルターニュもの」と言われる物語群にはよくみられる。白はケルト語で聖性をも意味する。

作者不詳のレー『ギンガモール』に白豚を狩る場面が登場する。白い牝鹿《めじか》狩り（クレティ

ちなみに『エレックとエニード』の特に前半はヒベルニアの神話と類似するという。まず魔力を持つ動物（クレティアンでは白い牝鹿）の追跡がヒロインとの接吻に帰結する。ヒベルニアの神話では神が優美な女性に変身する。クレティアンのエニードはぼろ着との交換で豪華なマントをもらい、これでグイネヴィアに変身する。接吻や交接によって聖性（魔力）が獲得され、変身が可能になる。これが神話の基本パターンだが、アーサー物語群では、聖性を剝奪されて人間の変身話となっている。これも唯一神宗教、キリスト教流入の影響と考えられる。

作者不詳のレーに『シール・オルフェオ（キング・オルフェオ、オルフェオ王）』という話がある。題材は明らかにギリシア神話のオルフェウスからとったものだが、そこにはキリスト教以前の異教的な心情の世界を見ることができる。その概略を掲げておこう。

ブリテン島にオルフェオという名の王がいた。竪琴を奏で、エロディス王妃（オルフェウス神話ではエウリュディケ）と暮らしていた。五月のある日、散歩中の王妃に天啓《てんけい》があった。純白の騎士の一団がやってきて、彼らと一緒に異界に旅立つよう警告するのである。王妃は次の日、魔力により異界にさらわれる。王は悲嘆にくれて、ただ一つの慰めである竪琴を片手に旅に出る。ある日川べりで女性たちに会い、連れられて城に入った。王の奏でる音

楽は人々を魅了し、オルフェオはその対価に、家の主の妻を要求した。妻はエロディスだった。許しを得て彼女を連れて国に戻った。王の風貌があまりに変わってしまって、人々は王とわからなかった。だがその演奏のすばらしさから王と認められ、幸福な治世が戻った。

純白の騎士団は異界を予告し、川べりの女性たちは妖精を暗示する。城は異界であり、この世に戻った王は、浦島のごとく、時の経過を忘れていたが、浦島説話と異なり、幸福が待っていた。これはすでに紹介した島嶼文化圏の世界であり、形においてはキリスト教世界がいきわたっていた中世盛期においても、こうした民間信仰的信条が持続されていたとわかるのである。

ワリアとブルターニュには『エノックとエリ』という、自身も年取ってしまう、浦島と同様の結末を持つ話もある。作者不詳のレー『ギンガモール』にも娘のかたわらで三〇〇年待ち続け、風景も何もかも変わってしまった話がある。浦島物語は説話の基本パターンの一つであり、民間説話として普遍性を持つと考えられる。

森の神ミルジン（マーリン）

アーサー王伝説で魔術師として登場するマーリンは、島嶼ブリトン語派文化圏ではアーサー王とは別の長い歴史を持つ存在である。カムリー語でミルジンといい、カエルヴィルジン（カマーゼン）は語源的には「ミルジンの町」である。この町の逸話がジェフリーの『列王史』に引かれる。

アーサー王登場の直前、ヴォルティゲルンというブリトン人の王が登場し、彼がサクソン人の追撃から逃れてワリア北部にいたり、スノウドニアで塔を建てることにした。ところが、石工がその基礎を作っても次の日には沈んでしまう。占い師によると、父親の名がわからない若者の生き血を石の上にかければ、基礎は固まるという。そこで探し出されたのが、デメティア（ダヴェッド）の王の娘の子で、夢魔に犯されてもうけた子だった。この子がメルリヌス（マーリン）であり、そこから町の名を「ミルジンの町」にしたのだという。メルリヌスはヴォルティゲルンの宮廷で、城の沈下の原因を地下にある池で二頭の龍が戦っているせいだといい、その後次々と預言をしていくのである。この物語が『列王史』から切り離されて『メルリヌスの預言』（ジェフリー・オヴ・モンマス『メルリヌス伝』一一五〇年頃）で展開される話となった。マーリンについては、ジェフリーはカムリー語の文献（ないし口伝）に多くを負っていることになる。

マーリンは、研究者によって見解は異なるが、森に住まう野人、預言者、動植物に通じた賢者、森の神である。キリスト教以前の民間信仰の神だったといっていいだろう。九三〇年頃の成立とされるカムリー語の『アルメス・プリダイン（ブリテンの預言）』では、預言者（デルイズ／ドルイド）たちを統括する頭として描かれる。

マーリンにはこのほか、毒を盛られて狂人になるとか、ワリアの預言者タリエシンと出会い、余生を森で過ごすといった逸話がある。狂人と森との連合は、マーリンのもともとの性格、野人ないしは森の神を暗示する。

近代におけるドルイドのイメージはこのマーリンがモデルといってよく、それは古代ケルト人の正統的ドルイドとはまったく別物である。次に見る近代におけるドルイドも、同様に異質なものである。もちろんそれはケルト文化についても言えることで、古代と近代ではまったく対照的なものがケルトとして一括されるのである。

『カエルヴィルジン黒書』にカムリー語の『ミルジンとタリエシンの対話』があるが、それ以前の口伝を収録したものと考えられる。ブレイス語ではメルシンといい、名前としては九世紀から確認されている（たとえば『ルドンの文書集』）。まとまった物語をなす古い書物はないが、一四八八年にフランス語版『ブルターニュ（ブリテン）の預言』が出版された。

一九世紀ブルターニュのラヴィルマルケの採集した歌集『バルザス・ブレイス（ブルターニュ詩歌集）』（一八三九年）に、「吟遊詩人メルシン」というのがある。彼の解説によると「六世紀はじめに実在したブルターニュの王と同時代の詩人だろう」という。

この歌が九世紀から口伝で連綿と言い伝えられて、一〇世紀後に書き留められたとはとうてい考えられない。メルシンが登場する一五世紀末の『ブルターニュの預言』、ないしは同じく一五世紀成立と考えられる聖人劇『聖女ノナ伝』の影響を受けて成立した詩歌を、ラヴィルマルケが採集することになったと思われる。

預言者スコラン（アスコラン）

ブレイス語ではまた、一四五〇年頃の成立と推定される『ブレイス人の王アルズィール

（アーサー）とグイングラフとの対話』という書がある。この世の終わりの前にアーサー王の到来を預言するという話だが、グイングラフ（グウェンフラン）は森の野人で預言者であり、マーリンの成り変わり、別名ともいわれる。

グイングラフはその後もブルターニュの伝説に登場するが、預言者としてさらに有名なのがスコランである。『スコランの歌』は、一九世紀以降、ブルターニュの民俗学者によって好んで採集された歌物語であり、二〇種前後の異なるヴァージョンが報告されている。実はこの歌は、前述、カムリー語の古文献『カエルヴィルジン黒書』に「アスコラン」として記載され、その起源は少なくとも一〇世紀にまでさかのぼるとも推定される。

その物語は、姪を殺害し、あの世に行ったはずの男があの世から帰還して、実の母親に、その姪の殺害の赦しを請うことからはじまる。カムリー語の詩歌では、「教会に火をつけ、修道院の牝牛を略奪し、聖なる書物を川に捨てた。私は重大な贖罪をしなければならない」とあるが、スコランでも同様である。またアスコランで「汝の馬は黒色、汝のマントも黒、頭も黒、全身黒色だ」と描写され、スコランでは、「お前の馬は黒色、おまえ自身全身黒色」と唱われる。

息子は母に赦しを与えられ、罰を受け、氷の異界で悔悛《かいしゅん》する。赦されて、白馬に乗り、白人となって立ち去る。スコランには天国への道が開かれる。キリスト教的悔悛物語だが、氷の異界はそれ以前の異教の世界を背景とするものといわれている。白が聖性を持つことはすでに触れたが、それとの対比で黒が悪を表象している。

スコランの歌には、スコランの名前を分解的に「エス・コルム・ウェン」とするものがあり、これは、「白い鳩」である。マーリンの三人の聴聞司祭の一人が、白い鳩の異名を取るヒベルニアの聖人、聖コルンバヌスである。

いずれにしても、ウェールズとブルターニュで共有する詩歌が、七〇〇年以上の年月を隔てて、書き留められたことになる。一二世紀のウェールズの文献が、その後いつの時代かブルターニュに持ち込まれて、これをもとにした話が広まったと解釈することも可能だ。

共有する伝承群が背景としてあり、そうした話の一つとして、この「あの世からの帰還」話がある、と解釈するほうが「スコランの歌」のブレイス・イーゼル（ブルターニュ半島の西半部）での広がり具合からいっても納得がいくともいえる。非キリスト教的な信仰が周縁的なところで継承されたと考えるなら、こうした民話的事象は格好の場所とも言うことができるのである。

第八章　ケルト文化の地下水脈

フランス化するブルターニュ

アンジュー帝国の崩壊

一二〇三年、まだ成人に達していなかったアルチュール一世の死によって、プランタジネット家によるブルターニュの支配は終わりを告げる。カペー朝フランス王家のフィリップ・オーギュスト自らが支配に乗り出し、一二〇六年、史上初めてフランス国王がブルターニュ公を名乗る。一二一三年には、カペー家に近いドゥルー家のモークレールに支配が任せられる。以降、一六世紀の女公アンヌにいたるまで、このドゥルー（モークレール）家が公位を継承することになる。

アンジュー帝国という大王国が崩壊し、英仏両王国はそれぞれ別個の道を歩んでいくのである。これとともに、島嶼《とうしょ》ケルト語ブリテン島系統の文化が一体性を持ちえなくなる。アーサー王伝説をはじめとするカムリーやブレイスの物語が語られる宮廷が、ブリテン島と大陸にまたがって存在することもなくなった。ブルターニュとブリテン島との政治的関係が完全に断ち切られ、フランス王家との関係が密になるにしたがって、知識人の間でも、ブリタニア的一体性、ブリトン人としての意識は急速に減退していくことになるのである。

この一方でアーサー王伝説は、フランス語が西欧全域に広がることで宮廷文化化する。英国では一三〜一四世紀にエドワード一世や三世が円卓伝説を活用したように、王たちは自らの権威の高揚にアーサー王を大いに利用したのである。ブリトン語文化は地下水脈となって流れを保ち、時折姿を現すことになるのである。

書記文化の確立

この時代、西欧では知識人の本格的な形成がはじまるが、ブルターニュも例外ではなかった。フランス語文化は貴族においてはすでに一一世紀には流入し、政治的な統合がはじまる一三世紀には知識人層にもおよぶ。

フランス語の権威が西欧中の貴族層を巻き込む形でいきわたりはじめ、一三世紀には、イングランドばかりでなく、ドイツやフランドルでも宮廷の言語がフランス語になった。一二世紀末、ドイツ人のアイルハートがトーマのトリスタン物語をフランス語で書きとめたが、それでいっこう構わなかったのである。

パリでは一二世紀半ばには学校が誕生しており、ブルターニュ出身の神学者アベラルドゥス（アベラール）もパリで講じている。一三世紀中頃までに大学も整備されて、一四世紀はじめには、ブルターニュ出身者のためにパリに四つの寄宿舎（コレージュ）ができ、年間六〇人にものぼる学生がパリで研鑽を積んだという。

大学が形を整えると、官僚機構や公文書が整えられてくる。宮廷で王令などの文書が制度的に保存整備されるようになったのも、一三世紀はじめ以降である。公文書は、ブルターニュでは一二一三年以降、ラテン語ではなくフランス語で書かれるようになり、一三世紀末には、宮廷で用いられる言語はフランス語だけになった。

国王の識字能力についてみると、英仏の王たちは、一一世紀まではほとんどが読み書きできず、一二〜一三世紀では読めるだけ、一四〜一五世紀になってようやく書けるようになる。ブルターニュ公でも、読書能力が確認できるのは、一四世紀のブロワ伯シャルルであり、公文書に署名した最初の公は、その次のジャン四世である。

百年戦争期のブルターニュ

一三四一年、ドゥルー家直系のブルターニュ公ジャン三世が世継ぎを残さずに亡くなると、英仏の両王家の間でブルターニュ公継承戦争が起こる。時代はまさに百年戦争で（一三三七〜一四五三年）、両国の諍《いさか》いにいっそう拍車をかけることになった。

この戦争は、形の上ではフランス王家側の勝利に終わった。イングランド側についていた、ドゥルー家系統モンフォール家のジャンがフランス王家に忠誠を誓い、その息子がブルターニュ公ジャン四世となることで決着したのである。

ジャン四世は、一三七二年、フランス王シャルル五世に反旗を翻し、英王エドワード三世の側につく。そしてフランスとの戦いに挑んだが敗れ、一時英国への逃亡を余儀なくされる。だがシャルル五世の逝去により許されて、一三八一年、次王シャルル六世と和約を結んだ。

次公ジャン五世においては、フランスの国力の低下を見切ったか、一四二二年のシャルル七世の即位に際して、跪座《きざ》、脱剣による服従の姿勢をとらず、直立、帯刀で国王と手を合わせ、従属のことばを述べるだけだった。フランスの国土はまったく疲弊していたが、ブルターニュは経済的にも回復しており、これが政治力にも影響したわけである。

直立、帯刀のままでの従属の誓いは、一五世紀後半のフランソワ二世まで継承された。ブ

ノミノエ（ネヴェノエ）	848～851
エリスポエ	851～857
サロモン（サラユン）	857～874
ギュルヴァン	874～877
ジュディカエル	877～888
アラン1世（大アラン）	（877）888～907
ジュエル・ベランジェ	930～937
アラン2世	937～952
コナン1世	（958）968～992
ジョフロワ（ジャフレス）	992～（1008）1009
アラン3世	1008～40
コナン2世	1040～66
オエル	1066～84
アラン4世	1084～1112
コナン3世	1112～48
ベルト（女公）	1148～56
コナン4世	1156～66
コンスタンス（女公）（コンスタンザ）	1166～81 1186～89
ジェフロア（ジャフレス）	1181～86
アルチュール1世	1186～1203
フィリップ・オーギュスト	1206～13
ピエール・モークレール（大法官）	1213～37
ジャン（ヤン）1世	1237～86
ジャン（ヤン）2世	1286～1305
アンチュール2世	1305～12
ジャン（ヤン）3世	1312～41
シャルル（ブロワ伯）	1341～64
ジャン（ヤン）（モンフォール伯）	1341～45
ジャン（ヤン）4世	（1345）1364～99
ジャン（ヤン）5世	1399～1442
フランソワ（フランセス）1世	1442～50
ピエール（ペール）2世	1450～57
アンチュール3世	1457～58
フランソワ（フランセス）2世	1458～88
アンヌ（アンナ）（女公）	1488～1514
クロード（クラオダ）（女公）	1514～24
フランソワ（フランセス）3世	1524～47

ブルターニュの歴代王・公の在位年

ルターニュの後代の歴史家たちは、公領のなかで公は王と同等だったと述べており、この時代、ブルターニュはまったく独立した王国となっていたといってもいいだろう。港には多数の外国人が出入りし、百年戦争で混乱が続く西欧にあって、貿易のかなめとして繁栄を謳歌することになった。

フランス王国への併合

だがフランソワ二世の代には、この栄華に陰りが見えはじめる。フランス王ルイ一一世が強権的な支配体制の構築に乗り出したのである。ルイはブルゴーニュやアンジュー、プロヴァンスといった大諸侯領を併合して、大王国の基礎を固める。

その息子シャルル八世は、一四八八年、サントーバン・デュコルミエ㉟の戦いで、ブルターニュ公フランソワ二世を破り、王国が公領を部分的占領する条約を結んだ。

次に登場する女公アンヌ・ド・ブルターニュは、仏王国への抵抗の姿勢を見せた。戦闘が翌一四八九年再開され、イングランド、ドイツ、スペインなどの傭兵《ようへい》を招いたブルターニュはしぶとく戦いを続ける。ハプスブルク家の神聖ローマ皇帝マクシミリアンからはアンヌとの結婚の申し出があり、フランス王を挟み撃ちにする構想が生まれた。一四九〇年一二月、ハプスブルクの国王代理と婚姻の誓約書が交わされたが、戦局はますます不利になり、フランス王自身とアンヌが結ばれるという、国王側の提案を受けざるをえなくなった。一四九一年一二月、シャルル八世との結婚式が執り行われ、公領の仏王国への編入が開始されることになった。ただ、この時点では公領は双方が継承の権利を保持するとされた。

アンヌにはさらに厳しい試練が待ち受けた。一四九八年、国王が死去し、翌年彼女はその世継ぎのルイ一二世と再婚することになったのである。ここで公領は仏王家の長男でなく、次男が相続するとされた。国王と公を分けることで、編入につながらないよう配慮したのである。アンヌは二度の結婚で八人の子を産んだが、成人に達したのはルイ一二世との間の二人の娘だけだった。

アンヌは一五一四年一月亡くなり、長女クロードは次期国王アングレーム伯フランソワと同年五月に結婚する。ルイ一二世が翌年一月に死去し、フランソワ一世が即位する。公領は王妃クロードから贈与を受け、一五二四年、クロードが死ぬと、王子がフランソワ三世として公領を相続した。公位は有名無実化し、一五三二年、フランスとの連合をブルターニュ三部会が承認する。こうしてブルターニュの仏王国への編入が形式上完成することになった。公位は名目的に保持されたが、一五四七年、ブルターニュ公フランソワ三世が国王アンリ二世として即位することで、失われてしまった。

アンヌ・ド・ブルターニュ
2002年、ナント市ブルターニュ公城改修時に建てられた銅像

ブルターニュの黄金時代

一六世紀前半のフランスへの併合により、ブルターニュは政治的には独立性を失ったとはいえ、経済的文化的には繁栄を続けた。ブルターニュの黄金時代は、むしろ自立を失った一六世紀後半から一七世紀にかけてなのである。一六世紀はフランス全般で好況だったが、この世紀末から宗教戦争（ユグノー戦争）によって停滞に向かい、それが一七世紀も続く。ブルターニュは宗教戦争の影響をほとんど受けなかったので、一六六〇年代まで順調である。特に貿易では帆布や小麦、塩などが、英国、オランダ、イベリア半島などに輸出され、常に黒字状態にあった。

人口は一五世紀末で一四〇万人程度だったのが、一七世紀末には二〇〇万人と、二世紀間で五割増加する。その後の二世紀でさらに五割増え、一九世紀末には三〇〇万人を超える人口を持つことになる。一七世紀までの、産業革命以前の人口増加は注目すべきだろう。ここで蓄積された富は、教会建築などにむかった。今日、ブルターニュ各地で見られる伝統的教会は、多くがこの時代に建てられたものなのである。

さて、一六六〇年代を境に、ブルターニュは政治的にも経済的にも衰退期を迎える。原因の一つはルイ一四世の登場である。もう一つが一六七五年の「印紙税一揆《いっき》」（赤帽子団の反乱）と呼ばれる農民一揆である。戦費捻出《ねんしゅつ》のための新税である印紙税徴収の王令を発布したのがきっかけとなって、ブレイス・イーゼルの内陸地方を中心として反乱が起こった。「農民綱領」という民主的共同体規約を作成する農民集団が現れるなど、一世紀後のフランス革命を予見させる場面が出現するが、国王軍が直接乗り出し、半年で鎮圧される。事件が発端となり、国王が任命する警察長として地方長官（アンタンダン）が派遣され、中央による支配体制が一段と強化された。

一七二〇年には、ブルターニュの貴族層を中心として、王政転覆の陰謀が練られたが、実行前に発覚し、首謀者たちが捕らえられて、処刑された。中心的人物の名前を取って「ポンカレック男爵の陰謀」として歴史に刻まれたが、この事件は語り歌となって歌い継がれ、民族的抵抗の前史として記憶されることになる。

英国と島嶼文化圏

英国の支配するアイルランド

アイルランドでは、五世紀頃に成立した五大家族による「コーケド（五分の一）」支配と、そのなかから選ばれる「アルド・リー（大王）」の制度は、北方の民の襲撃によっても崩れず、一一世紀まで続いた。エール語の書きことばが維持され、一一～一二世紀はエール語文学・文化の華の時代といわれている。一二世紀、ローマ教会とりわけシトー会の規律が導入され、ヒベルニア独自の教会制度が大きく変わる。

政治的にも変化はこの時代である。一一七一年、英国王ヘンリー二世が攻め込み、南部、東部を征服する。一一七五年、最後のアルド・リーといわれるルアズリ・オコンハール（ロリー・オコナー）が英国王ヘンリー二世に対して臣下礼をとり、名目的に英国王の支配下に入った。こうして英国による征服がはじまる。

とはいえ文化面では一三世紀以降もエール語の詩歌吟唱《ぎんしょう》者、演奏家、また写本製作者、聖職者の地位は高く、言語文化はそのまま維持された。また征服者であるサクソン人、ノルマン人はエール人に同化する場合が多かった。言語文化だけでなく姓名もエール語化したという。ガリアに攻め込んだフランク人と同じように、プレスティージュの高い地元の文化に同化したのである。

一四世紀は大陸と同様、疲弊の時代であり、一三四八年のペストの流行で島の三分の一以上の人口が失われたという。王室の権力が弱まり、その力はダブリン周辺の「ペイル」と呼ばれる地域に限定された。

一五〇九年、英国王ヘンリー八世がアイルランド（ヒベルニア）領主を、一五四一年にはアイルランド王を宣言するが、その権力が現実味を帯びるにはさらに半世紀を要した。一五五六年にブリテン島からの移民がはじまり、一七世紀半ば以降本格化する。一六一三年に北部のデリーはロンドンの会社に譲渡され、ロンドンデリーとなってイングランドからの移住の中心となる。移住者は英国教徒またはスコットランドの長老派であり、こうして現代の北アイルランド問題の原点が形成されたのである。一七〇三年の時点で、アイルランドのもともとのカトリックは、人口的には九割を占めるにもかかわらず、全島の七分の一しか土地を保有しないまでになった。島で支配的な立場に立つプロテスタント派植民者たちの中には、自治を求める動きもあったが、一八〇〇年、連合法が成立して、英王室の領土に組み入れられることになる。

ウェールズの英国化と「創氏改名」

ウェールズでは、各地の領主の力が拮抗する中で、つねに小国分立の状態にあったが、一二五八年、ルウエリン・グウィネズ・アプ・グリフィズがウエールズ全域に覇権を確立し、ウェールズ（ワリア）大公（プリンス・オブ・ウェールズ）を自称して、一二六七年には、国王ヘンリー三世に、ウェールズ人の宗主たるを認めさせた。

だが次王エドワード一世治世下の一二八四年、ウェールズは英国王室領に組み入れられ、自立の歴史は幕を閉じることになった。一三〇一年、エドワード一世は長男にウェールズ大公の称号を与え、以降、「プリンス・オブ・ウェールズ」は英国王室の王権継承者の称号となった。

一四〇〇年、オワイン・アプ・グリフィズ（オワイン・グランドゥール）が、ウェールズの領主をまとめ、ウェールズ大公を宣言した。一四一五年、この反乱に終止符が打たれるが、彼はバルドなど伝承文化の庇護者としても知られ、カムリー語文化への貢献度も大きい。

ばら戦争の終結する一四八五年、ウェールズ出身の家系であるヘンリー七世が英国王となり、テューダー朝を開いた。その次男で次王ヘンリー八世は、ウェールズの併合を完成した王として名が刻まれる。一五三六年から四一年にかけて、イングランドの法律がウェールズに適応されるなど、一連の連合法が成立したのである。同時にカムリー語の姓名が英語に改められる。教会が王室の後押しをする形で進められた政策だが、これが正式名として教会の戸籍簿に登録され、現代にまで続くことになった。

歴史的事実として見過ごされがちだが、日本が朝鮮で試みた創氏改名《そうしかいめい》はウェールズでは近代への入り口で完成していた。ブルターニュやアイルランドではこれほど徹底されることはなかったが、ウェールズではいまでも名前だけは見事に英語化されてしまっている。一九世紀後半以降の民族主義興隆のなかで、名前の問題が取り上げられなかったのは、その組織的な改名があまりに早かったためといえるように思う。

英国教会の成立と併合が重なったため、ウェールズには英国法と英国教会が同時に流入することになった。とはいえ一五八八年、教会の教えを早期に拡大する目的で聖書がカムリー語に翻訳された。これはのちのカムリー語復興には重要な役割を果たすことになる。

一八世紀になってメソジスト・リバイバルと呼ばれる教育改革運動が、グリフィス・ジョーンズを中心にはじまり、日曜学校が各地に誕生する。ここでカムリー語がもっぱら用いられたため、言語文化保存のための核となったところとして記憶される。

英王室に抵抗するスコットランド

スコットランドは、一一世紀後半のマエルコルム三世の時代からアングロサクソン化が顕著になることはすでに述べたが、一一五三年のダビド・マクマイル（デヴィッド一世）の死によって、王室の組織形態もノルマン王朝をモデルに再編され、教会もヒベルニア教会の影響はほとんど消えうせてローマ化した。ただしアルバの伝統的な家制度「クラン」は維持され、バルドを引き継ぐような伝承歌謡や楽器（ハープやバグパイプ）もこのクランの中で維持された。

一二九六年、王の継承争いに乗じて、英国王エドワード一世がスコットランドを併合する。だがウォレスに率いられた軍が反乱を起こし、一三〇六年、ロバート・ブルース（ロバート一世）が国王を宣言した。彼の死後はスチュアート家がこれを引き継ぎ、英王室とは敵対と連合を繰り返した。

一五六〇年、スコットランド議会では、カルヴァンの弟子ジョン・ノックスが起草した「スコットランド宗教法」が成立し、長老派教会（プレスビテリアン・チャーチ）がスコットランドの支配的宗派になった。名誉革命後の一六九〇年にはスコットランド長老派教会として国教化される。

一六〇三年、英国王エリザベス一世が子を残さず亡くなったため、血縁関係によりスコットランド王ジェームズ六世がイングランド王ジェームズ一世として即位した。その次男が次王チャールズ一世であり、スコットランドに国教を強制しようとして反抗を受け、一六四〇年、議会を招集、ピューリタン革命につながることになった。

チャールズ一世はスコットランドのハイランド地方で支持され、その子ジェームズ二世は

「マンの足」の旗　マン島政府が発行した切手にデザインされた旗

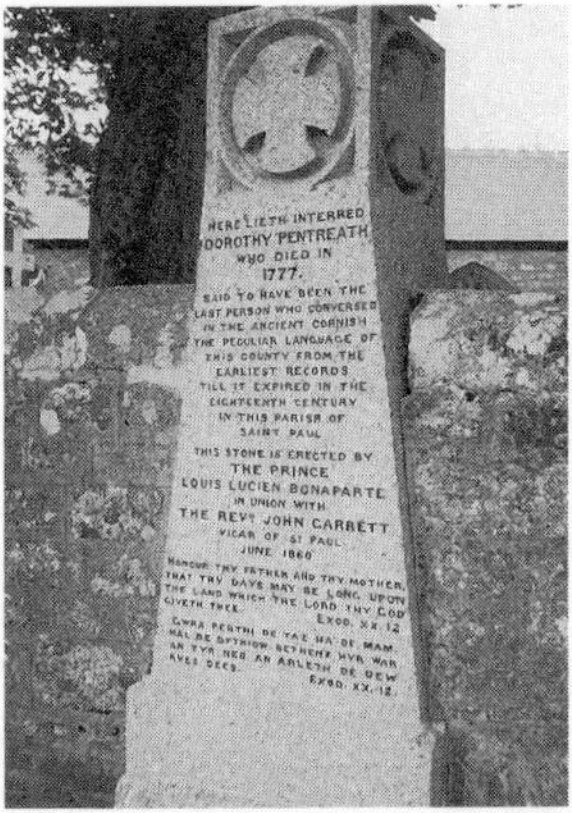

最後のケルノウ語話者の記念碑　コーンウォールのペンザンス近郊に、19世紀中頃に建立された

一六八八年、名誉革命によりフランスに亡命するが、その支持者たち（彼のラテン語名ジャコブスから「ジャコバイト」と呼ばれた）とルイ一四世の援助により、再起をはかったが失敗した。一七〇七年に両国は連合王国を形成することになる。この結果、法律も教会制度も独自性が維持され、同化することにならなかったが、言語文化的にはすでに一七世紀の時点で、ゲール（アルバ）語の使用はハイランド地方とヘブリデス諸島の民衆階層に限られていた。

マン島とコーンウォール

マン島では、ノルス人による「マン島および島嶼《とうしょ》王国」が一三世紀半ばに崩壊し、英王室の支配下に入るが、継続的な支配は一三四六年以降である。一四〇五年、英国王ヘンリー四世がこの支配をジョン・スタンリーに委譲し、この子孫がダービー伯となったので、ダービー家がその後三〇〇年にわたって支配することになった。マン島の旗「マンの足」は古代の（おそらくは太陽の運行を表現する）象徴だが、この時ダービー家の紋章に採用された。

一四二二年、一〇世紀から続くとされる自治議会（ティンワルド）で、マン島憲法が宣言され、議会の権利と義務が示された。

一六世紀まで、マン島の宗教的文書はすべてラテン語だったが、聖職者はみなマン語が使えたようだ。一六〇四年、ウェールズから布教にやってきた国教会派主教ジョン・フィリップスが英語の祈禱書をマン語に訳した。一六九九年にはその祈禱書が出版される。一七三六年、ダービー伯の支配に終止符が打たれ、一七六五年には英王室が買い取ることで、直接支配がはじまる。英語の文化的圧力は強まるが、一七七五年にはマン語の完訳聖書が出版され、文化的活力はさらに二世紀の間保ち続けられることになった。

コルノウィイは一三三六年に英王室領となって、言語文化的には英語化がはじまる。一五三三年、英国教会が発足し、一五四七年には教会での英語の使用を規定する王令が出て、ケルノウ語は宗教活動ですら使用される場面を奪われて、衰退への道を進むことになる。これはほかのケルト語と著しく異なる点で、一七七七年に最後の話者が亡くなり、島嶼ケルト語では唯一死語となったのだが、その原因はこのあたりにある。

異教性の残存とキリスト教

聖堂区の確立

ブルターニュの九つの司教区は一〇〇〇年頃に確立するが、民衆がふだん通う教会ができ、聖堂区（教区）が確定するのは、一三世紀前後と推定される。その証拠が「トロ・ブレイス（ブレイス巡礼）」、すなわちアルモリカ創始七聖人巡礼の開始である。これは一四世紀にかなり一般化し、一五世紀には経路が整備される。聖人信仰を中心としたキリスト教が民衆生活に浸透していくのである。

フランス王国の文書が整備されはじめるのが一三世紀だったが、ブルターニュの教会では早いところでも一五世紀である。ナントでは一四〇六年から洗礼記録が文書として保管されるようになった。洗礼記録の保管を命じる王令の最初は、フランス語での記録を規定したことでも有名な一五三九年の「ヴィレール・コトレ法」だが、オート・ブルターニュの五つの司教区では、一六世紀中頃にはフランス語になった。ブレイス・イーゼル（バス・ブルターニュ）では一六世紀に記録されるようになって、フランス語になるのは一七世紀以降になってからだった。住民がフランス語を使わないので、ラテン語のままで差し支えなかったのである。

一六世紀の特に後半、フランスはユグノー（プロテスタント）派との抗争、いわゆるユグノー戦争を経験するので、カトリック教会にとっては困難な時代だったが、ブルターニュはその影響をほとんど受けず、教会は繁栄を続けた。特に西部では一五七〇年代から九〇年代にかけて寄進された鐘楼がたいへん多い。一七世紀はじめ、レオン地方では、聖堂区あたり一〇人から二〇人の聖職者がいた。フランスのほかの地方のほぼ二倍の数だという。聖職者と住民の精神的距離も近かったようだ。

ブルターニュの教会建築群　グウィミリオ村㉙の風景。大半はブルターニュ最盛期の16世紀後半に築造された

聖人と奇跡治癒

ヒベルニアの三大守護聖人、聖パトリック、聖ブリジッド、聖コルムキルなどの伝記は七世紀にすでに編まれているが、一二世紀までに執筆された聖人伝の数は一〇〇篇にものぼるという。こうした聖人伝にはかならず奇跡の記述があった。これなしでは聖人伝は物語として成立しなかった。現代の研究者はこうした聖人たちを「聖なる魔術師」と呼び、後の時代の魔女たちの「黒魔術」と対比的に「白魔術」と名づけている。もちろんこれはヒベルニアの聖人たちばかりの特徴ではない。聖書の創世記をはじめ、キリスト教では奇跡の敢行は聖性に不可欠な要素であり、とりわけ布教初期聖人には重要だっ

た。

ヒベルニアの研究者によれば、初期聖人には、自然界の奇跡（雨を降らせる、嵐を鎮める）、フォークロア的な奇跡（動物たちとの対話など）、天界の奇跡（すなわち天使とのやり取り、天啓など）は数多いが、病気治癒や悪魔払いといった、人間や善悪に関する逸話は意外と少ないという。これはヒベルニアにもたらされたキリスト教が、悪魔の存在を強調することが少なかったためではないかと論じている。

病気治癒の聖人　モンコントゥール町㉒一帯の聖人たち。右からウアルニオル、リヴェルタン、ユベール、メン、マメール、リュバン。盗難にあい、現存しない。*Une Bretagne si étrange*より

アルモリカへの渡来聖人について見ても、確かに悪魔との関係を描く聖人伝はたいへん少ない。このレベルでは同じかもしれない。だが第一章でみたように、ブルターニュでは、悪魔や妖精は身近な存在であり、場合によっては親しみやすいキャラクターでもある。

病気治癒については、ブルターニュでは初期聖人においてもたいへん重要であり、この点はアイルランドとは異なる部分があるのかもしれない。あるいは中世以降になって重要になり、後に成立する聖人伝において強調されたということかもしれない。いずれにしても病気治癒は、あらゆる宗教の拡大には不可欠の普遍的超自然的要因といっていい。

　ブルターニュでは、聖アンナや聖母マリアなど、どんな場合でも対処してくれる一般医的聖人たちのほかに、治す病気が決まっていて、しかもその地方も限られる専門医的聖人も非常に数が多かった。専門医のほうが、病気になった場合にはより頼りがいがある。聖リュバンはリューマチ、聖マメールは腹痛、聖リヴェルタンは頭痛、聖ユベールは犬にかまれた時、聖メンは狂気、聖ウアルニオルは恐怖を感じた時に霊験あらたかだが、これらはすべてモンコントゥール町㉒一帯に限られる。

　聖コルネリは家畜の病気、聖マチュランは狂気、頭痛など頭に関することなら何でも、聖メリアデクも頭だが、こちらは難聴の専門家でもある。こうした専門医的性格は、『諸聖人伝』に登場する逸話にもとづいている場合が多い。

聖アンナへの奉納絵　子どもの病気治癒の御礼に奉納されたもの。サンテスアンナ・ウェネト教会宝物館蔵

　奇跡治癒はまた、聖母マリアなどの出現地が特別な場所として限定的に力を発揮する場合がある。代表的なのが南仏のルルドだが、ブルターニュでは一六二五年に聖アンナの出現で有名になるサンテスアンナ・ウェネト㊻がある。泉による奇跡治癒では、すでに第一章で見たように、キリスト教流入以前から聖なる場所として崇《あが》められていた可能性が高い。

聖遺物崇拝

中世のキリスト教とは結局のところ聖遺物崇拝だったといわれるが、神や聖人、神聖なるモノを崇めるのは、普遍的信条といえる。媒介するものがあってこそ、それから霊力の移譲が期待できるのである。

中世においては聖遺物の来歴が重視され、異教徒の襲撃、窃盗といった事件との遭遇、東方からの長旅を重ねるような聖遺物が尊ばれた。十字軍とりわけ一三世紀はじめの第四回十字軍によるコンスタンティノープル占領で、旧約聖書の諸聖人を含む東方出身の無数の聖遺物が氾濫《はんらん》的規模で流入したという。聖遺物商人も暗躍し、聖遺物争奪戦のうらで、捏造《ねつぞう》や来歴の改変も容易に行われた。保存する聖遺物の量、そしてその聖人の数を誇る教会や修道院が現れ、それが教会の権威の上昇にもつながったのである。

地方のどの教会もこの辺りの事情は同様であり、一七世紀はじめ、グウェンガン町㉒のフランシスコ会修道院には、聖フランソワ（フランシスコ）の紐の一部、聖クレアの衣服の一部、聖ザカリの腕、聖ヴァンサンの歯などがあった。サン・シュルピス・ラフォレ村㉟の修道院では、五六人の聖人の聖遺物を誇った。

こうした聖遺物のおかげで病気が治ったという効能歴も重要であり、プランコエット村㉒の聖母教会は、一〇〇件ほどの奇跡治癒の記録を持ち、サンテスアンナ・ウェネト教会では、半世紀の間に一〇〇〇件を超えたという。

隣り合わせの死

医療体制が未発達な前近代社会はどこでも「死」が身近な存在である。したがって、身近さのどこに特徴があったかを明らかにする必要があるが、第一章で触れた、死を体現する「アンクウ」というキャラクターは重要だろう。ただし骸骨の姿で大きな鎌を持つというのは、死神のイメージとしては月並みであり、キリスト教以前にさかのぼるようなものではないかもしれない。

キリスト教で死者は教会の周りの墓地に土葬するというのが基本である。ブレイス・イーゼル地方ではすべての信者がほぼ例外なく土葬される。墓地はすぐに満杯になるので、定期的に移葬、すなわち集合墓に遺骨をまとめる。この際、頭蓋骨だけは別の納骨堂に納める。これはほかの地方でも見られるようだが、ブレイス・イーゼルの特徴は、特に名士の場合には名前を刻んで頭蓋骨箱に入れておくことである。

一一月一日から二日にかけての夜、人々が教会に集まり、火を囲んで踊り明かすことが一六世紀ではブレイス・イーゼル各地で行われていた。一日は万聖節、二日

村の納骨堂　頭蓋骨が並べられているノアル・ポンディ村(56)のようす。現存しない。*Une Bretagne si étrange*より

は死者の日（万霊節）である。死者の日は万聖節になぞらえて教会が作ったものであり、万聖節自体は、キリスト教以前の死者の祭をキリスト教化したものという見解が根強い。

日本には非業の死を遂げた人がこの世に戻ってきて、現世の人々に危害を加える怨霊という概念があるが、キリスト教にも類似した考え方がある。異端として輪廻《りんね》の思想が存在するし、死者の霊のよみがえりをなす吸血鬼（バンパイア）のような事例もある。死者が何らかの事情でこの世に戻ってくると考えるのは素朴な人間感情であり、普遍的民間信仰といえるだろう。

ブレイス・イーゼルの民話に登場するこうした霊は、多くが倫理的義務を果たさずに亡くなり、赦しを請いに戻ってくるというものである。すでに紹介した『スコランの歌』はその代表である。

この世に戻った霊がいたずらをするという話もある。一七世紀はじめに布教にはいったヴェルジュス師の報告では、祖父あるいはその近親者の霊が、家畜を襲い、家畜が病気になってしまった。村の司祭がこれをやめさせるには九回続けてミサを行うことが必要だというので、村人たちはしっかりやってもらうために、いつもより多くお礼を支払ったという。

魔法使い・魔女

一六世紀半ば以降一六四〇年代にかけて、西欧では魔女狩りがたいへん増えるが、ブルターニュではむしろ稀で、しかも聖職者など、書物から知識を得られる文化人に限られたようだ。一般民衆の場合には、無知、愚直ゆえの犯行・逸脱ということで、火刑を免れえたのである。

ロレーヌ、エウスカル・エリア（バスク）、フランシュコンテなどの地方では、一般民衆が、おそらくごく些細な逸脱行為で火あぶりにされたのに、ブルターニュではなぜそれがなされなかったか。難しい問題だが、ブルターニュ近代史研究者アラン・クロワは、次の二つの理論を提示している。

一つは、魔女狩りを行う者たちが、ほかの地方に比べると、地元の文化に慣れ親しんでいる度合いが高く、民衆の信じやすさに同情的だったことである。おそらく、次にみる代表的布教聖職者モノワールがこれだろう。もう一つは、そもそも告発の数がブルターニュでは少ないことである。魔女裁判は、告発があって開始される場合が大半だが、それがあまりないのである。告発しようとする人も一度ならず俗信に頼った経験があって、結局は告発ができないで終わるケースが多かったのではなかろうか、と分析される。それだけ人々の俗信の根は深かったということになる。もっといえば、信心深かったゆえに、迷信が残存し、正統的キリスト教が根づくに至ら

最後の魔女と呼ばれた女性　ロッホ・アンアルゴェット村の女性、ナイアは、20世紀初めに絵葉書や新聞記事などで話題になった。*Croyances et superstitions en Bretagne*より

なかったということでもある。

「妖術（ソルセルリ）」は一七世紀になって用いられはじめた用語で、迷信一般を指し、迷信の一掃に乗り出したカトリック教会が、そうした意図で盛んに用いたのである。一六一八年のグヴェネト（ヴァンヌ）司教区司祭用指導書は、「魔法使いと易者」を「異端や魔法の本、紐の結び目などの魔法、まじないなどで病気を治そうとする」者たちとして弾劾する。

同じ頃出版されたブレイス語の『キリスト信徒の教義』では、「鬼（デーモン）などの怪物を崇めるもの、未来を占い、ために金銀を得ようとして悪魔を雇う者、試さんがために魔法術を習い、またこの種の書物を得る者、不正に蓄財をする者、窃盗を目的に占い師に頼ろうとする者、カード、賽子《さいころ》、篩《ふるい》、鍵などを用いる占いで窃盗の犯人を知ろうとする者、自らの病気や飼っている動物の病気を治すために魔法使い、妖術使い、呪術師に頼ろうとする者」を断罪する。

教会のなかでの鬼や悪魔の描写がたいへん多かったこともブルターニュの特徴で、これは次にみる絵解きの絵でも明確である。

ブルターニュの対抗宗教改革

プロテスタント派の攻勢に対処するために、一六世紀半ば、トリエント宗教会議が開かれ、その結果として、カトリック派の改革、いわゆる対抗宗教改革がはじまる。ただしフランスではユグノー戦争の影響から、実際に着手されるのは一七世紀になってからである。

改革の方向性ははっきりしている。すべての人を対象にすることと、ゼロからの出発である。キリスト教の真の信仰としてカトリックの教義を打ち出すために、異教的、迷信的、そして最悪の形としての異端・プロテスタント、すなわちユグノー派の一掃がめざされた。といってもブルターニュでは、ユグノー派が大きな勢力になることはなかったので、布教師たちもこの宗派の一掃を第一目標に掲げることはなかった。最大の目標はこれまで述べてきたように、迷信との戦いである。つまりこの時代になってようやく、すべての人を対象としたキリスト教化がはじまったといってもいいのである。

まずは聖職者たちの立て直しである。修道会の組織化がはじまる。一六世紀末から一六七五年までに、ブルターニュで一二三ヵ所の修道院が建設された。男子修道院はカプチン会が主流で、イエズス会、托鉢修道会など四七ヵ所、女子修道院ではウルスラ会が半数、その他はカルメル会、ベネディクト会などで七六ヵ所にものぼった。

一六六〇年代からは神学校での聖職者養成がはじまる。一六七〇年に開学したレンヌの神学校では、三ヵ月間の研修が年に二回行われた。一六八一年にはじまるランドレゲール神学校では研修期間が一年だった。この頃から一般信徒向けの合宿研修会が開始される。一六六一年に後述のヴァンサン・ユビ師の指導するグウェネトの研修所では、四人のイエズス会士が指導する形で、一回八日間、三〇〇人が研修にきた。一六七五年には女性用の研修所もグウェネトに開設される。

布教と布教師たち

布教（ミッション）は、イエズス会士モノワールなどによって、ブルターニュではブレイス・イーゼル地方を中心に行われた。布教は通常一ヵ月継続される。この間、一つの村にとどまってミサと祈り、説教それからカテキズム教育が行われる。一ヵ月布教に従えば、教皇から全免償符がもらえた。これは、この世とあの世での罪にもとづく贖罪が免除されるというもので、プロテスタント誕生の際に攻撃のまとになったものだが、信者にとってはたいへん魅力的なものだった。最後に信者行進（プロセッション）が行われ、布教が終了するが、この最後の行事には、近隣の村々からも信者が詰めかける。一六七五年のラザリスト会によるプルゴンワス村㉒での行進には一万二〇〇〇人が参加し、一六六八年のランディヴィジオ村㉙でのモノワールの布教では、聖体拝領を行うために三万個のホスティア（聖体のパン）が必要だったという。

アラン・クロワのモノワール師とラザリスト会についての調査では、一六八三年すなわちモノワール師の亡くなるまでの布教は、四〇年間で五四七回、延べ一〇万人が参加したという。布教の最後の大行進には近隣の町村からも参加するので、通常四～五倍の参加者になるが、総勢では四〇万～五〇万人にのぼるということになる。

迷信との戦い

金曜に爪を切ってはいけない。畑に三脚椅子を置いておくと、狼が家畜を襲うことはない。聖書の詩篇の唱えかたを少し変えると遺失物が見つかる。神の名で釘に助力を求めると、歯痛が治る。清められた小麦の種を、手足の痛いところに押し当てておくと痛みが治る。

これらはごくふつうの俗信である。だが、一七世紀はじめのカトリック教会は、こうした俗信のすべてを禁止しようとした。神聖なもの、聖書のことばを粗末に扱ってはいけない、というのが趣旨である。上記の例では、金曜はキリストの処刑の日であり、三脚は三位一体に通じるのである。つまりこれらの俗信は神聖なものの乱用を慎むということであり、キリスト教流入以降いわれるようになったもの、ということができる。ただし最後の清められた小麦の種だけは認められた。このあたりの基準は微妙ではある。

対抗宗教改革の初期、一六〇八年にブルターニュに布教に入った、先駆者ミシェル・ルノーブレの伝記作者は次のように書いた。「無知蒙昧《もうまい》が支配している。主の祈りどころか、お祈りや信仰とは何かを少しでも心得ているような人はまずいない。……バス・ブルターニュの多くのところでは、キリスト教の教義を教えるというより、キリスト教をとにかく定着させること」が必要なのだった。

ルノーブレは出身のレオン地方を皮切りに、特に島嶼地域や港を中心に布教した。スュン島にはこの時代、まだ司祭がいなかった。一六四〇年、ウサ島㉙では、「神は何人いるか」という質問に島民たちはどう答えたらいいかわからなかった。一六四六年、ミュール村㉒の名士たちでさえ、三位一体が理解できず、「三人の神の名前も知らない」と答えた。

聴聞《ちょうもん》司祭の解説書や司教区規約で迷信とはどういうものかが解説されるようになるのは、一六一〇〜二〇年代である。また一六二〇年代には、問答形式の教義解説書『カテキズム』がブルターニュのほぼ全域で使われるようになるので、この頃からようやく迷信との戦い、真の布教がはじまると言ってもいいのである。

ルノーブレが悪魔退散によく用いたのは、聖別された数珠だった。数珠は「この徳を持つ体からは出て行かざるをえないのだと、鬼たちがよく告白している、そうしたすばらしい徳を備えている」。さらに「火、熱、ペスト、海の突風・嵐、体や心の病に力を発揮する」という。手段としてモノを保持すること、これはわかりやすいが、必ずしも正統的なキリスト教とはいえない。

モノワールでは、モノではなくて、行為が重要になる。たとえば悪魔払いについて、彼の編み出した『カテキズム』では次のように説明される。

鬼たちは人間の格好もするが、しゃべり方が異なり足が動物の足なのでわかるなどと解説したあとで、退散させる方法として、「三つの武器を取らなければならない。一つは真の信仰を持って十字を切ること。二つ目はイエズス、マリア、ヨセフ、聖カウリンティン（コランタン）、今私の望むように救いたまえと唱えること。三つ目は主の祈りを唱えること」である。

カテキズム教育を積極的に取り入れたのはこのモノワールであり、基本的な祈り、戒律、七つの秘跡を大声で唱えさせることから教えがはじまったのである。ただ行為を習得させることが難しいのだ。モノワールは、晩年の一六五九年になっても「十字を切る」教育の重要性を繰り返した。

行為の重要性を説くことは倫理の教育でもある。彼はたとえば、信徒が聖遺物に手をつけてはいけないとか、祝日を守ること、日曜のダンスの禁止、夜の集いの禁止なども課した。

布教の工夫

モノワールは教え方の改善に熱心で、『カテキズム』のほか歌と劇を導入している。「讃歌」はもともとプロテスタント派がはじめたものだったようだが、モノワールはカテキズム教育のなかに取り入れた。ブレイス語の『讃歌集』は、一六四二年に出版されてから、三〇年間で十数版を数えた。この時代では例外的な版数である。

モノワールの絵解き布教　ハート型図を用いての布教の光景。ミュール村の教会のステンドグラス

聖史劇は、すでに書いたように一五世紀の脚本が現存しており、対抗宗教改革期以前からの伝統があったことはまちがいなく、これをモノワールが取り入れたということだろう。布教の最終週、第四週目に信

者たちによって上演されたという。

布教のもう一つの新方式は絵解きである。仏教では古くから用いられたことが知られているが、キリスト教の布教での組織だった使用は、これ以前にはまったく知られていない。これをはじめて系統的に使ったのがルノーブレであり、ブレイス語で「タウレンヌウ（図絵）」と呼ばれている。絵によって天国や地獄に続く道、主の祈りの意味、信者の徳や誘惑を解説したのだった。彼の使用した羊皮紙《ようひし》の図絵は数十点にのぼるといわれているが、そのうち一二点がケンペール（カンペール）の司教区文書館に現存する。

こうした図絵の使用は、一六七〇年代のグウェネト司教区のイエズス会布教師たちに引き継がれた。その中心がユビ師であり、彼が大罪を説明する一二枚の連続図絵を考案したのである。そのうち八枚はハート型図と呼ばれるもので、象徴性が高いが、ブルターニュでは二〇世紀前半まで使われ続けた（五七頁写真参照）。

現在ではこうした絵解きが海外に渡った布教師たちの間でも使用されたことが判明している。ルノーブレの図絵はカナダで応用され、ユビの連続図絵の一部は、マダガスカルや上海さらに明治時代の日本（長崎市外海《そとめ》）に伝わったのである。

こうしてみてくると、モノワールをはじめとするこの時代の布教師たちが、合理主義的な近代教育者の先駆のようにみえるが、実態はそうとはいえない。伝記作家によると、モノワールは降雨や晴天の奇跡を何度も行っているし、彼の日記では悪魔との戦いがいかに困難かが描写された。この点がもっとも重要だったのである。

ガリアとケルトの発見

『ガリア戦記』の翻訳

カルル大帝のカロリング・ルネサンスなどの先駆的業績を除けば、西欧ではおおまかに言って、一二世紀に、大学の誕生などによって、知識人の形成、文書の整備がはじまり、一三世紀には一般化したことはすでに指摘した。宮廷で語られていた娯楽話が、アーサー王物語群の書記文学として成立するのもまさにこうした時代背景があったからこそである。また古代に関する知識もこうしたなかで形成されたのであり、たとえば、カエサルの『ガリア戦記』を中世の人々が知っていたかというと、決してそうではない。この書がはじめてフランス語（部分訳）にされたのは一三世紀はじめであり、主要部の翻訳は一四世紀半ばにすぎない。一五世紀末に『ガリア戦記』と呼ばれるようになって、本格的な翻訳出版がはじまる。

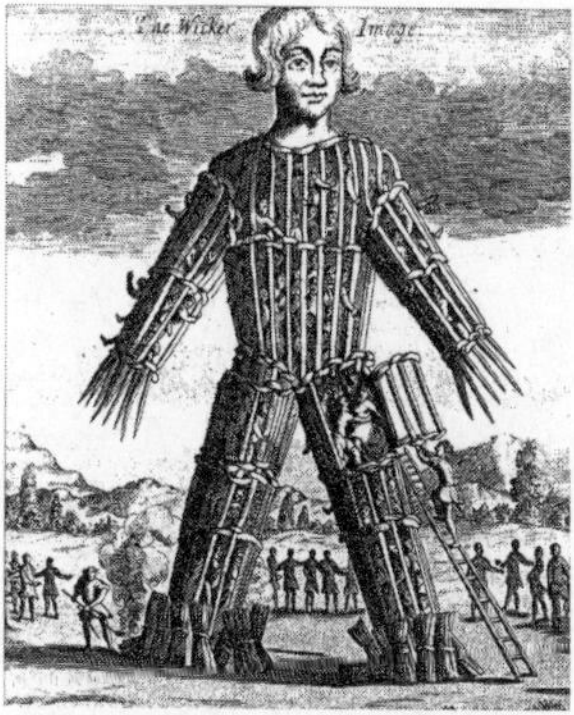

人身御供の絵　カエサルの描写したドルイドの儀礼を描いたもの。1676年の『絵入り古代ブリタニア』の挿絵

　一五世紀は大きくいえば、古典古代の再発見の時代であり、時代の思潮であるユマ

ニスム（人文主義）が歴史の概念を一新し、聖書の大洪水とトロイア起源一辺倒の歴史観再考がはじまった時代である。タキトゥスの『ゲルマニア』がドイツの修道院の倉庫で「発見」されたのは一四五五年だった。ドイツでは一六世紀はじめにはフランク族のトロイア起源は捨て去られ、ゲルマンの独自性が強調されるようになる。

フランスでは、一六世紀以降、ヴィテルボのアンニウスの『古代史』(一四九八年)と、ルメール・ド・ベルジュの『ガリアの顕揚とトロイアの偉傑』(一五一一～一二年)などによって、ガリアがトロイアの先に来る、つまりギリシア・ローマに先んじるのがガリアであり、これこそフランスの起源だという思想が築きあげられていくことになる。

一六世紀は、絶対主義国家が基礎を固める時代であり、民族的独自性が重視された。国家的アイデンティティの象徴として、国語と独自の歴史がはじめて主張されたのである。一五三九年の「ヴィレール・コトレ法」は、フランス語を王国の文書で独占的に使用しようとするものであり、フランスの国家的自立性、民族的一体性を宣言する。

活版印刷術の発明の影響力も大きい。ユマニスムや古代史、国語や次に述べる宗教文書類も、このお陰をこうむって急速な展開が可能になったのである。

一六世紀のもう一つ重要な点は、カトリックが欧州規模での普遍性を喪失することであるが、これについては既述のとおりである。

フランスの起源としてのケルト

一六世紀後半、民族起源論争の一環として、言語起源論争が起きる。ここで古代に使われていたケルトという概念が復活する。ケルトが題名で用いられる最初の重要な書は、ピカール・ド・トゥートゥリの『古代ケルト学について』（一五五六年）であり、ガリア語がギリシア語のもとになっていることを論じた書である。つまりここではガリアの別名としてケルトが用いられた。フランスではガリアに主要な関心があり、その同義語として登場したのである。

ガリア人論は、一六世紀半ばのギヨーム・ポステルでは、ガリア人こそ世界の最初の民族であり、したがってフランスは人類の起源につながるのだといい、極限までいたる。自分の言語が人類最初の言語だという主張は、実はこの時代、オランダでもドイツでも同じように展開された。次にみるケルトマニアも、自分たちのケルト語こそ人類の起源につながるという考え方であり、この引き写しなのである。

古代ガリアの実像について議論されるようになると、ドルイドについても言及されるようになる。国王顧問官クロード・ド・セセールの『フランスの王国』（一五一九年）に、ドルイドがキリスト教伝来以前の聖職者的位置にあったと言明される。議論の力点は、ギリシアを凌ぐガリア文化の優秀性であり、キリスト教に受け継がれる宗教的継続性である。ジャン・ルフェーブルの『ガリアの花と古代、ドルイドという古代ガリアの哲学者考』（一五三二年）が、近代における最初の本格的ドルイド論である。

ノエル・タイユピエは、ガリアからフランクへ、断絶することなく政治が継承されたとする。重要なのは、ドルイドの生け贄《いにえ》思想が、決してキリスト教に反するものではないと主張されたことである。「人を犠牲に捧げるという考え方は、ユダヤ人や預言者たちの思想を受け継ぐものであり、……イエス・キリストはみずからの死と受難によって、父なる神に身を捧げることになるのである」(『国家史とドルイドの共和国』、一五八五年)。こうしてドルイドは、キリスト教に接続される。「シャルトルの大聖堂は、聖母マリアのためにドルイドらによって建てられたのである」(同書)とまでいわれる。異教的な野蛮な習俗という見方ではなかったのである。

ブルターニュの歴史意識

一四〇〇年頃書かれたとされる、作者不詳の『聖ブリオク年代記』がブルターニュ公に献じられた、ブルターニュの過去の栄光を讃える最初の書である。一五世紀のピエール・ルボー、一六世紀のアラン・ブシャール、ベルトラン・ダルジャントレなども、宮廷つきの重要な歴史家である。

こうした初期の宮廷つき歴史家では、全欧的起源であるトロイアと、ブリテン島の起源をなすブルートゥス伝説が重視され、続いてブリテン島からの移住起源としてのコナン伝説が取り上げられる。ただダルジャントレだけは、フランスにおけるガリア優越論を受け入れて、ブリテン島からの移住ではなく、ガリアのブリトン人がブルターニュの起源だと主張した。ブリテン島のケルト系言語はもともとガリア語であり、ブレイス語がその直系で、ブリテン島のほうはガリア人のコロニーだと考えるのである。ガリアはたしかにフランスの起源かもしれないが、言語的にはブルターニュこそそれを継承しているのであり、これが、ガリア語＝始原語＝ケルト語＝ブレイス語という、次のケルトマニアの思想に直結していく。

一七〜一八世紀ブルターニュを代表する歴史家は、ベネディクト会士ロビノーと、モリスである。ロビノーはダルジャントレと同様、ガリア＝ケルトがブルターニュの起源だという議論を展開するが、建国者として重視するのはもっと後代、九世紀のノミノエであり、彼の論点が、一九世紀以降のブルターニュ民族主義のなかで語られる英雄伝説の出発点になったと考えられる。一方モリスは、ダルジャントレやロビノーでは無視されたコナン伝説を再び取り上げ、ブリトン人の移住をブルターニュの起源として重視した。この考え方も一部では一九世紀まで続いた。

ケルトマニア

一七世紀西欧の民族起源論で盛んに取り上げられたのは、スキタイ人起源論である。ケルトとスキタイとの重なりは、すでに古代ギリシアのヘロドトスや古代ローマ時代のストラボンが論じていたのだが、ケルト人とゲルマン人を同一民族とする考え方につながっている。オランダ人のボクスホルニウスと、数学者として有名なライプニッツが代表的主唱者であり、特にゲルマン語圏では支持する知識人が多かった。

一八世紀のブルターニュで、ケルト語こそ人類始原の言語であり、それを引き継ぐのがブレイス語であると主張する人々が現れる。その考え方があまりに偏執的なので、一九世紀になって、軽蔑のニュアンスをこめてケルトマニアと呼ばれた人々である。

その最初の人物とされるのがポール・ペズロンである。彼の議論の出発点は当時の思潮であるスキタイ起源論である。ただしスキタイ人とケルト人の関係が逆転されて、ケルト語が先に来る。彼の新主張は、ガリアを引き継ぐのがもはやフランス王国ではなく、ブルターニュとウェールズだという点にある。聖書の「大洪水」(創世記)の後に登場する、ヤフェトの子ゴメルの言語が、ヘブライ語を直接引き継ぐケルト語であり、この原民族の生き残り、その純粋な子孫がブレイス語であり、カムリー語なのだった。ブリトン人こそヨーロッパの起源であり、聖書に説かれているように、それは人類全体の起源でもある。こうした強引さがケルトマニアたるゆえんである。こうしてブリトン人は、アーサー王伝説にもまさる栄光の歴史を手に入れることになった。

シモン・ペルーティエでは、アイルランド人も起源的にはブリトン人であり、ケルト人、ガリア人であるとされ、その原民族はケルト語全域に拡大された。ブルターニュ出身のジャック・ルブリガンでは、最初の人間アダムとイヴの言語がすでにブレイス語だったと、究極まで行き着く。

だが一九世紀になって、比較言語学、考古学が学問として独り立ちするようになると、こうした議論はたちまち信用を失い、消え去ってしまうことになった。ただ生き残った単語が二つだけあり、それが「メンヒル」と「ドルメン」である。これは、ケルトマニアの一人、ブルターニュ出身のラトゥール・ドーヴェルニュが提唱し、革命期の歴史家ルグラン・ドシーが採用することで、考古学用語として用いられるようになった経緯がある。

ブリトン人の新たな栄光は一世紀ともたなかったのだが、学問としてのケルト語学はドイツ人のツォイスを起点に、一九世紀後半から基礎が築かれることになる。

ネオ・ドルイディズム

イギリスでは、一六世紀半ばにはジョン・ベイルによって大陸のアンニウスなどの思想、すなわちヤペトの息子サモテスがケルト人、ブリトン人の先祖だとする説が紹介され、それを引き継ぐ形で、一五六八年、ケンブリッジ大学のジョン・カイウスが、ブリテン島の先住民はケルト人だと言明した。スコットランドのジョージ・ブキャナンは言語分類論の先駆者だが、『スコッティア事物史』（一五八二年）のなかで、欧州の言語をラテン語、ゲルマン語、ガリア語に区分し、ガリア語のなかにベルガエ語、ブリタニア語、ケルト語を位置づけた。

一七世紀には、ライプニッツのケルト・スキタイ起源論も輸入され、一八世紀はじめには、カムリー語、ブレイス語の起源をなすケルト語が、「大洪水」時代の「祖語」だとするペズロンの議論も紹介された。ウェールズ出身でオックスフォードの図書館の司書になったエドワード・ルイドは、島嶼ケルト語を、ゴイデル語とブリトン語に二分した最初の人物であり、第九章で詳述するケルト言語学の祖とみなされる。こうしたケルト論の興隆を背景として、古代のドルイドを復興しようとする精神運動がはじまる。現代の研究者はこの運動を「ネオ・ドルイディズム」と命名しているが、現代にまで継続する流派を形成している。

一六世紀のケルト・ガリアの発見のなかでは、古代ケルトのドルイドがキリスト教を準備した、聖職者の祖型として評価される面があった。この運動は、それとはまったく逆に、キリスト教への対抗精神として、フリーメーソンとパラレルに展開された神秘主義運動であり、時代思潮である合理主義や啓蒙思想への反発をも内包するものだった。フリーメーソンとは、石工（メーソン）の組合が団結のために編み出した加入儀礼を参考にしつつ、ジェントルマンの交友団体として結成されたものである。その後の西欧知識人の間で隠然たる勢力を誇ったといわれるが、その揺籃《ようらん》期では、ネオ・ドルイディズムとまったく重なっていた。

生みの親は、両方ともジョン・トウランドという、北アイルランド出身の知識人である。オックスフォードで、ドルイド研究者ジョン・オーブリーに出会い、古代ケルトに心酔する。宗教的にはカトリックだったが、プロテスタント自由主義派、英国国教会派、さらにはおそらくこうしたキリスト教内部の対立に嫌気がさして、汎神論、自然宗教派を経て、フリーメーソンとドルイドという、一種の神秘主義にたどり着いたのだった。フリーメーソンは、当時のブルジョワ教養階層にあっては、宗教的喧騒をこえる人的結合体、知的交流団体として機能したのである。ヘンリー・ローランヅは、ドルイドの人身御供《ひとみごくう》、またその玉座を巨石文化誕生に結びつけ、ネオ・ドルイディズムの理論的支柱となった。

一七一七年六月、ロンドンのパブで、フリーメーソン・イングランド支部大ロッジ（グループ）が設立された。これが、現在の国際的秘密結社フリーメーソンにつながる団体の記念すべき第一号なのである。同年九月、このパブとはそれほど遠くないパブで、「古代ドルイド団」が、やはりトウランドを中心として結成される。ネオ・ドルイディズムの開始である。これには、イングランド、アイルランド、ブルターニュの代表が参加したとされるので、その交流範囲はブリテンとケルト語文化圏に重なることになる。

復興されたドルイド団は、ブルジョワ的紳士の社交クラブであり、古代のそれとはもちろんまったく別物である。一七八一年結成の「ドルイド古代団」は、むしろ互助会的、現代でいえば保険機関的役割を担った。一七九二年に、ウェールズのモルガヌグ（エドワード・ウィリアムズ）の設立した「ブリテン島バルド・ゴルセズ」は哲学的文学的団体であり、一九世紀に続々と誕生する各種学術団体の先駆ともいえるものである。

ゴルセズはカムリー語で「玉座」を意味し、そこからドルイドの儀式、さらには団体の別名となった。ウェールズでは、バルド（吟唱者）の祭礼が「アイステズヴォッド」と呼ばれ、中世末期、一四五〇年頃一度復活した経緯があるが、一七八

ブルターニュのネオ・ドルイディズム　1906年の地域主義連合の大会でのドルイド儀式。「ル・プチ・ジュルナル」誌

九年に再興された。これが一九世紀の間に、詩吟・歌謡のナショナル・フェスティバルに成長していく。このなかでゴルセズの果たした役割は大きかった。一八一九年以降、この集団によって詩歌の優勝者たちが聖別されるという儀式を経ることで、祭りのいわば権威づけが行われるようになった。ゴルセズの位階は、「ドルイド」（賢者、白衣）を頂点に、「バルド」（詩歌に秀でる者、青衣）、「オヴァット」（智者、薬草などの知識に秀でる者、緑衣）に整備され、宗教色が薄められた。

一八六一年にウェールズ全域から代表を集めたコンクール「全カムリー・アイステズヴォッド」がはじまる。現代では、ウェールズでもっとも文化的活力を持つ最大の祭りになっており、なおかつすべてがカムリー語で執り行われ、言語文化的な結束点ともなっている。

ブルターニュでは、一九〇〇年、ウェールズの支部という形で「ブルターニュ・バルド団ゴルセズ」が設立された。これには一八九八年結成の「ブルターニュ地域主義連合」もからみ、ウェールズとは異なり、最初から政治がらみで展開された。第一次世界大戦後のブルターニュの自治主義運動にかかわった人物の多くが、このドルイド団体のメンバーだった。彼らの儀式にはキリスト教以前の異教性を感じさせるエキゾチズムがあり、彼らの参加する地域主義連合の大会はフォークロア的な祭りの観も呈していた。だが、カトリック教会は、彼らの異教的性格に非寛容で、結局、ウェールズにおけるようなポピュラリティを獲得するにはいたらなかった。現代でもドルイドを標榜する神秘主義的結社が多数存在するが、どれもホビークラブの域を出るものとはいえない。

第九章　ケルトの再生

民俗学とケルト学の誕生

ケルト・アカデミー

フランス革命によって、ブルターニュは地域としての特権はいっさい奪われた。五県に分割され、地域としての一体性は政治的にはまったくなくなってしまった。ブルターニュの独自性は、言語文化的な背景として、過去の記憶として、知識人の間での学術文化活動のなかで主張され、一九世紀後半からは、それが民族主義的な政治運動の展開につながることになる。

一九世紀初頭、ナポレオン帝政期に設立されたケルト・アカデミーにおいて、ケルトは再び注目を浴びる。アカデミーは、一八〇五年三月にパリで設立されたが、その活動は革命派の文化財調査保存運動の延長線上にあった。一八〇七年にケルト・アカデミー年報第一巻が発行され、そこで習俗・習慣・迷信・儀礼・伝統行事などについて、五一項目にのぼる民俗学的調査表が発表された。この会は民俗学的な研究がその中心にあったのである。

ブルターニュ出身者はここでも大いに活躍した。地方会員の三分の一はブルターニュだったと言われるが、なかでも画家のペランによる『アルモリカのブリトン人の習俗・慣習。衣装描写集』(一八〇八年)は、二〇世紀フランスの代表的民俗学者ヴァン・ジェネップによって、民俗学的な「最上の描写」と讃えられた。だがアカデミー自体は、ナポレオンと盛衰をともにし、一八一四年には活動がほとんど行われなくなった。

民謡採集とロマン主義

ヨーロッパの民俗学は、民衆歌謡の採集からはじまった。このなかでケルト語圏の採集家たちが模範的な役割を担ったのであり、その先陣をきったのがスコットランドのマクファーソンだった。一七六〇年に出版された『古詩断章、スコットランド高地で収集、ガーリック(ゲール)すなわちエルセ語から翻訳』である。内容は、三世紀のスコットランドのフィンガル王とその息子オシアンの武勲詩である。序文では、「いにしえのスコットランドの詩歌の純粋な残存物」だと主張され、なおかつ「キリスト教ないしその信仰にたいする言及がまったくみられない」とキリスト教受容以前にさかのぼる、伝承の古さを強調する。これこそ一九世紀民族主義の源泉となるロマン主義の思想であり、民俗学の学問的要請である。

ほぼ同時期、北欧やドイツでもキリスト教以前にさかのぼる詩歌の掘り起こしが行われており、こうした独自性の追求が全欧州規模ではじまっていた。たとえば、一七五六年の『ケルト人、とりわけ昔のスカンジナビア人の神話と詩歌の記念碑』(ポールアンリ・マレ)である。マレは、ゲルマン人とケルト人が同一民族で、スカンジナビア人がケルト人の末裔だとする、すでに紹介した立場をとった。

ここで注目すべきなのは、チュルゴーやディドロなど百科全書派が『古詩断章』のフランス語訳を手がけていることである。つまり実学の集大成であり、なおかつ啓蒙的な百科全書と、キリスト教以前の異教性に人間の本質を見出そうとする民俗学は、一八世紀末の状況では結びついていたのである。民俗学は庶民の実学の探究であり、そこから民族的本質を見出そうとする指向性があるが、それはすでに誕生時点で内包されていたといえる。

マクファーソンはその後さらに精力的に調査を行い、一七七三年には集大成版の『オシアン詩集』を出版する。これはフランスばかりでなく、イタリア、ドイツなどでも翻訳が相次ぎ、ゲーテやナポレオンもこの詩歌の崇拝者となった。このなかでドイツのヘルダーは重要である。一七六四年、彼は弱冠二〇歳で『古詩断章』の翻訳を行っている。一七七七年には、「文明化していない民族はみな歌い踊る。……彼らの歌は、民族の記録庫であり、学問・信仰・神統記・始原論の宝庫である」(『中世の英語・ドイツ語詩歌の類似性について』)と書いた。文明化とはここではキリスト教化である。歌こそキリスト教化していない「民族の記録庫」として重要だというのである。一七七八〜七九年には、自ら率先して諸民族の詩歌を集め、『民謡集（フォルクス・リーダー）』を出版する。すでに民俗学的要請を心得ていたのである。

歴史教育と古代のイメージ

フランスでは大革命以降、普通教育が開始されるが、実際の学制改革は一九世紀の三期にわたる。第一期は一八三〇年代で、地方の町村に小学校ができはじめる。第二期は第二帝政期の一八五〇年代であり、カトリックの活動が大幅に緩和されて、彼らの手になる小中学校が全国的に広がる。この時代はまた、産業革命が進展し、全国的に鉄道網がいきわたるようになり、パリと地方の距離が一挙に縮まる。第三期は、第三共和政期の一八八〇年代であり、ジュール・フェリーによる教育改革として知られ、義務教育がはじまるのである。

一八三〇年代の教育改革の必要性から、一般向けのフランス史が書かれるようになる。代表的なのがミシュレの『フランス史』(第一巻は一八三三年)であり、ここから「われらが祖先ガリア人」という表現が普及していく。フランス人の意識としては、貴族はフランク人、民衆はガリア人の系統だという意識が今でもあるが、これは一八世紀前半にブーランヴィリエ伯爵が打ち出したものである。ミシュレらの「われらが祖先ガリア人」という表現には、民衆的フランスこそ真のフランスだという意識がある。

この一方で、一九世紀前半でブルターニュ出身の最大の作家シャトーブリアンが『殉教者』(一八〇九年)で描く古代ガリアの女ドルイド「ヴェレダ」は、理性的フランスへの同化を拒否する神秘的野性的知性を象徴し、ブルターニュの反フランス・ナショナリズムの原点となった。歴史家アメデ・ティエリの『ガリア史』(一八二八年)、アンリ・マルタンの『フランス史』(第一巻は一八三三年)は、ドルメンの上で人身御供を行うドルイドのイメージを民衆に広めた。

またこの頃から、地方に在野の学術団体が続々と設立されはじめる。歴史学や考古学など地方独自のアイデンティティ形成に役立つものが主流だが、ブルターニュでカルナックの列石群の学術的調査が本格的にはじまるのはこのころからである。

ブルターニュの民謡採集

民謡の採集も盛んになり、歌から過去の事実を説明するという民俗学的手法もすでに用いられた。一八二三年に報告された「ケルラスの跡取り娘」では、一五七五年頃、実際にあった結婚の悲劇を歌ったものだということが明らかにされた（ブロワ著『一六世紀ブルターニュのロマンス、ケルラスの跡取り娘』）。固有名詞の入る語り歌をブレイス語で「グウェルス」という。こうした語り歌こそ歴史的文書にも匹敵する、収集すべき歌とされ、競って集められた。たとえば一八三七年に発表された歌「グウェンガンの包囲戦」（フレマンヴィル）は、一四八九年のアンナ女公のフランスとの戦い、ないしは一五九一年の宗教戦争の

女ドルイド　ガリア民衆に訴えかけるヴェレダ。『殉教者』（1851年版）の挿絵

際の、グウェンガン町㉒の包囲戦を題材にしたものと推定された。

一八三九年、ブルターニュの民謡収集の決定版『バルザス・ブレイス（ブルターニュ詩歌集）』がラヴィルマルケによって刊行される。フランスのロマン主義作家ジョルジュ・サンドが、ホメロスのイーリアスをも凌ぐと絶賛した作品である。ドイツ語訳、英語訳などが出され、ヨーロッパ中で評判になるといっていいのだが、英訳者は次のように言う。

「（イギリスの）カンブリア、デヴォン、コーンウォールでは、近隣の民族との融合によって、地名とわずかな普通名詞を除いて、ケルトの民族的特徴がほとんど消えてしまった。ウエールズでは何世紀も前から同化がはじまっているが、ブルターニュでは大革命でやっとそれが開始された。……ウエールズではプロテスタントのメソジスト教会が、アイルランドでは宗教的民族的戦争が、ケルト的詩歌への結実を妨げてきたが、ブルターニュではこれが自由に解き放たれ、詩歌となってほとばしり出たのである。一〇世紀、一二世紀、一四世紀に歌われた語り歌や讃歌が、口伝によって、農民、物乞い、さらには昔のバルドに代わる放浪の大道芸人のなかで、父から息子へ、母から子どもたちへと歌い継がれてきたのである」

ここではケルト的民族性が意識され、言い方に誇張はあるが、ほかのケルト語圏ではすでに消滅している伝承が、ブルターニュでのみ残っているという考え方が示される。一九世紀ブレイス・イーゼルの農村の状況についてみれば、この見方は当たっているかもしれない。

ラヴィルマルケの考え方で重要なのは、ドルイド信仰などケルト的な文化が、キリスト教化によって破壊されたのではなく、文化的伝統として引き継がれたということにある。すでに見たようにこの思想は一六世紀から存在したが、ケルト文化の背景を持つキリスト教を自らのアイデンティティと考える、ブルターニュの民族派キリスト教徒の欠くことのできない論拠ということができる。

彼の『バルザス・ブレイス』の解説部には次のような箇所がある。「こうした（ドルイドの）儀礼が、守護聖人の祭礼に習合し、結局は聖人信仰だけが生き残った。たとえば、聖ロナンの隠遁修業所は、山の中腹にあるネヴェットの森に位置するが、ここにはドルイドの遺跡があり、六年ごとに練り歩きが行われるのである」。これは第一章で述べた、ロコルンのトロメニー祭礼であり、もともと異教的・民間信仰的な行事がキリスト教化されたといわれているものである。一九世紀中頃からすでに、ブルターニュのキリスト教は、異教的なものを取り込む独特なものだった、と認識されていたことになる。

円卓の騎士物語の起源論争

フランスでは一六世紀以降、アーサー王はあまり一般の話題にのぼらなくなる。一七〜一八世紀の民衆本「青本叢書」でもほとんど取り上げられない。一九世紀になってさまざまなレベルで再登場することになる。

一八二七年、円卓の騎士物語の古典、ワースの『ルー物語』（一一六〇年頃）が校訂出版される。こうした騎士物語の装いを新たにした出版から、たとえば観光を目当てにした「遺跡」の場所の確定が行われるようになったという。魔術師マーリンが最後に閉じ込められた

マーリンの墓　パンポンの森にある。案内板や駐車場はあるが、売店などはない。著者撮影

「マーリンの墓石」、マーリンが妖精ヴィヴィアンヌにはじめて出会った「バラントンの泉」などは、一八三〇年代に場所が確定する。魔女モルガン・ルフェーがその恋人たちを閉じ込めたとされる「不帰の谷」は、一八三〇年代に一度決まった場所が変更された。これらの地は「ブロセリアンドの森」として、一九世紀後半には観光地として定着する。一八六七年の観光案内書『ギッド・ジョアンヌ』では、レンヌ近郊のパンポンの森がブロセリアンドの森として紹介され、マーリンについても言及された。

すでに取り上げたガリアとケルトの関係についても関連するが、一九世紀フランスでは、騎士物語文学が、ブリテン島起源かそれとも大陸かで論争が続いた。ラヴィルマルケは、ジェフリーの『列王史』に記載される「ブリタニアの言語」はブレイス語であり、騎士物語はブルターニュ、すなわち大陸起源を主張する。

一八五二年、フランスの大学でもっとも権威のあるコレージュ・ド・フランスに中世フランス言語文学講座が開設され、その担当教授となったポーラン・パリスは、一八六三年の講義で、ラヴィルマルケの主張、またアルモリカの民間伝承の重要性を認めたが、その翌年の講義では、アーサー王物語自体はブリテン島起源だと論じた。中世武勲詩の専門家ゴーチエもまた、ブリテン島起源派だった（『フランスの武勲詩』一八六五年）。結局どちらかが勝利したということにはならず、両方の要素が加わったブリトン文化圏の伝承から生まれたものということに落ち着く。

人類学とケルト人

一九世紀半ば、学問として確立する人類学では、ケルト人がさまざまな形で話題になる。一八三九年、パリで初の民族学会を設立したエドワールは、ケルト語の専門家だった。彼の学会は短命に終わったが、ケルトについての分析は、一九世紀の間かなりの影響力を持った。つまり、ケルト人を、大陸出身のガル人と、ブリテン島のキムリス人の二種類に分けたのである（『ケルト諸語研究』一八三一年発表、一八四四年出版）。ガルはガリアであり、フランス人の起源となる。キムリスはカムリーであり、ブリトン人である。すなわちブルターニュ西部への移住ブリトン人の起源ということになる。

一八五九年にパリ人類学会を設立するブロカは、「ブロカ中枢（運動性言語中枢）」の名前にもなった、一九世紀フランスでもっとも有名な人類学者だが、彼もまたケルト人の専門家だった。エドワール同様、彼もフランス人の起源をガリア人と考えるが、ガリア人は、カエサルの時代にブリテン島から渡来したキムリス（ベルガエ）人と、もともとのガル（ケルト）人が混合したのだと考える。アルモリカ人は、言語的にはキムリス（カムリー）語が残

ガリア人の彫像　ガリア・ヘルメットを被った典型的なガリア人のイメージ。1885年頃のラポルト作。クレルモンフェラン美術館蔵

っているかもしれないが、民族的にはほかのフランス人と同様、ケルト人とみなすのである。

一八六七年、パリの近郊サンジェルマン・アンレーに古代史博物館が開館する。ナポレオン三世がガリアの時代を顕彰するために建設を指示した博物館である。彼はカエサルの伝記を執筆し、ガリア人の武将ウェルキンゲトリクスとカエサルの戦った「アレシアの戦い」の故地で、大規模な発掘調査をみずから手がけた。ウェルキンゲトリクスは、一九世紀になって肖像の描かれるコインが相次いで発見され、「われらが祖先ガリア人」の代表的イメージとして、その偉業を顕彰する銅像などが建てられる。一八六七年にミレーの制作した巨大な像などがそれであり、一九世紀末には、「勝利の翼」を左右に持つ「ガリア・ヘルメット」を被る像が、ガリア人のイメージとして民衆に定着していくことになる。

一八六五年、スイスのヌーシャテルで、第一回人類学先史考古学国際大会が開かれた。ス

イスにはラテーヌの遺跡があり、その発掘は一八五八年にはじまっていた。オーストリアのハルシュタットでの発掘も一八四六年に開始されており、こうした古代ケルト遺跡の意義の検討が中心的話題となった。

しかし、一八六七年にパリで開催された第二回大会では、ケルトはもはや話題の中心ではなかった。主流派の見解によれば、たとえば巨石群は、ドルイドの祭壇といったようなケルトの遺跡ではなく、石器時代のものとされたのである。先史時代全般を、石器時代、青銅器時代、鉄器時代という形で、ケルトにとらわれない時代区分を最初に提唱したのは、一九世紀初頭、デンマークのヴェデル・シモンセンだったが、ここにきてフランスでもようやく学者たちの間で定着したのである。

ケルト学の確立

言語学では、ツォイスの先駆的な文法研究（第一巻一八五一年）の影響で、ドイツがケルト研究の中心になる。一八七一年、ライプチヒ大学でヴィンディッシュによって、一八七八年には、ベルリン大学でツィマーによってケルト諸語の講義がはじまる。ベルリンでは一八九七年に『ケルト言語研究誌』が創刊され、ケルト言語学研究の中心地になっていく。

イギリスでは、一八七五年、ウェールズのアベリストゥウィス大学で、ケルト学講座が開設されたのがその最初である。一八七四年には、オックスフォード大学で、ジョン・リースによるケルト語文学講座がはじまる。

フランスでは、一八八二年、コレージュ・ド・フランスにケルト語文学の講座が開設され、文学研究者ダルボワ・ド・ジュバンヴィルが担当教授に就任した。一八八三年、ブルターニュのレンヌ大学でジョゼフ・ロートによるケルト語の講義がはじまる。一八八五年にはパリで『ケルト雑誌』が創刊され、フランスでもっとも権威あるケルト学研究誌として現在まで継続されることになる。

こうして、一八七〇年代から八〇年代にかけて、英独仏の諸国で言語学・文学を中心にケルト学がスタートし、それは現在まで続いているのである。

ケルト語文化圏の近代

文化の維持と衰退

ウェールズでは一八〇一年に六〇万人だった人口が、一九一一年には二四〇万人を超える。南部の炭鉱地帯の鉄鋼業の進展により、イングランド、アイルランドから出稼ぎ労働者が詰めかけたためである。社会階層的対立に宗教的言語文化的関係が重なる。ブルジョワ階層は英国教会派でありイングランドの文化に同化していくが、民衆階層は非国教徒が主流でカムリー語文化を保持したのである。

一八六〇年にはすでに述べた「アイステズヴォッド」が全地域を統合する祭典となり、カムリー語文化は活力を維持した。一九一一年で全体の四四パーセント、一〇〇万人弱がカムリー語話者だった。ウェールズでは一八八六年、「カムリー・ヴィズ」（未来のウェールズ）という団体によって青年民族主義運動が開始されるが、アイルランドのように独立をめざす民族主義に発展することにはならなかった。政治的統合が一六世紀であり、この面での同化が早くから進んでいたためだろう。

スコットランドでは、ケルト語の保持されるハイランド地域の経済的衰退が激しかった。このため言語文化の衰退の度合いも大きかった。政治的には一八八八年、スコットランド労働党が結成され、スコットランドの自治をその綱領に掲げた。ただ、一八九二年には独立労働党という英国全国政党となり、地域主義的方向はなくなる。また経済的にはロウランド地域を中心に繁栄を続けたため、アイルランドのような激しい独立運動にはいたらなかった。

アイルランドは一八〇一年に実施された連合法により、地域的特権がまったくなくなり、まさに英国の植民地と化した。一八四五年から四九年にかけての大飢饉によって、九〇〇万人あった人口が、五一年には六五〇万人に激減する。一五〇万人が餓死、一〇〇万人がアメリカなどに移住したという。エール語人口は、一九世紀半ばにはそれでも二〇〇万人を超えていたが、二〇世紀はじめには六〇万人になる。

一八九三年、独立をめざす民族主義団体「ゲール同盟」が誕生して、一九〇五年には「シン・フェイン（われら自身）」という独立派政党結成にいたる。これが、一九一六年、いわゆる復活祭蜂起という独立戦争につながるのである。

コーンウォールは一八〇一年で約二〇万人の人口だったが、一八六一年に三七万人でピークを迎えたあと、一九一四年には三二万人に減少する。錫鉱《すず》は有名であり生産は続けられるが、ほかに目玉になるような産業はなく、それが人口の停滞につながった。

ケルノウ語は一七七七年、最後の話者が亡くなり、死語になったといわれる。一世紀の後、一九〇一年、「ケルト・ケルノウ協会」が設立される。だがブルターニュやウェールズと違い、行政的にはイングランドに包含されたので、政治的な自治運動はほとんど形成されなかった。

マン島は一七二一年に一万四〇〇〇人だったが、一八〇〇年には四万人と増加した。しかし、一九〇一年で五万五〇〇〇人と、その後は停滞する。コーンウォールと同様、農漁業と若干の鉱山業くらいしか産業がなく、一九世紀後半以降の経済的動向はかんばしいとはいえない。

聖書(完訳一七七五年)などマン語訳宗教書が出版され、言語文化的にはケルノウ語に比べると状況は悪くはなかったが、一九世紀に話者数が急激に減退する。一八世紀では九割以上の住民がマン語話者だったが、一九〇一年にはマン語話者は四六五七人、一九一一年には二三八二人と減り続けるのである。ただし一九世紀末から復興運動が興り、一八九九年「マン島ゲール語協会」が設立された。

アイルランドの独立

二〇世紀ケルト語文化圏で最大の政治的事件は、アイルランドの独立である。「イングランドの危機はアイルランドの好機」として第一次世界大戦中の一九一六年四月、復活祭明けの月曜に民族主義者たちがダブリンの中央郵便局を襲い、臨時政府の樹立を宣言する。この蜂起は一週間で鎮圧されたが、戦争直後、一九一八年一二月の選挙での独立派の勝利、議会登院の拒否、一九一九年一月の革命議会、共和国樹立宣言、義勇軍アイルランド共和軍の結成、英国軍との市街戦へと進み、一九二〇年一二月、南部二六州と北部六州とを分離して自治を認める協定が成立する。

この妥協を認めない独立派と英国軍・妥協派との内戦がさらに一年続いたが、一九二一年一二月、二六州のみが「アイルランド自由国」として独立を決め、翌年正式に発足した。一九三七年に、新憲法が公布され、自由国はエール共和国に名称変更した。この間、解決が持ち越されたのが北アイルランド問題であり、人口比で三分の一を形成するカトリックは現在にいたるまで不利な立場におかれ続けた。

ケルト語文化圏で唯一の独立国であるアイルランド（エール）は、自らのアイデンティティ擁護にケルトをしばしば持ち出す。言語文化的にアングロサクソンである英国との違いを鮮明にするには、もっとも手っ取り早い手段である。一九三七年憲法でエール語を国語、第一公用語と規定し、英語は第二公用語にした。だがそれでエール語が復興できたかというとそうとはいえない。独立国になって状況はさらに悪化したともいえる。エール語使用地域（ゲールタハト）を保護し、初等教育でエール語を必修科目として課したにもかかわらずである。おそらくこれは、独立国となったためにかえって、文化的領域での出費が思うようにならなかったためといえるだろう。

二一世紀に入り、この状況は大きく変わりつつある。「ケルティック・タイガー」といわれ、近年の経済発展はめざましいものがあるが、こうなると文化面での投資が重要になるのは目に見えている。二〇〇四年に、英語とエール語との平等使用を謳う新たな言語法が制定されて、二〇〇七年一月には、ＥＵの公用語の仲間入りを果たした。エール語文化の振興はこれまで以上に強力に進められることになろう。

言語復興のケルト語圏

さてほかのケルト語地域の二〇世紀もみておこう。ウェールズは、両大戦間期、炭鉱業の不振など経済危機にあり、それは第二次世界大戦後も続くが、カムリー語人口は激減したわけではない。一九一一年で全人口の四〇パーセントだったのが、一九五一年で二八パーセントである。学校教育では締め出されても、宗教的な面で維持されたのが大きいだろう。おそらく一九世紀末以降、アイルランドほど経済的な危機を経験しなかったので、過激な民族主義も浸透しなかった。一九二五年に民族政党「プライド・カムリー（カムリー党）」が生まれるが、一九六〇年代までは泡沫政党にすぎなかった。自治主義はむしろ労働党のなかに包含された。国民投票により一九九九年、自治議会が発足した。

自治の獲得は言語文化にとっても大きい。カムリー語については、すでに一九六七年に英語との同等の使用を認める言語法が成立し、一九八八年に教育法が施行され、一九九三年には英語との同等の使用を公的団体に義務づける新たな言語法が成立していた。

こうしてカムリー語はあらゆる面で復権を遂げつつある。一九九一年の国勢調査でカムリー語の減少が止まり、二〇〇一年では増加がはじまった。この傾向が続くことはさまざまな指標をみてもまちがいない。ケルト語圏での言語復興を主導する位置に立っているのである。

スコットランドは経済的にはウェールズとそれほど異なるわけではない。ただ言語文化でみると、アルバ（スコットランド・ゲール）語の言語人口は、一九〇一年で六・八パーセント、二三万人だったのが、一九五一年では一・八パーセント、九万人と激減した。政治的にも民族意識がウェールズより高かったとはいえない。一九二七年に最初の民族スコットランド党が生まれ、一九三四年には現在まで続くスコットランド民族党が設立されるが、民族党所属の国会議員が誕生するには第二次世界大戦後を待たなければならない。

第二次世界大戦後、英国の地方分権運動はスコットランドが牽引する形になった。特に一九九七年の国民投票では圧倒的多数で自治議会設立に賛成し、九九年から議会の活動がはじまった。議会のなかで言語文化振興が重視されるようになり、二〇〇五年に新たな言語法が制定された。言語の危機的状況はアイルランドと同様だが、再活性化についても時期を同じくして進められることになった。

コーンウォールでは、一九二八年にブルターニュのネオ・ドルイド団体をモデルに「ゴルセズ」が結成される。ブルターニュではドルイド団は泡沫団体だが、コーンウォールではここが言語復興の中心となった。一九三四年では「ゴルセズ」のメンバー八人がケルノウ語を話せるにすぎなかったが、第二次世界大戦後、運動が広がり、二〇〇〇年には、言語人口三〇〇〇人、うち流暢な会話可能者三〇〇人という推計がある。これまで英国政府が公的にケルノウ語を認めたことがないので、言語人口に関する公的数値はなかったが、二〇〇二年、欧州地域語少数言語憲章を英国政府が批准した際、ケルノウ語が対象言語に認められ、はじめて公的に認知されることになった。

マン語は二〇世紀に入ってからも減少に歯止めがかからず、一九二一年で全人口のわずか一パーセント、九〇〇人が話せるだけになっていた。一九七四年、最後の第一言語話者が亡くなって、マン語は死語になったと言語学者は断定したが、言語復興運動はすでに一九世紀末からはじまっており、二〇〇一年の国勢調査では一六八九人が読み書き能力を主張している。

二〇世紀のケルト学

一九世紀前半のティエリ、マルタンらからはじまるフランス・ナショナリズムと結びついたガリア論は二〇世紀でも活発で、その最大の貢献者はカミーユ・ジュリアンであり、彼の『ガリア史』(全八巻、一九〇七〜二六年)である。これまでの研究の集大成であり、ギリシアとの関係など内容的には今日でも有用な情報が数多く含まれている。

言語学ではジョゼフ・ヴァンドリエスの功績が大きい。比較言語学の泰斗《たいと》として文化論的な面でも重要な足跡を残した。印欧語のなかで、いっぽうではインドとイラン、もう一方ではイタリアとガリアだけが、祭祀の階層（ないし人脈）を生み出したという共通性があると指摘した。重要なのは古代ケルトと中世以降の島嶼ケルトとの比較を系統化したことである。これはケルト文化研究を学問的に体系化することにもつながったが、今日的には後でみるように、功罪相半ばすることになる。

比較言語学者は祖語という単一起源を設定はするが、これを文化や人種の起源と結びつけることはしなかった。ところが一部のケルト学者はこの一線を踏み越えて、人種主義的傾向を持った。ドイツのケルト学は二〇世紀初頭、ベルリンほか五大学でケルト学の講座を持つなど、研究を先導する位置にあったが、ベルリン大学ケルト学講座教授ミュールハウゼンらがこうした立場を取り、ケルト人はゲルマン人と並んで、真性のアーリア人とみなされることになった。彼はナチス親衛隊の研究教育振興会である「祖先の遺産（アーネン・エルベ）」のメンバーにも加わった。こうしたナチス・イデオロギーとの結合により、一八九七年創刊の権威あるベルリン大学の『ケルト言語研究誌』は第二次世界大戦後一〇年あまり休刊を余儀なくされる。

二〇世紀前半でフランス最大のケルト学者はアンリ・ユベールである。宗教社会学者であり、社会学者・人類学者マルセル・モースのもっとも親密な協力者でもあった。印欧語比較研究からケルト人全般、鉄器時代からアイルランド中世にいたるまでの社会・宗教の比較研究を進め、「ケルト性」あるいは「汎ケルト性」、すなわちケルト社会が共有する文化を持つという考え方を打ち出した。その証拠がドルイドであり、ドルイドこそ「汎ケルト祭祀団」だった。とはいえ彼の記念碑的な二巻の書物『ケルト人とラテーヌ期までのケルト文化の拡大』、『ラテーヌ期以降のケルト人とケルト文明』（ともに一九三二年）が評価されるようになったのは一九七〇年代以降である。とりわけデュメジルの比較神話学がこれに貢献した。デュメジルの解説する「三機能仮説」、すなわち印欧語族社会が共有する社会・神話構造（祭司、戦士、生産者の三構成）の格好のモデルとしてガリアが例示されたのである。つまり戦士集団としての「エクイテス」、生産者としての平民、そして呪術的法的権威を表現するドルイドである。

だがガリアについては、ローマやインドのように三機能を表現する神々の記述が見当たらない。そこでキリスト教受容以前のアイルランドやウェールズの神話が引き合いに出された。これらの島嶼ケルト語圏は言語的にガリアと共有するところがあり、したがって文化的にも共通するものがあったとされたのである。こうしてポールマリー・デュヴァル、ヤン・ドフリスなど現代を代表するケルト宗教学者神話学者は、アイルランドとウェールズの伝説的神々と古代ガリアとを何の疑いもなく結びつけて論じることになった。

とはいえ一〇〇〇年以上も時空を異にする文化を同一視するのは、少なくとも歴史学的ではない。こうした疑問をもとに、ケルト文化の脱構築ともいうべき問い直しが一九九〇年代にはじまる。イギリスの考古学雑誌『アンティクィティ』誌上において、また大英博物館学芸員サイモン・ジェームズや、イギリスの考古学者ジョン・コリスが、ケルトという概念をブリテン島古代では不必要だと説いた。

二〇〇〇年代になってフランスに登場したのが、考古学者ジャンルイ・ブリュノーであり、かれの『ガリア人』(二〇〇五年)、『ドルイド』(二〇〇六年)は最近の考古学的成果ばかりでなく、古代の文献の再読によってこうした疑問に立ち向かった。本書のドルイドについての記述はその多くを彼に負っている。

おわりに――結局、ケルトとは何か

ケルト人、ケルト文化とは何だったか、ここでまとめをしておこう。まずケルト人については時代から大きく三つに分けられる。

「ケルト」の三つの区分

一つ目は古代ケルト。同時代の描写としては前五世紀のヘロドトスの叙述から、後一～二世紀のタキトゥス、過去の記憶としては七世紀セビリアのイシドルスにいたるまで記録がある。その起源については近代の研究者によって大きく拡張され、ハルシュタット期前期を含む鉄器時代全体、さらには青銅器時代、人によっては新石器時代晩期にまでケルト人の萌芽の痕跡があると主張された。しかし、これらの主張はケルト文化の偉大さを印象づけるための概念拡張であり、学問的とはいえない。

古代ケルト文化は滅んだ。だがそれはローマ人によって抹殺されたのではなく、追放されたのでもなかった。ローマ文化に同化することによって、自らの独自性を喪失した。より権威の高い文化に吸収されたのである。

とはいえ四世紀アルモリカで、ローマの神と地元の神が同時に祀られていたように、同化によって、自らのアイデンティティを完全に失ったわけではない。ローマ文化の枠組みに取り込まれながらも、ローカルな自意識は保持し続けた。このことも重要である。それは文化的落差がそれほどなかったということでもある。ドルイドの例からもわかるように、ケルト文化自体がギリシアなど地中海文化からの影響を受けており、その独自性が特に際立っていたというわけではない。

そうはいっても、ブリタニア島でローマの支配がおよばなかった北部と西部、まったくその足跡のないヒベルニア島では、ローマ征服以前の文化がそのまま生き残る余地があった。言語的には古代ケルトと類似する言語が話される地域であり、こちらについては、古代ケルト文化がローマ文化に同化されることなく生き残ったという見方がこれまでされてきた。だが、これをケルトと呼ぶべきかどうかについて、いまだに論争が続いている。文献学的に詳細に検討すると、ブリテン諸島にケルト人が居住するという指摘は、古代においては明確な形では存在しない。ストラボンはケルト人とブリトン人を区別した。カエサルも内陸ブリタニアは土着の民であり、海岸部だけが大陸のベルガエ人の移住者だという。したがって彼にとってブリテン島のケルト人は周縁的存在にすぎない。だとすれば、古代ブリトン人、古代ヒベルニア人というほうが歴史学的だろう。

二つ目はこうした古代ローマによる同化を免れた、伝統的には古代ケルト文化を引き継いだとされる中世ケルトである。ただし本書ではこの時代については、ほとんどケルトという言い方を用いていない。それは近年の文献学的研究の成果を取り入れたことでもある。ずっと後、一六世紀になって、ブリテン島の住民の先祖がケルト人だと語られるようになるにすぎないのである。

本書ではむしろ、キリスト教の流入によって、それ以前の民間信仰的文化がいかなる変容を受けたかを叙述の中心においた。第一章で述べたような異教的事象は、これまではブルターニュのケルト的独自性の象徴として取り上げられた題材だが、本書ではむしろ民間信仰的な、人類文化に普遍的なものと考え、ケルト性を強調することはしなかった。キリスト教からの逸脱を問うことがケルト性の指摘につながるのではなくて、人類文化のどこにでも見られる文化だという立場である。

三つ目が、こうして近代のナショナリズムの興隆とともに語られるケルトである。一五〜一六世紀のガリアの発見からはじまり、一八世紀のケルトマニア、一九世紀後半のケルト学の誕生、いずれも古代ケルトを自らの文化の起源として考え、その探究とともに自らのアイデンティティを主張するケルトである。

ケルト学研究の進展によって古代ケルトのイメージが次々と更新され、より鮮明で具体的なものになりつつあるが、それを背景にした現代のケルト文化は、過去のケルトとはまったく別のものだと認識しておく必要がある。もちろんその当事者には、古代から連綿と続く文化としての連続性が実感されている場合が多く、そうした直感的意識を外部から否定する意味はない。だが四世紀から一六世紀まで、一〇〇〇年以上の空白期間を持った呼称を、内実において同一視することは明らかに無理がある。

古代ギリシアと現代ギリシア、古代ローマと現代イタリア、場所が同一で言語系統の連続性が認められる場合でも、その文化には大きな隔たりがある。ましてやケルトでは、場所の連続性がない。古代ケルトは大陸であり、現代のケルトはブリテン諸島が中心である。こうした時間的空間的距離を認識した上で、本書はあえて統合的な叙述を行ったということになる。

ドルイドとは

ドルイドについても同様で、その意味内容に時代的な変遷があった。これはケルト概念の変容にほぼ対応するが、微妙な違いもある。

第一は、古代ケルト人の知的階層集団としてのドルイドである。ギリシアのピュタゴラス派の影響力のもと、前五世紀にガリア中北部で形成された。体系的な学問養成が必要とされる集団であり、その社会的地位も高い。政治指導層でもあったが、ガリア以外に広まった形跡はない。前一世紀初頭、社会的上層部におけるローマ文化の吸収過程で、集団としては崩壊しはじめ、前一世紀中頃、カエサルのガリア戦争の頃に、その集団はほぼ消滅

19世紀のドルイドのイメージ　ドルメンのある聖域で人身御供の儀礼を行っている。『フランス民衆史』（1870年）の挿絵

していた。

第二は、このカエサルの時代に描写されはじめるシャーマン的ドルイドである。「ガリア戦記」では第一のドルイドと区別なく描かれるが、その人物像は明らかに異なる。まず巫女《ふじょ》的な女性ドルイドがはじめて登場する。呪者《じゅしゃ》であり預言者であり、祭祀者ではあるが、体系的な知識の集積の痕跡はない。ネンニウスの「ブリトン人史」のように、ドルイドではなくマゴス（魔術師、卜者《ぼくしゃ》）と表現される場合もあり、大規模国家成立以前に広く世界的に見られるシャーマンと同類である。

中世前期のヒベルニア（アイルランド）やワリア（ウェールズ）の記述では、キリスト教流入以前のシャーマンに対して再びドルイドという呼称が用いられた。現代のケルト学研究ではつい最近まで、こうしたヒベルニアやワリアにおけるドルイドの描写をそのまま古代ドルイドと同一視するということがまかり通っていた。本格的な是正論議はやっと二〇〇〇年代になってからにすぎない。

第三は、一八世紀以降の「ネオ・ドルイディズム」としてのドルイドである。ここでは第一、第二のドルイドをあわせたイメージの復興がめざされるが、そこでは非キリスト教性、キリスト教成立以前の精神性を取り戻そうとする神秘性が強調される。瞑想が重視され、癒しがキーワードにもなる。またフリーメーソン的な秘教性、秘密結社的な閉鎖性が維持され、それによって神秘性が助長された。だがそこには古代ドルイドの、数学や天文学といった体系的な学問性とか、社会階層的な上位性、政治的指導力などがともなって主張されることはない。古代ケルト人のドルイドの復活といったようなものではないことはもちろんだが、そこにヨーロッパ近代の持つ合理的理性や体系的生産性によって人々が失いかけていた精神が、外側からではなく内側から見出された、そうした役割を担ったことも否定はできない。

「復興する」ケルト文化

二〇世紀はじめ、汎ケルト大会が組織され、ケルト的アイデンティティ復活が議論されたことがあった。一八九八年、ウェールズでの民族文化祭「アイステズヴォッド」のおりに、ケルト語圏の民族主義党派の代表が会して汎ケルト大会の開催が決定された。アイステズヴォッドは一八世紀以来のネオ・ドルイディズムの流れを汲むものであり、この汎ケルト主義（パンケルティズム）にもそうした古代ケルトへの憧れを秘める連帯感がある。一九世紀以降のナショナリズムを背景とした運動は、なによりもまず言語的同族性にもとづく連帯運動であり、汎ゲルマン主義や汎スラブ主義と比較可能な興味深い運動である。

一九〇〇年にダブリン（アイルランド）で、「ケルト研究の助成と、ケルト人すべての言語と民族的特徴に関して、何であれ互いに友好を育み協力を促進する」ことを目的に雑誌『ケルティア』が創刊され、翌一九〇一年には同じくダブリンで第一回汎ケルト大会が開催された。だが大会は第三回（一九〇七年、エジンバラ）で休止となり、雑誌もその翌年〇八年には休刊した。

汎ケルト大会　1902年、ウェールズのバンゴールで開かれた全カムリー・アイステズヴォッドの参加者たち

アイルランドでは、まさにケルト的なアイデンティティを基盤とするナショナリズムが高揚しつつあり、その一方でウェールズやブルターニュでは、政治的ナショナリズムの成長が見られない。そうしたギャップが連帯運動に歯止めをかけたということができる。両大戦間期には、ケルト的連帯をめざす政治運動がブルターニュやウェールズで展開されたが、特にブルターニュでは、ドイツ流のケルト学の影響もあって人種的選民思想につながり、政治運動としては泡沫的なものに終わった。

　これにかわって活発になるのは、フォークロア的なイメージをともなうケルト的文化運動である。

　一九七一年にはじまった「インターケルティック・フェスティヴァル」（ブルターニュ、アン・ノリアン〈ロリアン〉市）は、ケルト文化圏諸地域、すなわちスコットランド、ウェールズ、マン島、コーンウォール、アイルランド、それにスペインのガリシアとアストゥリアスが参加する、現代のケルト的連帯を象徴する祭りといっていいだろう。毎年八月の第一週に開催されるが、一週間で五〇〇〇人の音楽家たちが参加し、観客は四〇万人にのぼるという巨大な音楽祭である。スコットランドのタータンチェックの民族衣装に、バグパイプによる民族音楽、アイリッシュダンス、ブルターニュのビニウとボンバルド、こうした衣装と音楽こそ、現代の典型的ケルト・イメージである。

ブルターニュでは、こうしたフォークロア的側面こそケルト的だというイメージが一九世紀末に形成された。それを象徴するのが、一八九五年、パリでデビューした歌手ボトレルである。彼は出身地ポンナバット㉙の民族衣装をつねに身につけ、ブルターニュを題材とした歌で一世を風靡したのである。

フォークロア的色彩の濃い祭りも観光客向けに各地で生まれた。「金のハリエニシダ祭り」（ポンタヴェン㉙、一九〇五年開始）、「フィレ・ブルー（青網）祭」（コンク・ケルネ㉙、一九〇五年、一七頁参照）、「コルヌアイユ女王祭」（ケンペール㉙、一九二三年）など現在まで続く祭りが二〇世紀前半に誕生した。

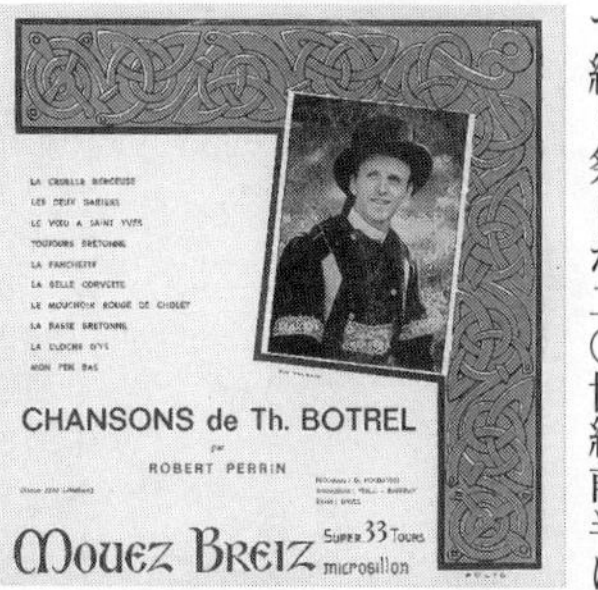

ボトレル歌集のレコード　第二次世界大戦後に発売された

こうした祭りで民族舞踊を踊って、ローカル・アイデンティティ創出に貢献したのが、ケルト・サークルという民族舞踊保存会である。第一次世界大戦下のパリで結成されたのが最初だが、その後都市部ばかりでなく、農村地帯にまでその組織網が広がり、今日ではブルターニュ各地に二〇〇の団体と一万人の会員を有する。この団体がバックアップする形で、ブルターニュでは観光客の集中する夏季を中心に、「インターケルティック・フェスティヴァル」など四〇ヵ所にのぼるフォークロア的祭りが組織されている。

一九七〇年代以降は、アラン・スティヴェルを代表とする、伝統音楽を現代風にアレンジした「民族」音楽が世界的に脚光を浴びる。彼は現代ブルターニュにおけるケルト音楽の旗手と評される。

アイルランドやスコットランドの場合もまったく同様であり、民族音楽を土台とした文化こそケルト的とみなされる。

ブルターニュ的キリスト教とは何か

本書第一章の冒頭で指摘したように、ブルターニュで正統的なキリスト教は定着しなかった。「はじめに」と第一章で掲げたケルト的イメージは、フォークロア的色彩を持つキリスト教だったが、フォークロア的なものが現代ケルト語圏では、ケルト的イメージに直結するのである。

したがってその「ケルト」の意味するところは、ネオ・ドルイディズムの喚起する古代ケルト的側面、妖精や魔術師の印象の強い、中世的なアーサー王物語の要素、さらにはアンクウや守護聖人といった、明らかにキリスト教に付随するが、それ以前の異教性を感じさせる民間信仰的部分など、さまざまなイメージが入り交じっている。こうした雑多なイメージを、本書では整合的に描き出そうと試みたのである。

キリスト教は、ブリテン島からの聖人たちの移住（とその神話）、中世における教区の誕生（聖人の名前を冠する教会の設立）によって形の上では、ブルターニュで不動のものとなった。だが民衆の心性レベルにまで浸透するには、さらに時を要し、一七世紀以降のカトリック宗教改革のなかでようやく意識レベルでの支配権を確立したのである。二〇世紀の後半、一九五〇年代以降は、世界的な趨勢である脱宗教化による教会離れが進行しつつあることを考えると、その全盛期はたかだか二〇〇～三〇〇年といえるかもしれない。

民俗学的な側面を考慮にいれると、異教的な、ないしはキリスト教以前と思われる民間信仰的なものが現代にまで残存したので、純粋に正統的なキリスト教信仰は結局根づかなかったといえるかもしれない。ただこういってしまうと、どこでそうした純粋なるキリスト教が存在したかということになる。どこでも多かれ少なかれ土着的なものは存続したはずなので、純正なキリスト教は存在しないということになりかねない。

多かれ少なかれ土着的な部分を持つというのは、実は人類文化にとって普遍的な、どこでも共通することなのだと認識するほうが重要なのである。土着的な独自なものと普遍的なものが入り交じって一つの文化を構成していたのである。

学術文庫版のあとがき

本書は通常の歴史書とはやや異なる側面がある。それは、第一章、第二章をご覧いただくとわかるように、まず民俗学的な手法による古い時代の痕跡の探索からはじめていることである。二〇〇七年に刊行した本書の原本は何人かの研究者が書評で取り上げてくれたが、歴史学の人たちだったせいか、この点を評価してくれるものがなかったのは、著者としてはちょっと残念であった。今日的思潮でいえば、まさに文化史的アプローチといっていいだろう。

文庫版の出版にあたっては、書評会などで指摘していただいた誤り、不正確な箇所は訂正した。本書は先史時代から現代まで、その内容とする範囲が広いので、その訂正箇所も多岐にわたっている。個別に名前を挙げることはしないが、指摘していただいた諸氏に御礼申し上げたい。

本書の原本が出版されてから、本書との関係で私が手に取ることができた書物のなかで、とくに重要だと感じたものは三冊ある（いずれも未邦訳）が、いずれも先史時代に関するものであり、そのうち二冊は印欧諸語の生成時期にかかわる。

私は本書で、印欧諸語の生成が従来は紀元前三千年紀とされていたが、考古学的調査の進展、それから遺伝子学的研究の急速な発展によって、欧州における新石器時代の開始とされる前七〇〇〇年から前六〇〇〇年頃に、すなわち四〇〇〇年もさかのぼることになったと書いた（七一頁、九六頁）。

スティーブン・オッペンハイマー著『英国人の起源』（英文、二〇〇六年）は、まさに遺伝子研究の専門家がブリテン島を中心にまとめたもので、英国ではたいへん話題となった書物である。人の移動に関してはすでに中石器時代（ほぼ一万年前前後の時代）までに、ブリテン島の現在の八割の人々の移住は完了していたとする遺伝子学的調査を紹介しつつ、言語面に関しては慎重な言い回しに終始する。これは人の移動があれば言語の移動は大いにありうるが、移動がなくても言語の移動はあり（いわゆる文化受容により、プレスティージュの高い言語に同化する）、なおかつ物質文化の移動があっても言語が移動しないこともありうるからである（つまり遺跡の出土物の同傾向が必ずしも言語の同化を表現しない）。

オッペンハイマーは、印欧諸語の起源については遺伝子学者らによる最近の説に従来の説を併記し、前七〇〇〇年から前六〇〇〇年と、前四〇〇〇年から前三〇〇〇年の二説を紹介する。そのうえでドイツの比較言語学者フェナマンの説を紹介する形で、その中間的立場を明らかにしている。それによれば、印欧語は前五五〇〇年には東欧に侵入し、前四〇〇〇年には中欧、スカンジナビアに入る。一方で、非印欧語である「大西洋」語が前四〇〇〇年に地中海からジブラルタル海峡を経由してブリテン島、スカンジナビアに進出。これが巨石文化に関係し、ブリテン島北部のピクト語に残る非印欧語的痕跡を明かすものではないかとする。

デイヴィッド・アンソニー著『馬と車輪と言語』（英文、二〇〇七年）は、考古人類学者による、いわば遺伝子学的研究に対する反論であり、これも比較言語学会においてはたいへん議論を呼んだ書物である。オッペンハイマーのような遺伝子研究の専門家も指摘していることだが、遺伝子研究で判明するのはせいぜい千年単位での移動であり、数百年単位の移動には対応できない。千年、二千年の誤差もありうる。したがって、前四〇〇〇年前後については考古学的資料を突き合わせつつ分析すべきだと主張するのである。アンソニーがここで注目したのが、車輪についての考古学的証拠と印欧諸語における車輪の語彙との関係であり、ここから祖語形成の年代を推定した。それによれば、印欧祖語における最初の分岐（ヒッタイト語の生成）が前四五〇〇年から前三五〇〇年であり、これはむしろ従来の印欧祖語の年代とあまり変わらないのである。本書で援用した、これより二千年はさかのぼる新説では、この二千年間（前六〇〇〇年〜前四〇〇〇年）の推移を裏付ける考古学的証拠がないという。

バリー・カンリフ、ジョン・コッホ編著『西からのケルト語』（英文、二〇一〇年）は、ケルト考古学における従来からの大御所であるカンリフと、最新研究を牽引するアベリストウィス大学のコッホが中心となって、遺伝子研究など最近の成果を総合化したものであり、本書でも寄稿者たちの多くの見解をすでに取り入れている。ただ、次の二点に関しては、本書では言及していないので、ここで紹介しておきたい。

その一つは、ケルト語の基盤形成に巨石文化が関係しているのではないかという説であある。本書で述べたように、ストーンヘンジなどはケルト人が祭祀に利用していた形跡があるが、これまでは巨石文化自体とケルト人とは関係しないというのが一般的見解であった（七二頁）。ところが、コッホ、カンリフはオッペンハイマーなどに依拠しつつ、印欧諸語の起源とも関係する線状紋土器文化（前五五〇〇年～前四五〇〇年、ハンガリー付近からフランス、ポーランドに広がる）から発展したと考えられるロート状ビーカー文化（前四三〇〇年～前二八〇〇年）、その大西洋沿岸地域での地域的文化をなす海洋鐘状ビーカー文化（前二八〇〇年～前二四〇〇年頃）、ないしは石積羨道墳文化（前五五〇〇年～前三八〇〇年）の交易語がケルト語ではなかったかと推測するのである。いずれも大西洋沿岸の巨石文化の担い手と考えられ、イベリア半島からブリテン諸島への流入を説明する文化である。

もう一つが本書では、イベリア半島にあった伝説上の言語として指摘したタルテッソス語についてである（一三五頁）。フェニキア文字によるこの碑文は以前から収集されていて、碑文にある地名のいくつかはケルト語だと認知されていたが、これを分析したコッホはこの言語をケルト語だと主張したのである。これが一般に承認されれば、ケルト語の最古の言語は紀元前七世紀にまでさかのぼるこのタルテッソス語ということになり、イベリア半島西部こそがケルト文化の起点ということになる。これこそが「西からのケルト語」というタイトルの趣旨なのだが、ヒベルニア（アイルランド）の起源伝説をなす『エール来寇の書』（本書二〇四頁）は、本書では指摘しなかったが、実はイベリア半島起源を言明しており、そうした伝承とも符合することになるのである。とはいえこの二点の見解に関しては、専門家の多くが否定的であり、興味深いが主流の説とはなりえていないことも書いておかなければならない。

さて、本来のケルト文化に関しては、本書で指摘したコリスなどの「ケルト懐疑派」の論考と並行する形で、一九九〇年代末からケルト学を体系化する試みが進展した。前述のジョン・コッホ教授が主導するプロジェクト「ケルト諸語と文化的アイデンティティに関する学際的総合研究」であり、この成果として、『ケルト文化歴史事典』（全五巻、二〇〇六年）、『ケルト学歴史地図』（二〇〇七年）などが出版された。ケルト学研究も学問的体系化整備の時代に入った証拠だが、本書では個別研究の段階でその成果の多くを取り入れている。なお、『ケルト文化歴史事典』については、二〇一二年にその簡略版（といっても二巻本で大部だが）が出されている。

二〇一六年　十月

原　聖

Paris, A. Colin, 2004.
• Priziac, Michel, *Bretagne des Saints et des croyances,* Grâces-Guingamp, Kidour, 2002.
• Richard, Nathalie; Pallier, Yveline (eds.), *Cent ans de tourisme en Bretagne, 1840-1940*, Rennes, Apogée, 1996.
• Royer, Eugène; Bigot, Joël, *Saints en Bretagne, glanes de légendes,* Paris, Gisserot, 2004.
• Tanguy, Geneviève-Morgane, *Sur les pas d'Anne de Bretagne,* Rennes, Ouest-France, 2003.
• Wolfram, Herwig et al., *Les Francs, ou la genèse des nations,* Dossiers d'archéologie, no. 223, 1997.

学術文庫版のあとがきにかかわるもの

• Anthony, David W., *The Horse, the Wheel and Language,* Princeton and Oxford, Princeton University Press, 2007.
• Cunliffe, Barry; Koch, John T. (eds.), *Celtic from the West,* Oxford, Oxbow Books, 2010.
• Koch, John T. (ed.), *Celtic Culture. A Historical Encyclopedia,* Santa Barbara, California, ABC-Clio, 5 vols., 2006.
• Koch, John T. in collaboration with Raimund Karl et al., *An Atlas for Celtic Studies,* Oxford, Oxbow Books, 2007.
• Koch, John T. (General Editor) and Antone Minard (Editor), *The Celts, History, Life and Culture,* Santa Barbara, California, ABC-Clio, 2 vols., 2012.
• Oppenheimer, Stephen, *The Origins of the British,* London, Robinson, 2006.
• Vennemann, Theo, *Europa Vasconica - Europa Semitica,* Berlin, Mouton de Gruyter, 2003.

- Cassard, Jean Christophe, *Vikings en Bretagne,* Morlaix, Skol Vreizh, 1986.
- Castleden, Rodney, *King Arthur. The truth behind the legend,* London, Routledge, 2000.
- Chardonnet, Joseph, *Le livre d'or des saints de Bretagne,* Spézet, Coop Breizh, 1995.
- Clancy, Thomas Owen; Markus, Gilbert, *Iona. The Earliest Poetry of a Celtic Monastery,* Edinburgh U.P., 1995.
- Croix, Alain, *L'âge d'or de la Bretagne 1532-1675,* Rennes, Ouest-France, 1993.
- Dantec, Ronan; Éveillard, James, *Les Bretons dans la presse populaire illustrée,* Rennes, Ouest-France, 2001.
- Darrah, John, *Paganism in Arthurian Romance,* Woodbridge, Boydell Press, 1994.
- Edwards, Hywel Teifi, *Yr Eisteddfod,* Llandysul, Gomer, 1976.
- Ellis, Peter Berresford, *Celt and Saxon,* London, Constable, 1993.
- Genet, Jean-Philippe, *Les Îles Britanniques au Moyen Âge,* Paris, Hachette, 2005.
- Gestin, Jean-Pierre et al., *Landévennec: aux origines de la Bretagne*, XVe centenaire de la fondation de l'Abbaye de Landévennec, Daoulas, 1985.
- Giot, Pierre-Roland; Guigon, Philippe; Merdrignac, Bernard, *Les premiers Bretons d'Armorique,* Rennes, P. U. de Rennes, 2003.
- Grall, P. et al., *La Bretagne Province.* Morlaix, Skol Vreizh, 1986.
- Hamel, Christopher de, *A history of illuminated manuscripts,* London, BCA, 1994.
- Kinvig, R.H., *The Isle of Man,* Liverpool U.P., 1975.
- Laing, Lloyd and Jennifer, *Celtic Britain and Ireland,* London, BCA, 1995.
- Lebec, Éric (ed.), *Miracles et sabbats. Journal du Père Maunoir,* Paris, Ed. de Paris, 1997.
- Loomis, Roger Sherman (ed.), *Arthurian Literature in the Middle Ages.* Oxford, University Press, 1959.
- Merdrignac, Bernard; Mérienne, Patrick, *Le monde au moyen âge,* Rennes, Ouest-France, 2003.
- Morse, Michael A., *How the Celts came to Britain.* Stroud, Tempus, 2005.
- Omnès, Roparz, et al., *La Galice,* Rennes, Institut Culturel de Bretagne, 1985.
- Ó Murchú, Mártín, *The Irish Language,* Dublin, Bord na Gaeilge, 1985.
- Paul, Jacques, *Le christianisme occidental au Moyen Âge, IVe-XVe siècle,*

- Riskine, Anne-Elisabeth, *Carnac, l'armée de Pierres,* Paris, Imprimerie Nationale, 1992.
- Royer, Eugène, *Fontaines sacrées et saints guérisseurs,* Paris, Editions Gisserot, 1994.
- Vendryes, Joseph, *La religion des Celtes.* Spézet, Coop Breizh, 1997.

第５～９章にかかわるもの

- 青山吉信『グラストンベリ修道院　歴史と伝説』山川出版社　1992年
- アンドレ・カリウ他監修『ブルターニュの海と空』読売新聞社　2001年
- 『狐物語』鈴木覺・福本直之・原野昇訳　岩波文庫　2002年
- スタン・ナイト『西洋書体の歴史』高宮利行訳　慶應義塾大学出版会　2001年
- ダニエル・バッジオーニ『ヨーロッパの言語と国民』今井勉訳　筑摩書房　2006年
- 原聖「ケルト概念再考問題」『人文知の新たな総合に向けて』(21世紀COEプログラム「グローバル化時代の多元的人文学の拠点形成」) 第2回報告書１　2004年
- アンヌ・ベルトゥロ『アーサー王伝説』松村剛監修／村上伸子訳　創元社　1997年
- 盛節子『アイルランドの宗教と文化』日本基督教団出版局　1991年
- Alcock, Leslie, *Arthur's Britain,* Harmondsworth, Penguin Books, 1971.
- Beaulieu, François de, *Chapelles de Bretagne, Histoire et légendes,* Rennes, Ouest-France, 2007.
- Béranger-Menand, Brigitte et al., *Arts de Bretagne, XIVe – XXe siècle,* Rennes, Association des Conservateurs des Musées de Bretagne, 1990.
- Bouët, Alexandre; Perrin, Olivier, *Breiz-Izel, ou, La vie des Bretons de l'Armorique,* 1844, reprint, Paris, Tchou, 1970.
- Boutouiller, Paul et al., *L'Etat Breton, de 1341 à 1532.* Morlaix, Skol Vreizh, 1987.
- Bromwich, Rachel; Jarman, A.O.H.; Roberts, Brynley F. (eds.), *The Arthur of the Welsh,* Cardiff, Univ. of Wales Press, 1991.
- Brown, Michelle, *Anglo-Saxon Manuscripts,* London, The British Library, 1991.
- Brunel, Christian et al., *La Bretagne au XIXe siècle (1780-1914),* Morlaix, Skol Vreizh, 1989.
- Cartwright, Jane (ed.), *Celtic hagiography and saints' cults*, Cardiff, University of Wales Press, 2003.

- Déceneux, Marc, *Bretagne celtique,* Brest, Le Télégramme, 2002.
- Dubois, Claude-Gilbert, *Celtes et Gaulois au XVIe siècle,* Paris, Vrin, 1972.
- Duval, Alain et al., *Vercingétorix et Alésia,* Paris, Éd. De la Réunion des musées nationaux, 1994.
- Eluère, Christiane; Mohen, Jean-Pierre (eds.), *Ulysse. L'Europe à l'âge du Bronze.* Les Dossiers d'Archéologie, n. 248, septembre, 1999.
- Éveillard, James; Huchet, Patrick, *Une Bretagne si étrange, 1900-1920*, Rennes, Ouest-France, 1999.
- Éveillard, James; Huchet, Patrick, *Croyances et superstitions en Bretagne,* Rennes, Ouest-France, 2004.
- Éveillard, James; Huchet, Patrick, *Croyances et rites populaires,* Rennes, Ouest-France, 2006.
- Giot, Pierre-Roland; L'Helgouac'h, Jean; Monnier, Jean-Laurent, *Préhistoire de la Bretagne,* Rennes, Ouest-France, 1979.
- Giot, Pierre-Roland; Briard, Jacques; Pape, Louis, *Protohistoire de la Bretagne,* Rennes, Ouest-France, 1979.
- Goudineau, Christian (ed.), *L'année terrible. L'insurrection de la Gaule,* L'Archéologue, hors série, n. 1, 1998.
- Grimaud, Renée, *Nos ancêtres les Gaulois,* Rennes, Ouest-France, 2001.
- Guichard, Vincent et al., *Les druides,* L'Archéologue, hors série n. 2, 2000.
- Kruta, Venceslas, *Les Celtes. Histoire et dictionnaire,* Paris, Laffont, 2000.
- Lamézec, Annick, *Le diable en Bretagne dans la tradition populaire,* Morlaix, Skol Vreizh, 1993.
- Le Stum, Philippe, *Fées, Korrigans et autres créatures fantastiques de Bretagne,* Rennes, Ouest-France, 2001.
- Louboutin, Catherine, *Au Néolithique. Les premiers paysans du monde,* Paris, Gallimard, 1990.
- Ménez, Yves et al., *Mémoire d'âme(s),* Catalogue de l'exposition présentée au Château de la Roche Jagu, mai 1999–avril 2000.
- Meuleau, Maurice, *Les Celtes en Europe,* Rennes, Ouest-France, 2004.
- Mohen, Jean-Pierre; Eluère, Christiane, *L'Europe à l'âge du bronze.* Paris, Gallimard, 1999.
- Moscati, Sabatini et al., *Les Celtes,* Milano, Bompiani, 1991.
- Pape, Louis, *La Bretagne romaine,* Rennes, Ouest-France, 1995.
- Pion, Patrick, *Celtes et Gaulois,* Paris, Fleurus, 2006.
- Raftery, Barry et al., *L'art celtique,* Paris, Unesco/Flammarion, 1990.

Maisonneuve, 1882.
• Sébillot, Paul-Yves, *Le folklore de la Bretagne,* Paris, Maisonneuve et Larose, 1968.
• Sébillot, Paul, *Le folklore de la France,* Paris, Maisonneuve et Larose, 1968.
• Van Gennep, Arnold, *Le folklore français,* 1943-48, Paris, Laffont, 1998.

第１〜４章にかかわるもの

•『ケルト美術展』東京都美術館　朝日新聞社　1998年
• アーサー・コットレル『世界の神話百科』松村一男他訳　原書房　1999年
• クリス・スカー『ローマ皇帝歴代誌』青柳正規監修／月村澄枝訳　創元社　1998年
• 鶴岡真弓『ケルト／装飾的思考』筑摩書房　1989年
• 中沢新一・鶴岡真弓・月川和雄『ケルトの宗教　ドルイディズム』岩波書店　1997年
• スチュアート・ピゴット『ケルトの賢者「ドルイド」』鶴岡真弓訳　講談社　2000年
• ヨラン・ブレンフルト編『石器時代の人々・上』（図説・人類の歴史３）大貫良夫監訳／西秋良宏編訳　朝倉書店　2004年
• フランソワーズ・ベック／エレーヌ・シュー『ケルト文明とローマ帝国』鶴岡真弓監修／遠藤ゆかり訳　創元社　2004年
• 南川高志『海のかなたのローマ帝国』岩波書店　2003年
• ジャンピエール・モエン『巨石文化の謎』蔵持不三也監修／後藤淳一・南條郁子訳　創元社　2000年
• 弓削達編『ローマ帝国の栄光』（世界の大遺跡６）講談社　1987年
• カトリーヌ・ルブタン『ヨーロッパの始まり』大貫良夫監修／南條郁子訳　創元社　1994年
• Batt, Michael et al., *Au pays des Mégalithes,* Chateaulin, Jos, 1990.
• Birkhan, Helmut, *Kelten, Bilder ihrer Kultur*, Wien, Österreich Akademie der Wissenschaften, 1999.
• Brunaux, Jean-Louis, *Les Druides,* Paris, Seuil, 2006.
• Brunaux, Jean-Louis, *Les Gaulois,* Paris, Les Belles Lettres, 2005.
• Burl, Aubrey, *From Carnac to Callanish,* New Heaven and London, Yale U.P., 1993.
• Collis, John, *The Celts. Origins, Myths and Inventions,* Stroud, Tempus, 2003.
• Danzé, Jean, *Bretagne pré-celtique,* Spézet, Coop Breizh, 2001.

参考文献

執筆に際して参考にした文献のなかで、重要度の高いもの、比較的新しいものをあげた。

本書全般にかかわるもの

- 青山吉信編『イギリス史1　先史〜中世』山川出版社　1991年
- バリー・カンリフ『図説ケルト文化誌』蔵持不三也監訳　原書房　1998年
- ミランダ・グリーン『ケルト神話・伝説事典』井村君江監訳　東京書籍　2006年
- サイモン・ジェームズ『図説ケルト』井村君江監訳／吉岡晶子・渡辺充子訳　東京書籍　2000年
- 柴田三千雄他編『フランス史1　先史〜15世紀』山川出版社　1995年
- 二宮宏之編『深層のヨーロッパ』（民族の世界史9）山川出版社　1990年
- 原聖『〈民族起源〉の精神史』岩波書店　2003年
- ジョン・ヘイウッド『ケルト歴史地図』井村君江監訳／倉嶋雅人訳　東京書籍　2003年
- ベルンハルト・マイヤー『ケルト事典』鶴岡真弓監修／平島直一郎訳　創元社　2001年
- Balcou, Jean; Le Gallo, Yves (eds.), *Histoire littéraire et culturelle de la Bretagne,* 3 vols., Paris, Slatkine, 1987.
- Croix, Alain (ed.), *Bretagne, images et histoire,* Rennes, Apogée / P. U. de Rennes, 1996.
- Croix, Alain; Veillard, Jean-Yves (eds.), *Dictionnaire du patrimoine breton,* Rennes, Apogée, 2001.
- Day, Brian, *Chronicle of Celtic Folk Customs,* London, Hamlyn, 2000.
- Elégoët, Louis, *Istor Breizh,* Roazhon, Tes, 1998.
- Gaucher, Jakez, *Histoire chronologique des pays celtiques,* Guérande, Association Keltica International, 1990.
- Le Scouëzec, Gwenc'hlan, *Le guide de la Bretagne,* Brasparts, Beltan, 1989.
- Monnier, Jean-Jacques; Cassard, Jean-Christophe (eds.), *Toute l'histoire de Bretagne,* Morlaix, Skol Vreizh, 2003.
- Sébillot, Paul, *Traditions et superstitions de la Haute-Bretagne,* Paris,

西暦	ケルト文化圏関連	その他の世界
1934	スコットランド民族党結成	済恐慌
1937	アイルランドで新憲法公布、「エール共和国」となる	1939年、第二次世界大戦（～45）
1967	カムリー語言語法（カムリー語が英語と同等になる）	
1969	北アイルランド紛争始まる	
1971	ブルターニュで第１回インターケルティック・フェスティヴァルが開催される	
1976	ブレイス語自主教育運動「ディワン」開始	
1981	ブレイス語がフランスの初中等教員養成課程で認可される	
1991	ヴェネツィアのパラッツォ・グラッシで「ケルト・最初のヨーロッパ人」展が開かれる	1989年、ベルリンの壁が崩壊
1993	カムリー語言語法が成立（公的団体にカムリー語使用を義務づける）	1993年、EU創設
1998	北アイルランド和平合意	
1999	スコットランドとウェールズに自治議会発足	
2002	欧州地域語少数言語憲章を英国が批准	
2004	エール語言語法制定	
2005	スコットランドでゲール（アルバ）語言語法が成立（英語とアルバ語の法的平等を謳う） IRA（アイルランド共和軍）が武装闘争の放棄を宣言	
2007	エール語、EUの公用語となる スコットランド自治議会選挙でスコットランド民族党（SNP）が第一党となる	

西暦	ケルト文化圏関連	その他の世界
1805	フランス、ケルト・アカデミー(1814年まで)	1804年、ナポレオンが皇帝に即位
1839	ラヴィルマルケ『バルザス・ブレイス』上梓 エドワール、パリで「民族学会」を設立	
1830年代	ブルターニュでアーサー王ゆかりの地「バラントンの泉」「マーリンの墓石」などを確定	1837年、イギリスでヴィクトリア女王即位
1845	アイルランド、大飢饉(1849年まで)	
1846	オーストリアでハルシュタット遺跡を発見	
1856	スイスでラテーヌ遺跡を発見	1853年、ペリーが浦賀に来航
1859	ブロカ、パリ人類学会を設立	
1861	「全カムリー・アイステズヴォッド」始まる	1861年、アメリカ南北戦争(～65)
1865	スイスで第1回人類学先史考古学国際大会	
1867	パリ近郊に古代史博物館開館	
1871	ドイツのライプチヒ大学でケルト諸語の講義開始(1875年、ウェールズのアベリストゥウィス大学でケルト学講座開設。1882年、コレージュ・ド・フランスでケルト文学講座開設)	1877年、ヴィクトリア女王、「インド女帝」となる
1886	ウェールズで「カムリー・ヴィズ」(青年民族主義運動)が結成される	
1888	スコットランド労働党が結成される	
1893	ダブリンでゲール同盟設立	1894年、日清戦争(～95)
1897	ベルリン大学で『ケルト言語研究誌』創刊	
1898	「ブルターニュ地域主義連合」結成	
1899	「マン島ゲール語協会」(マン語復興運動)設立	
1900	「ブルターニュ・バルド団ゴルセズ」設立	
1901	「ケルト・ケルノウ協会」(ケルノウ語復活運動)が設立される 第1回汎ケルト大会がダブリンで開催される	1905年、アインシュタインが相対性理論を発表
1916	ダブリンで復活祭蜂起	1914年、第一次世界大戦(～18)
1922	イギリス連邦自治領「アイルランド自由国」が誕生	
1923	ケンペール㉙でコルヌアイユ女王祭を開催	
1925	「プライド・カムリー」(カムリー党)結成	1929年、アメリカで経

西暦	ケルト文化圏関連	その他の世界
1532	ブルターニュ三部会がブルターニュのフランス王国への編入を承認	1517年、ドイツで宗教改革始まる
1536	ウェールズ、イングランド王国に併合	
1539	「ヴィレール・コトレ法」(フランス語による法的文書の作成を規定)	
1541	イングランド王ヘンリー8世、アイルランド国王も兼任（英語化が始まる）	
1545	トリエント宗教会議（1563年まで。カトリックの宗教改革開始）	1558年、イギリスでエリザベス1世即位
1588	カムリー語の完訳聖書できる	
1598	アンリ4世がナントの勅令で宗教戦争を終結	
1603	スコットランド王ジェームズ6世がイングランド王ジェームズ1世として即位（同君連合が始まる）	1600年、イギリス東インド会社設立
1608	ミシェル・ルノーブレがブルターニュ布教に入る（ブルターニュの対抗宗教改革開始）	
1649	クロムウェル、アイルランドに侵攻（以後、イングランド人がアイルランドに大量入植）	1648年、三十年戦争が終結し、ウェストファリア条約締結
1675	ブルターニュで印紙税一揆	
1707	スコットランド、イングランドと合同、連合王国となる	
1717	トウランド「古代ドルイド団」結成	
1720	「ポンカレック男爵の陰謀」(ブルターニュ貴族の王政転覆陰謀)	1725年、ロシアのピョートル大帝が没する
1773	マクファーソン『オシアン詩集』出版	1762年、ルソー『社会契約論』刊行
1775	マン語の完訳聖書できる	
1777	ケルノウ語最後の母語話者が死去	
1789	ウェールズのバルド（吟唱者）の祭典「アイステズヴォッド」再興	1789年、フランス革命始まる
1792	モルガヌグが「ブリテン島バルド・ゴルセズ」を結成する	
1800	イングランド・アイルランドの連合法が成立	

西暦	ケルト文化圏関連	その他の世界
	ーニュ公となる（史上初のフランス国王のブルターニュ公）	ンゴルを統一
13世紀中頃	『カエルヴィルジン黒書』（カムリー語文書集）できる	
1258	ルウェリン・グウィネズ・アプ・グリフィズがウェールズ全域を掌握	1260年、モンゴルのフビライがハン位につく
1284	英国王エドワード１世、ウェールズを英国王室領に組み入れる	
1296	エドワード１世、スコットランドを併合	
1301	エドワード２世、ウェールズ大公となる（王の第１継承者の名称となる）	1299年、オスマン朝成立
1306	ロバート・ブルース、スコットランド王を宣言	
1330頃	イヴォネット・オムネスがブレイス語最古の詩歌を作る	1328年、フランスでヴァロワ朝創始
1336	エドワード黒太子、コーンウォール公となる（英国王長男の称号の始まり）	1338年、足利尊氏征夷大将軍になる
1341	ブルターニュ公継承戦争始まる（1364年まで）	
1346	英王室、マン島の継続的支配を開始	
1400	オワイン・アプ・グリフィズ（オワイン・グランドゥール）が、ウェールズ大公を宣言（グランドゥールの反乱、1415年まで）	
1405	英国王、マン島支配をダービー家に委譲	
1422	マン島議会（ティンワルド）、マン島憲法宣言	
1450頃	ウェールズでバルド（吟唱者）の祭礼「アイステズヴォッド」が一時復活	1453年、コンスタンティノープル陥落し、ビザンツ帝国滅ぶ
1485	ヘンリー７世、テューダー朝を開く（ウェールズ出身の王家）	
1488	サントーバン・デュコルミエの戦い（フランス王シャルル８世、ブルターニュ公を破る）	
1491	アンヌ・ド・ブルターニュがフランス国王シャルル８世と結婚	
1498	アンヌ、ルイ12世と再婚	

西暦	ケルト文化圏関連	その他の世界
933	ノルマン人ウィレム長剣公、「ブリトン人の公」を名乗る	935年、平将門の乱
991	アングロサクソン人が「デーンゲルト」の支払いで、デーン人を撤退させる	962年、神聖ローマ帝国成立
10世紀	地名「スコットランド」(アルバでなく)、「ブルターニュ」(ブリタニア、アルモリカでなく)、「フランス」(西フランクでなく)が一般化	
1002	ブリアン・ボルワ・マク・ケネティク(ブライアン・ボルー)がヒベルニア大王になる(1011年に全島統一)	
1016	デンマーク人クヌートがイングランド王即位	
1040	マックベハッド(マクベス)が即位、ゲール語を話す最後のスコットランド王	
1066	ノルマンディー公ウィリアム(ギヨーム)がイングランド王になる(ノルマン朝が成立)	1054年、キリスト教会が東西分裂
1084	ケルネ伯アラン4世、ブルターニュ公となる(ブレイス語を話す最後の公)	1096年、第1回十字軍
11世紀	「マンおよび諸島王国」(13世紀半ばまで)	
1106頃	『ナ・ヌイドレ(ドゥンコウ)書』ができる(エール語最古の文書)	
1138頃	ジェフリー・オヴ・モンマスが『ブリタニア列王史』を執筆する	
1154	イングランド王ヘンリー2世、プランタジネット朝を興す(アンジュー帝国)	
1165	ヘンリー2世、ワリアを支配	
1166	ヘンリー2世、ブルターニュ公になる(プランタジネット朝による支配、1203年まで)	
1171	ヘンリー2世、ヒベルニアを攻略	
1175	ヒベルニア、名目的英国支配下に入る	
1190頃	アーサー王の遺骨発見が宣伝される(グラストンベリ修道院)	1187年、サラディンがエルサレムを奪還
1206	カペー朝フィリップ・オーギュスト、ブルタ	1206年、テムジンがモ

西暦	ケルト文化圏関連	その他の世界
680頃	装飾写本『ダロウの書』が成立する（ヒベルニア、ダロウ修道院）	
698頃	『リンディスファーン福音書』が制作される	
7世紀	ブリタニアの「七王国」でキリスト教化進む	
700頃	タラ・ブローチが作られる（1850年発見）	
710	ゲレン王（最後のドゥムノニア王）、ウェセックス王に殺害される	711年、ウマイヤ朝、イベリア半島に進出
789（787）	北方の民、ブリタニア島に来襲	
795	北方の民、スカイ島（アルバ）、ラスリン島（ヒベルニア）を襲撃	794年、平安京遷都
800頃	ネンニウス『ブリトン人史』を編纂	800年、カルル大帝、ローマ皇帝として戴冠
837	ノミノエがアルモリカの「ミッスス」（委任統治者）となる	
841	北方の民、ヒベルニアを襲撃	
842	「ストラスブルクの宣誓」	
843	キナエド（ケネス）・マクアルピン王、ピクト人を支配下に入れ、アルバ王国（スコットランド）が成立 ナント㊹に北方の民が襲来	
845	アルモリカの王、ノミノエが「バロンの戦い」で西フランク王国シャルル禿頭王を破る	
851	アルモリカの王、エリスポエ、「ジェングランドの戦い」でシャルル禿頭王を破る	
856	ロドリ・マウルがワリア（ウェールズ）を統一	
865	デーン人のブリタニア島への植民始まる	
9世紀	『聖ブレーニン（ブレンダン）の航海』	
9世紀末	ブルターニュ創始七聖人伝ができる	
907	北方の民、ランデヴェネック修道院を破壊	
927	アセルスタンが統一的イングランド最初の王となる	916年、耶律阿保機が遼を建国
930頃	『アルメス・プリダイン』（ブリテンの預言）（カムリー語）成立	

西暦	ケルト文化圏関連	その他の世界
451	フン族のアッティラ、ガリア南部でローマ軍に敗れる	
461頃	聖パテルヌスによるアルモリカでの司教区会議（アルモリカのキリスト教化始まる）	
476	西ローマ帝国が崩壊	
490〜500頃	アルトゥス（アーサー）、ブリタニア島のバドニクス丘でサクソン人を破る（伝承）	
496頃	クロヴィス1世が受洗（フランク王国のキリスト教化が本格化）	
5世紀	コルノウィイ（コーンウォール）成立 「ゴドジン王国」建国（スコットランド南部のブリトン人の王国、6世紀まで） ヒベルニアに「コーケド」（五王）体制 マン島のキリスト教化始まる	5世紀頃、日本列島各地に大型の前方後円墳が築造される
5世紀半ば	シドニウス・アポリナリスがアルモリカをブリタニアと呼ぶ 聖パトリック、ヒベルニアで布教	
557	聖サムソン（初代ドル司教）がフランク王主催の宗教会議に出席（アルモリカのキリスト教化始まる）	552年、中央アジアに突厥が興る
563頃	聖コルムキル、アルバのアイオナに修道院を建立	
569	ガリシアの宗教会議に「ブリトン人の教区」代表が参加(675年までブリトン人名が残る)	570年頃、ムハンマド生まれる
585	聖コルンバヌス、フランク人へ布教	
6世紀	ブリトン人がアルモリカへ移住する（第2期。7世紀初めまで） 『アネイリンの書』『タリエシンの書』（カムリー語詩歌）が成立	
6世紀末	『コルムキル頌歌』（エール語詩歌）が成立	618年、唐王朝成立
664	ウィトビ教会会議でローマ教会がヒベルニア系教会に勝利	645年、大化改新始まる

西暦	ケルト文化圏関連	その他の世界
前55〜54	カエサル軍がブリタニアとゲルマニアで戦う	
52	アレシアでウェルキンゲトリクスのガリア連合軍、カエサルのローマ軍に敗れる	
1世紀半ば	ドルイド集団が衰退（ローマ文化と同化へ）	
27	「ガリア・コマタ」（カエサルによるガリア征服地）、アクウィタニア、ケルティア、ベルギカに３分割統治	前27年、ローマで帝政始まる
26〜25	ケルト・イベリア人、ローマ軍に征服される	
前1世紀後半	島嶼ケルト語初の史料（ラテン文字貨幣）	
後1世紀	ローマ帝国が偽ドルイド（シャーマン）の領内での活動を禁じる	
43	ローマ軍、ブリタニアへ侵攻開始	
59	偽ドルイドの聖域モナ島をローマ軍が襲撃	後57年、奴国王が後漢に遣使
61	イケニ族女王ブーディカの反乱が鎮圧される	
78	アグリコラがスコットランド遠征	79年、ポンペイが埋没
135	アルモリカのリエドネス族主都に都市参事会	
2世紀末	コリニーの暦（フランス）ができる	
260	ポストゥムスの「ガリア帝国」（276年まで）	239年、卑弥呼が魏に遣使
287	カラウシウスが反乱（ブリタニア島で大将軍宣言）（293年まで）	
3世紀	フン族の黒海北岸への侵略にともないゲルマン人の移動が始まる	
3世紀中頃	スコット人が「ダルリアタ王国」建国（ヒベルニアとアルバに広がる。５世紀まで）	
3世紀後半	アルモリカが荒廃する	
	アングル人、サクソン人のブリタニア島の侵略を開始	
3世紀末	エール語オガム文字碑文（８世紀半ばまで）	
400頃	ワリア（ウェールズ）が小王国に分立する	395年、ローマ帝国が東西に分裂
410	ブリタニアのローマ支配終結（ホノリウス帝の宣言）	
437頃	スコット人が「ダヴェッド王国」（ワリア）	

西暦	ケルト文化圏関連	その他の世界
	イベリアにケルト人が集住	
前500頃	カルタゴの航海家ヒミルコンが「イエルネ」（ヒベルニア）と「アルビオン」（ブリタニア）の名称を使う	前500年頃、ペルシア戦争（～449） 496年頃、ピュタゴラス没する
5世紀	ボヘミアにケルト人が集住 ガリア中北部でドルイド集団が形成される	
450頃	ドナウ川上中流域でラテーヌ文化が始まる ヘロドトスが「ケルトイ」と記述（「歴史的ケルト」の始まり）	463年頃、ブッダ生まれる
4世紀末	マッサリアのピュテアスが「プレッタニカイ」（ブリタニア）と記述	399年、ソクラテス処刑される
387（390）	セノネス族などガリア人がローマを占領。ラテーヌ文化がイタリアに拡大	
320～300	ブルターニュでの最古のケルト語の事例	323年、アレクサンドロス大王が没する
3世紀	ラテーヌ文化がドナウ川北部周辺に拡大	
296	ケルト人のセノネス族・エトルリア連合軍がローマ軍と戦う	
280	ケルト人がギリシアを攻略	
268	セノネス族、ローマに征服される	272年、ローマがイタリア半島を統一
250頃	ガラチア定住地（コイノン・ガラトン）の形成（前25年、ローマの属州となる）	
225	ローマ軍とのテラモン（ピサとローマの中間地点）の戦いでガリア軍が敗北	221年、秦始皇帝が即位
2世紀初め	ガリアで貨幣打刻が始まる	
190頃	イタリア側のガリアがローマに征服される	146年、カルタゴ滅亡
109	ゲルマン系キンブリ族、ガリア南部に進出	
2世紀末	アルモリカで貨幣打刻 ガリアでオッピドムの建造開始（1世紀まで）	
100頃	ケルト人社会に女ドルイド（巫女）が出現	
1世紀前半	ラテン文字ケルト語、パンノニア（東欧）とガリア中東部で使用される	
58	カエサルの「ガリアの戦い」が始まる	

年　表

西暦	ケルト文化圏関連	その他の世界
前9000~5000	中石器時代を迎える	
7000~6000	キベレン半島㊻テヴィエックに遺跡	
	欧州に印欧語が出現	
5000	新石器時代が始まる	
4600	プルエゾッホ村㉙バルネネスのケルン（石積塚）ができる	
4000	ブリテン諸島など欧州大西洋地域で新石器時代が始まる	
	シャセー文化（磨製石器・土器を持つ農耕文化）が始まる	
3500	カルナック町㊻のサンミシェル墳墓ができる	
	ドルメン、クロムレッヘの建造が始まる（巨石文化）	
3300	メンヒル群が出現	
3200	アイルランド、ダブリン近郊のボイン谷にニューグレンジ遺跡が建造される	前3100年頃、エジプトに第１王朝が興る
3000~2000	アルプス以北で銅器時代が始まる	3000年頃、エーゲ文明が興る
2300~1800	アルプス以北で青銅器時代が始まる	
2000	ウェセックス文化（ブリテン島南部の青銅器文化）	2000年頃、インダス文明が興る
	ブルターニュで銅器時代（鐘状壺時代）	
1800	ストーンヘンジ（イングランド）、カラニッシュ（スコットランド）のストーンサークルが建造される（原型は前3000年）	1600年頃、中国に殷王朝が興る 1500年頃、ギリシアにミュケナイ文明が興る
	アルモリカ文化(ブルターニュの青銅器文化)	
1200	骨壺場文化（晩期青銅器時代）	
1000~800	アルプス以北で鉄器時代が始まる	東地中海岸でフェニキア人の活動が活発化
800~750	ハルシュタット文化が始まる	
7~6世紀	中欧中心に王の墳丘時代	
540頃	ギリシア人がマッサリア（マルセイユ）建設	551年頃、孔子生まれる
6世紀	ゴラセッカ（レポント）文化、エトルリア文字ケルト語	

ヴィンディッシュ　Ernst Windisch（1844〜1918）　ドイツで最初のケルト諸語の講義をライプチヒ大学で行った（1871年）。東洋語学者でもある。
ジョン・リース　John Rhys（1840〜1915）　ウェールズ出身のケルト研究者。オックスフォード大学でケルト語文学講座を担当（1877年以降）。
ダルボワ・ド・ジュバンヴィル　Marie Henri D'arbois de Jubainville（1827〜1910）　コレージュ・ド・フランスのケルト語文学担当教授（1882年以降）。
ジョゼフ・ロート　Joseph Loth（1847〜1934）　ブルターニュのレンヌ大学でケルト語を講義（1883年以降）。
カミーユ・ジュリアン　Camille Jullian（1859〜1933）『ガリア史』（全８巻、1907〜26年）。『近世佛蘭西史學概觀』（讃井鉄男訳、白水社）がある。
ミュールハウゼン　Ludwig Mühlhausen（1888〜1956）　ベルリン大学ケルト学講座教授で、ナチスの人種主義的研究に協力。戦後のドイツにおけるケルト学研究に禍根を残す。
アンリ・ユベール　Henri Hubert（1872〜1927）　宗教社会学者で20世紀前半フランス最大のケルト学者。『ケルト人』（２巻、1932年）は、1970年代以降に評価を受ける。『供犠』（マルセル・モースとの共著、小関藤一郎訳、法政大学出版局）がある。
デュメジル　Georges Dumézil（1898〜1986）　比較神話学者で、印欧語社会が共有する「三機能仮説」に古代ガリア人社会を援用。『神々の構造―印欧語族三区分イデオロギー』（松村一男訳、国文社）など翻訳多数。
ポールマリー・デュヴァル　Paul-Marie Duval（1912〜97）　戦後フランスの代表的古代ケルト研究者。古代ガリアとブリテン諸島の伝説的神々を区別することなく論じた。『ガリアの神々』（1976年）など。

知識人。言語分類論の先駆者。『スコッティア事物史』(1582年)。

ジョン・トウランド John Toland (1670～1722) 北アイルランド出身の知識人で、「古代ドルイド団」初代会長。

ヘンリー・ローランヅ Henry Rowlands (1655～1723) 『古代モナ島復興、英国ドルイドの古代の玉座、アングルシー島の昔日の自然と歴史に関する考古学論』(1723年) で、ネオ・ドルイディズムの理論的支柱。

ペラン Olivier Perrin (1761～1832) ブルターニュの画家。フランスで初めて民俗学的題材を描く。『アルモリカのブリトン人の習俗・慣習。衣装描写集』(1808年)。

マクファーソン James Macpherson (1736～96) 『古詩断章、スコットランド高地で収集、ガーリック (ゲール) すなわちエルセ語から翻訳』(1760年)。その後『オシアン詩集』として欧州全域に広まる。民俗学的採集詩歌の嚆矢をなすが、贋作容疑もかけられた。『オシアン詩集』(塚田孝雄編、龍渓書舎) がある。

ミシュレ Jules Michelet (1798～1874) 19世紀フランスの代表的歴史家。『フランス史』(第1巻、1833年) で、「われらが祖先ガリア人」という表現を一般に普及。『世界史入門――ヴィーコから「アナール」へ』(大野一道訳、藤原書店) ほか翻訳多数。

シャトーブリアン François René, Vicomte de Chateaubriand (1768～1848) ブルターニュ出身のロマン主義作家。『アタラ・ルネ』(畠中敏郎訳、岩波書店) がある。

アンリ・マルタン Henri Martin (1810～83) 『フランス史』(第1巻、1833年)、『フランス民衆史』(全7巻、1867～75年) など。フランスの起源がガリア人にあることを強調。

ポーラン・パリス Alexis Paulin Paris (1800～81) コレージュ・ド・フランス中世フランス言語文学講座担当教授 (1852年以降)。息子のガストン・パリス Bruno Paulin Gaston Paris (1839～1903) も中世文学研究者として名を成し、コレージュ・ド・フランスの父の講座を引き継いだ。

エドワール William F. Edwards (1777～1842) ジャマイカ出身、ベルギーで勉学。パリで初の民族学会を設立(1839年)。ケルト人をガル人(大陸)とキムリス人 (ブリテン島) に分けた。

ブロカ Paul Broca (1824～80) パリ人類学会を設立 (1859年)。19世紀フランス人類学の第一人者。

ヴェデル・シモンセン Lauritz Schebye Vedel Simonsen (1780～1858) デンマークの考古学者。先史時代を石器、青銅器、鉄器の3時代に区分し、ケルトを時代概念として用いなかった。『最古の民族史』(1813年) など。

第8・9章

アンニウス　Annio da Viterbo / Annius（1432～1502）『古代史』（ラテン語、1498年）で古代ローマの史書を発見したと書いた（後に偽書と判明）。種村季弘『偽書作家列伝』（学研M文庫）にアンニウスについての章がある。

ルメール・ド・ベルジュ　Lemaire de Belges（1473～1525頃）『ガリアの顕揚とトロイアの偉傑』（1511/12年）。フランスにおけるガリア起源論の元祖。

ピカール・ド・トゥートゥリ　Jean Picard de Toutry（生没年不詳）『古代ケルト学について』（1556年）、近代フランスで題名にケルトを初めて用いた著作。

ギヨーム・（ド・）ポステル　Guillaume de Postel（1510～66）16世紀フランスの代表的知識人。『大洪水以降、ガリア人すなわちフランス人がフランスからアジアにいたるまで行った探検についての記憶すべき歴史』（1552年）など多数の著作。渡辺一夫『フランス・ルネサンスの人々』（岩波文庫）に東洋学者としてのポステルの紹介がある。

ノエル・タイユピエ　Noël Taillepied（1540～89）『国家史とドルイドの共和国』（1585年）。フランスにおけるドルイド再評価の功労者。

アラン・ブシャール　Alain Bouchart（1531頃没）ブルターニュ公に仕える歴史家。『ブルターニュ大年代記』（1514年）など。

ベルトラン・ダルジャントレ　Bertrand d'Argentré（1519～90）『ブルターニュ史』（1588年）など。

ロビノー　Dom Guy Alexis Lobineau（1666～1727）ブルターニュを代表する歴史家。『ブルターニュ史』（1707年）。

ボクスホルニウス　Marcus Zuerius Boxhorn / Boxhornius（1602～53）オランダの言語学者。『ガリアの起源についての書』（1654年、死後出版）。

ポール・ペズロン　Paul（-Yves）Pezron（1639/40～1706）『ケルト人、またの名ガリア人の民族と言語の古き時代』（1703年）。ケルトマニアの元祖。ケルト語が欧州の起源語だとする。

シモン・ペルーティエ　Simon Pelloutier（1694～1757）『ケルト人の歴史』（1740～50年、2巻）。

ジャック・ルブリガン　Jacques Le Brigant（1720～1804）『ケルト・ゴメル人すなわちブリトン人の言語の基礎』（1779年）において、ブレイス語が人類の起源語だと主張。

ツォイス　Johann Kaspar Zeuss（1806～56）『ケルト語文法』（1851～1853年）で、ケルト言語学の創始者とされるドイツ人。

ジョージ・ブキャナン　George Buchanan（1506～82）スコットランドの

プロコピオス・カイサレウス Procopios（500頃〜560） 6世紀ビザンチンの歴史家。『戦史』全8巻。
ギルダス Gildas（504頃〜570） ワリアのブリトン人修道士。『ブリタニアの破壊と征服』（560年頃）。アーサー王のモデルとなる武将についての記述を残す。
グレゴリウス Gregorius Turonensis（538頃〜594頃） 西フランク（フランス）トゥールの歴史家。『フランク人史』。『歴史十巻（フランク史）』（兼岩正夫、台幸夫訳註、東海大学出版会）がある。
ペラギウス Pelagius（350/354頃〜418/425頃） ブリタニア諸島出身の最初のキリスト教伝道者。『アウグスティヌス著作集』（教文館）に「ペラギウス派駁論集」（第10巻）がある。
ギラルドゥス・カンブレンシス Giraldus Kambrensis（1146頃〜1223） ワリアの聖職者。『カンブリア素描』（1188年）。邦訳に『アイルランド地誌』（有光秀行訳、青土社）。
ジェフレイ・ガイマール Geffrei Gaimar（ジェフリー・ガイマー、生没年不詳） アングロノルマンの知識人。『アングル人史』（1136/40年）はラテン語以外での（ノルマン・フランス語）アーサー王伝説の最初の記述。
ロベール・ワース Robert Wace（1100頃〜74頃） 『ブリトン人武勲詩』（ブリュ物語、1155年）。ブリトン人のアーサー王帰還願望がはじめて登場。
クレティアン・ド・トロワ Chrétian de Troyes（1135頃〜85頃） フランスの作家。『フランス中世文学集２』（新倉俊一他訳、白水社）にアーサー王物語関連の「ランスロまたは荷車の騎士」「ペルスヴァルまたは聖杯物語」が収録される。
トーマス・マロリ Thomas Malory（1405頃〜71） 『アーサーの死』が有名（1469年執筆、1484年出版）、邦訳はちくま文庫（厨川文夫他訳）。
ウォルフラム・フォン・エシェンバッハ Wolfram von Eschenbach（1168/80頃〜1217/20頃） 『ペルツィファル（パーシヴァル）』、アーサー王系統の物語のドイツ語への導入者のひとり。
ハルトマン・フォン・アウエ Hartmann von Aue（1160/65頃〜1205/10）『ハルトマン作品集』（平尾浩三他訳、郁文堂）に「エーレク」と「イーヴァイン」の翻訳がある。
ゴートフリート・フォン・シュトラスブルク Gottfried von Strasburg（1165頃〜1210/15頃）『トリスタンとイゾルデ』（1210年頃）はワグナーの歌劇のもとになる。

アの歴史家。『神代地誌』（飯尾都人訳、龍渓書舎）がある。
リヴィウス　Titus Livius（前59〜後17）　ローマの歴史家。『ローマ建国史』（鈴木一州訳、岩波文庫）がある。
ポセイドニオス　Poseidōnios（前135頃〜前51）　ギリシアのストア派の哲学者、歴史家。アリストテレスと並ぶ著作家と言われるが、断片のみ残存。
アメデ・ティエリ　Amédée Thierry（1797〜1873）　ガリア史家。『ガリア人の歴史』（1828年）でフランス人の祖先としてのガリア人を強調。
ピュタゴラス　Pythagoras（前570頃〜前496頃）　ピュタゴラスの定理で知られる古代ギリシアの哲学者。教団的な学派を形成した。チェントローネ『ピュタゴラス派——その生と哲学』（斎藤憲訳、岩波書店）がある。
ヴァンドリエス　Joseph Vendryes（1875〜1960）　ケルト言語学者。『ケルト人の宗教』（1948年）という文化論も書いた。『言語学概論　言語研究と歴史』（藤岡勝二訳、刀江書院）があり、一般言語学の理論家としても評価が高い。
スエトニウス　Gaius Suetonius Tranquillus（69/70頃〜125/140頃）　ローマの文人。『ローマ皇帝伝』（國原吉之助訳、岩波文庫）。
ウェルキンゲトリクス　Vercingetorix（前72〜前46）　アルウェルニ族の最高権力者。「アレシアの戦い」（前52年）でカエサルに敗れる。19世紀、フランス民族主義が高揚するなかで評価される。
エドワード・ルイド　Edward Lluyd（1660〜1709）　言語学者。『ブリタニア考古学』（1707年）ですべての島嶼ケルト語を考察。ケルト言語学の祖と目される。植物学者としても有名。
ウルピアヌス　Domitius Ulpianus（170頃〜228）　ローマの法学者。『羅馬法範 並羅馬法総評、十二表法全文、新勅法二篇』（末松謙澄訳、帝国学士院）の訳書がある。

第５〜７章

クロヴィス１世　Clovis（465/466頃〜511）　メロヴィング朝フランク王国初代国王。キリスト教の洗礼を受けて国王となる。
フレデガリウス　Fredegarius（584〜642）　『フランク年代記』（７世紀）。
レオン・フロリオ　Léon Fleuriot（1923〜87）　歴史言語学者。『ブルターニュの起源』（1980年）など。ブレイス語北西部方言にガリア語の残滓がみえると説いた。
ピエール・ルボー　Pierre Le Baud（1450頃〜1505）　ブルターニュの宮廷歴史家。『ブリトン人史年代記』（1480年）。

庫）など。
ジェームズ・ミルン James Miln（1819〜81） 1870年代にブルターニュのカルナックに定住して調査を行ったスコットランド人。
ザカリー・ルルージック Zacharie Le Rousic（1864〜1939） 19世紀末から第二次世界大戦にいたるまで、カルナックの考古学調査のほとんどすべてにかかわった地元の研究者。
ジョン・オーブリー John Aubrey（1626〜97） イングランドのエイヴベリ、ストーンヘンジの巨石の最初の研究者。これらを太陽観測施設と指摘。『ブリタニアの遺跡』（遺稿）がある。

第３・４章

ラムザウアー Johann Georg Ramsauer（1795〜1874） オーストリアの考古学者。ハルシュタット遺跡を発見。
ストラボン Strabōn（前64頃〜後21頃） ギリシア人地誌家。『ギリシア・ローマ世界地誌』（飯尾都人訳、龍渓書舎）。
ヘカタイオス Hekataios（前550/548頃〜前475頃） ギリシアの歴史家・地誌作者。CD-ROM『世界史地図・図解集』（世界史地図・図解ソフト開発研究会編）に「ヘカタイオスの世界地図」がある。
エフォロス Ephoros（前405頃〜前330） ギリシアの歴史家・地理学者。
ポリュビオス Polybios（前201頃〜前120頃） ローマの歴史家。『世界史』（竹島俊之訳、龍渓書舎）、『歴史』（城江良和訳、京都大学学術出版会）などがある。
プトレマイオス・クラウディオス Klaudios Ptolemaios（85〜165） アレクサンドリアの天文・地理学者。著書に『ゲオグラフィア（地理学）』。
カエサル Gaius Julius Caesar（前100〜前44） ローマの軍人、政治家。ガリア人に関する詳細な記述を残した。『ガリア戦記』（近山金次訳、岩波文庫）（國原吉之助訳、講談社学術文庫）がある。
シドニウス・アポリナリス Sidonius Apollinaris（430頃〜479） ガリアの詩人。「歌章第十八」が『オブジェを求めて』（澁澤龍彦編、河出書房新社）にある。
ヘラクレイデス Hērakleidēs Pontikos（前390頃〜前310頃） 哲学者。オリゲネス著『ヘラクレイデスとの対話』（小高毅訳、創文社）がある。
プルタルコス Plutarchos（46/48頃〜120頃） ギリシアの著述家（『カミルス伝』）。村川堅太郎編『プルタルコス英雄伝』（全３巻、ちくま学芸文庫）がある。
ディオドロス Diodōros（前60頃〜後30） シチリア島生まれ、古代ギリシ

主要人物一覧

「ケルト文化」およびブルターニュの歴史に関する記録、研究などに携わったおもな人物と著作を中心に、本書の登場順にあげた。

第1・2章

ポール・セビヨ　Paul Sébillot（1843～1918）　民俗学者。「民間伝承学会」（1885年）を設立。『オート・ブルターニュ地方の口承文芸』（1881年）、『オート・ブルターニュ地方の伝統と迷信』（1882年）など。柳田國男は彼から「口承文芸」という概念を導入した。海や動植物など自然と習俗の関係にとくに注目した。

ポールイヴ・セビヨ　Paul-Yves Sébillot（1885～1971）　民俗学者。ポール・セビヨの息子。『ブルターニュの民俗』（1950年）など。

ジャック・カンブリ　Jacques Cambry（1749～1807）　革命期ブルターニュの知識人、民俗学的な『フィニステール県旅行記』で有名。

フレーザー　Sir James George Frazer（1854～1941）　英国の民族学者。邦訳に『金枝篇』（全5巻、永橋卓介訳、岩波文庫）、『初版金枝篇』（上・下、筑摩書房）など。

プリニウス　Gaius Plinius Secundus（大プリニウス、23頃～79）　ローマの博物誌家。邦訳に『プリニウスの博物誌』（中野定雄他訳、雄山閣出版）など。

ジョージローレンス・ゴム　George-Lawrence Gomme（1853～1916）　1878年に英国で「民俗学協会」を設立した。柳田國男が影響を受けた民俗学者のひとり。

ラヴィルマルケ　Hersart de La Villemarqué（1815～95）　19世紀ブルターニュの代表的民謡採集者。『バルザス・ブレイス』（ブルターニュ詩集、1839年）で有名。

ルブラース　Anatole Le Braz（1859～1926）　民俗学者。『ブレイス・イーゼル地方の死の伝説』（1893年）、『守護聖人祭の地方にて』（1894年）など。ブルターニュの地域主義運動の先頭にたった。

ラトゥール・ドーヴェルニュ　Théophile de la Tour d' Auvergne（1743～1800）　ブルターニュの軍人で、ケルトマニアの論客。ブレイス語が始原語だとする。

ジョルジュ・サンド　George Sand（1804～76）　19世紀フランスを代表する民話文学者。『愛の妖精』（岩波文庫）、『フランス田園伝説集』（岩波文

〈ラ行〉

〈ワ行〉

〈マ行〉

〈ヤ行〉

〈サ行〉

〈カ行〉

索 引

本巻全体にわたって頻出する用語は省略するか、主要な記述のあるページのみを示した。
＊を付した語は巻末の「主要人物一覧」に項目がある。

〈ア行〉

本書の原本は、二〇〇七年七月、「興亡の世界史」第07巻として
小社より刊行されました。

原　聖（はら　きよし）
1953年、長野県生まれ。東京外国語大学卒業、一橋大学大学院社会学研究科博士課程単位取得退学。女子美術大学芸術学部教授を経て、現在、同大学名誉教授、青山学院大学文学部客員教授。専門は近代言語社会史。著書に『周縁的文化の変貌』『〈民族起源〉の精神史——ブルターニュとフランス近代』、訳書にピーター・バーク『近世ヨーロッパの言語と社会——印刷の発明からフランス革命まで』ほか。

講談社学術文庫
定価はカバーに表示してあります。

興亡の世界史
ケルトの水脈《すいみゃく》
原《はら》　聖《きよし》

2016年12月9日　第1刷発行
2020年12月8日　第6刷発行

発行者　渡瀬昌彦
発行所　株式会社講談社
東京都文京区音羽2-12-21 〒112-8001
電話　編集（03）5395-3512
販売（03）5395-4415
業務（03）5395-3615
装　幀　蟹江征治
印　刷　大日本印刷株式会社
製　本　株式会社国宝社

ISBN978-4-06-292389-7

「講談社学術文庫」の刊行に当たって

これは、学術をポケットに入れることをモットーとして生まれた文庫である。学術は少年の心を養い、成年の心を満たす。その学術がポケットにはいる形で、万人のものになることは、生涯教育をうたう現代の理想である。

こうした考え方は、学術を巨大な城のように見る世間の常識に反するかもしれない。また、一部の人たちからは、学術の権威をおとすものと非難されるかもしれない。しかし、それはいずれも学術の新しい在り方を解しないものといわざるをえない。

学術は、まず魔術への挑戦から始まった。やがて、いわゆる常識をつぎつぎに改めていった。学術の権威は、幾百年、幾千年にわたる、苦しい戦いの成果である。こうしてきずきあげられた城が、一見して近づきがたいものにうつるのは、そのためである。しかし、学術の権威を、その形の上だけで判断してはならない。その生成のあとをかえりみれば、その根は常に人々の生活の中にあった。学術が大きな力たりうるのはそのためであって、生活をはなれた学術は、どこにもない。

開かれた社会といわれる現代にとって、これはまったく自明である。生活と学術との間に、もし距離があるとすれば、何をおいてもこれを埋めねばならない。もしこの距離が形の上の迷信からきているとすれば、その迷信をうち破らねばならぬ。

学術文庫は、内外の迷信を打破し、学術のために新しい天地をひらく意図をもって生まれた。文庫という小さい形と、学術という壮大な城とが、完全に両立するためには、なおいくらかの時を必要とするであろう。しかし、学術をポケットにした社会が、人間の生活にとってより豊かな社会であることは、たしかである。そうした社会の実現のために、文庫の世界に新しいジャンルを加えることができれば幸いである。

一九七六年六月　　野間省一

学術文庫版

興亡の世界史 全21巻

編集委員＝青柳正規　陣内秀信　杉山正明　福井憲彦

アレクサンドロスの征服と神話……………森谷公俊
シルクロードと唐帝国……………森安孝夫
モンゴル帝国と長いその後……………杉山正明
オスマン帝国500年の平和……………林 佳世子
大日本・満州帝国の遺産……………姜尚中・玄武岩
ロシア・ロマノフ王朝の大地……………土肥恒之
通商国家カルタゴ……………栗田伸子・佐藤育子
イスラーム帝国のジハード……………小杉 泰
ケルトの水脈……………原 聖
スキタイと匈奴 遊牧の文明……………林 俊雄
地中海世界とローマ帝国……………本村凌二
近代ヨーロッパの覇権……………福井憲彦
東インド会社とアジアの海……………羽田 正
大英帝国という経験……………井野瀬久美惠
大清帝国と中華の混迷……………平野 聡
人類文明の黎明と暮れ方……………青柳正規
東南アジア 多文明世界の発見……………石澤良昭
イタリア海洋都市の精神……………陣内秀信
インカとスペイン 帝国の交錯……………網野徹哉
空の帝国 アメリカの20世紀……………生井英考
人類はどこへ行くのか……………大塚柳太郎　応地利明　森本公誠
松田素二　朝尾直弘　ロナルド・トビほか

いかに栄え、なぜ滅んだか。今を知り、明日を見通す新視点！